LA PENSEE FRAGMENTEE
Discontinuité formelle et question du sens
(Pascal, Diderot, Hölderlin et la modernité)

PHILOSOPHIE ET LANGAGE

Ralph Heyndels

la pensée fragmentée

Deuxième édition

PIERRE MARDAGA, EDITEUR
2, GALERIE DES PRINCES, BRUXELLES

Ouvrages déjà parus dans la même collection:

ANSCOMBRE / DUCROT: L'argumentation dans la langue.
BORILLO: Informatique pour les sciences de l'homme.
CASEBEER: Hermann Hesse.
COMETTI: Musil.
DOMINICY: La naissance de la grammaire moderne.
GELVEN: Etre et temps de Heidegger.
HAARSCHER: La raison du plus fort.
HEYNDELS: La pensée fragmentée.
ISER: L'acte de lecture.
KIBEDI-VARGA : Discours, récit, image.
KREMER-MARIETTI: Les racines philosophiques de la science moderne.
LARUELLE: Philosophie et non-philosophie.
LATRAVERSE: La pragmatique.
LAUDAN: Dynamique de la science.
MAINGUENEAU: Genèse du discours.
MARTIN: Langage et croyance.
MEYER: De la problématologie.
MOUREY: Borges, vérité et univers fictionnels.
PARRET: Les passions.
SHERIDAN: Discours, sexualité et pouvoir (Michel Foucault).
STUART MILL: Système de logique.
VANDERVEKEN: Les actes de discours.
VERNANT: Introduction à la philosophie de la logique.

© 1985, Pierre Mardaga, éditeur
Rue Saint-Vincent 12 - 4020 Liège
Galerie des Princes 2-4 - 1000 Bruxelles
D. 1989-0024-27

Pour Ingrid.

Et pour Pascale, lumineusement lointaine, qui erre dans ma mémoire inoubliée

PREMIERE PARTIE
ESQUISSE D'UNE PROBLEMATIQUE GENERALE

> « Ecrire par fragments : les fragments sont alors des pierres sur le pourtour du cercle : je m'étale en rond : tout mon petit univers en miettes; au centre, quoi ? »
>
> R. Barthes, *Barthes par lui-même.*

> « L'homme est fait pour s'allonger sur le divan de la continuation (...) »
>
> V. Jankélévitch, *L'aventure, l'ennui, le sérieux.*

Chapitre 1
Discontinuité et signification

C'est aujourd'hui une évidence reçue, un *topos* de notre modernité : la réalité, la *vie* est «par essence décousue, discontinue, sporadique. Elle ressemble à un mendiant en guenilles, à un pauvre vagabond. Il ne faut pas y chercher une cohérence qui ne s'y trouve pas» (V. Jankélévitch, entretien paru dans *Le Nouvel Observateur* sous le titre «La vérité par hasard»). Mais si, avec G.G. Granger par exemple, il y a lieu de s'interroger sur «la présence non éludée d'une résistance du monde aux structures», il convient aussi de ne pas se laisser abuser par cette *immédiateté vraisemblable* du discontinu, sous peine, paradoxalement, de «passer à côté» de celui-ci. En effet, la première difficulté qui marque la réception de la discontinuité (pour notre propos particulier : plus précisément en littérature) est peut-être qu'une fois admise l'esthétique qui préside à son avènement (comme étant «proche de la *vie*»...) on en revient à une conception *mimétiste* qui en annule tout l'effet censément *rupteur* (et donc aussi : *toute la force significative*). Et ceci au moins pour trois raisons principales[1] :

1. parce qu'il n'est pas donné de fait que la réalité, ou la vie, ait, en dehors de toute visée perceptive et cognitive, une «essence» quelconque, serait-elle mosaïque ou «vagabonde»...;

2. parce que la discontinuité pourrait dès lors bien relever d'une *forme* (au sens de G. Lukàcs, *L'âme et les formes*) et être constitutive d'une *vision du monde* (telle que la définit L. Goldmann) — s'ouvrant certes sur un univers «plein de fracas et de furie», mais non réductible, hors l'apparence phénoménale, à «une histoire dite par un idiot»...;

3. parce que, pour reprendre une proposition d'Adorno (*Autour de la théorie esthétique*), «même lorsque les œuvres d'art suspendent le principe régissant leur structuration intégrale et s'ouvrent à la spontanéité, elles reflètent justement le postulat de leur élaboration intégrale».

C'est par la *négation* (et non par le reflet de «ce qui est») que la discontinuité se donne à saisir et à penser en tant qu'elle *signifie* (quoi? — tenter de répondre à cette question est l'une des finalités de ce livre). Devenant la prétention à exprimer «ce qui est» (la réalité, la *vie*...), perdant cette définition négative, elle tend souvent à se confondre avec les divers effets de mode d'une certaine modernité *où s'effectue prétendûment l'économie de la question du sens*[2]. Or on tentera de montrer que la discontinuité (et l'une de ses manifestations littéraires et philosophiques: le fragment), *en tant que moment dialectique de la pensée et de l'esthétique classiques*, représente, au contraire, un effort singulier, spécifique, de négation de «ce qui est»[3]. Pour comprendre la signification du *négatif* dans la discontinuité, peut-être convient-il de partir du statut de celui-ci dans l'entreprise (totalisante s'il en est...) de Hegel: «le négatif représente donc toute l'opposition qui, en tant qu'opposition, repose sur elle-même; il est la différence absolue; en tant qu'opposition, il est exclusif d'identité et, par conséquent, de lui-même; car, en tant que rapport à soi, il se définit comme étant cette identité même qu'il exclut» (*Science de la Logique*). La négation est donc autoréflexive: elle renvoie à son «geste» même de nier. Elle désigne la *différence*; mais une différence qui n'existe pas en dehors de ce «geste» même de la désigner. Elle a un sens, mais rigoureusement *anatreptique* (qui «se retourne sur lui-même»): celui de ce «geste» même dont l'apparition (l'irruption) «fait» sens[4]. Evidemment, Hegel ne peut accorder au négatif qu'un tel statut (toujours en attente de son dépassement dans la synthèse...). Mais, précisément, c'est par rapport à un tel statut et dans un tel espace mental (dont l'hégélianisme est la conceptualisation «absolue» la plus avancée) que peut se situer la relation entre discontinuité et négation. Celle-ci a, dès lors, notamment pour conséquence *le caractère profondément paradoxal du discontinu en littérature et en philosophie*[5]. Ou encore, pour aborder la même problématique par un autre aspect, on peut remarquer que le discours psychanalytique accorde lui aussi à la négation cette place de la «vérité impossible» et du «geste signifiant mais inutile»: elle récuse, en effet, «l'affirmation (comme étant) simplement *l'artifice* de l'unification», mais, en même temps le négatif, «est l'équivalent de l'expulsion, ou plus exactement de l'instinct de destruction»[6] (S. Freud, *La négation*).

Pour le dire par une boutade: la négation a tort d'avoir raison... Elle «a raison» de mettre en cause l'idéologie (l'artifice) du *principe d'identité* (les choses sont comme elles sont); mais elle «a tort»... parce qu'une telle «raison» ne peut évidemment venir occuper un nouveau lieu imaginaire et le remplir à son tour de positivité... En ce qu'elle est *négative*, la discontinuité peut donc être comprise non seulement comme forme paradoxale, mais aussi: *déceptive* (c'est-à-dire: ne s'offrant pas à une complétude potentielle, n'existant pas dans l'attente d'être achevée, dépassée, etc.;

mais, se maintenant comme *énigme*, donnant à penser, exigeant le mouvement même d'une pensée pour advenir dans une espèce d'adoption toujours relative, dans un dialogue toujours incertain[7]).

Paradoxale (si l'on veut: «intenable» — se situant par rapport à «quelque chose» dont en même temps sa signification propre ne peut admettre la prétendue positivité), *négative* (si l'on veut: s'affirmant contre «ce qui est», l'ordre des choses et le système même de cet ordre, mais sans qu'on en puisse déduire le remplacement par un «autre» système), *déceptive* (si l'on veut: déconstruisant elle-même toute possibilité interne d'achèvement programmé, se «défaisant» dans le mouvement de sa propre démarche), la discontinuité nous retiendra ici comme *structure significative* et non comme expression immédiate d'une quelconque «spontanéité» de l'Etre. Le recours à la notion de «structure significative» fait problème dans un tel contexte. En effet, cette référence situe notre propos dans une relation particulière avec la sociologie dialectique de la littérature (et/ou des pratiques symboliques) — la «sociodialectique»[8]. Mais cette situation elle-même est conçue ici en tant que *révélateur*: le présent essai voudrait proposer, à cet égard, quant à la discontinuité, une démarche non restrictivement «déjà» sociodialectique, mais plutôt préjudiciellement littéraire, philosophique et esthétique (une espèce de *préalable* pour une herméneutique...). Dès lors, ce que l'on retiendra prioritairement, c'est la *contradiction féconde* qui relie sociodialectique et discontinuité. Il s'agit, tout d'abord, d'échapper à l'*a priori* des apriorismes empiristes: on peut toujours s'efforcer d'appliquer n'importe quel système théorique préconstruit à tout objet en ignorant précisément l'effet de signifiance de la résistance constitutive de cet objet.

Par là, on entend que supposer cette contradiction sur le plan de la théorie, et donc assumer une difficulté spécifique sur le plan des méthodes d'approche, c'est mettre en question, à la fois, les hypothèses (voire les prétentions) de l'entreprise sociodialectique et le statut d'évidence immédiate dans lequel s'installe, par définition, le texte discontinu. Telle qu'elle est ici désignée, la notion de texte discontinu renvoie bien entendu à une catégorie réflexive (comme on parle, en d'autres acceptions et en fonction de finalités différentes, de *texte général* ou de *texte du roman*). Certes, une fois constituée, on peut dire de cette catégorie qu'elle s'actualise dans des manifestations empiriquement saisissables, encore qu'il faudrait la considérer plutôt comme un modèle prospectif qu'en tant qu'elle permettrait de saisir distinctement une structure. De toute manière, le propos ici tenu n'est ni typologique, ni doxologique. Il s'oriente dans le sens d'une problématisation réciproque, d'une part, de certains concepts archétypaux, implicites et/ou explicites, du discours de la sociologie des textes littéraires; et, d'autre part, des principaux *topoi* du syndrome de la discontinuité textuelle.

Parenthèse, avant de poursuivre. On aura remarqué l'insistance placée sur le terme *littéraire*. Il s'agit, à l'évidence, d'une référence, appuyée et redondante, non à l'*ordre institutionnel de la valorisation* mais à l'horizon même de la valeur en tant qu'idée générique du sens de toute pratique. Appel à l'exigence de son maintien non comme phantasme idéologique mais comme principe d'intellection indissociable de toute recherche positive, et, en même temps, indispensable pour une appréhension non positiviste de la notion d'opérativité. Or, — et l'on voudrait pour l'instant seulement suggérer cette hypothèse, — le discours sociodialectique et le texte discontinu se tiennent, à l'égard de la valeur, dans une relation de complémentarité contradictoire qui mériterait assurément un examen approfondi. En effet, la sociocritique (comprise ici comme la retombée pragmatique d'une réflexion sociogénétique globale et non comme une discipline autonome et autosuffisante) s'efforce, je cite Claude Duchet: « de reconnaître un espace conflictuel où l'objet créateur se heurte à des résistances, à l'épaisseur d'un déjà-là, aux contraintes d'un déjà-fait, aux codes et modèles socioculturels, aux exigences de la demande sociale, aux dispositifs institutionnels ». Définition par la négation — au moins tentée, et dont la victoire semble toujours en sursis — de tout ce qui fait obstacle à l'expansion et à la construction de cet espace qui est aussi, pour l'appréhender positivement, celui de la parole significative. Mais il s'agit là, précisément, d'une parole qui s'avance elle-même dans le procès de sa réalisation comportementale visible (au sens de Piaget); non d'une possibilité bohème ou débraillée de sa tenue par avance ruinée.

Et, de fait (on aura l'occasion d'y revenir), le texte discontinu fissure, dans l'apparence immédiate de son être organique, les assurances vraisemblables des régimes idéologiques de la plénitude qui a réponse à tout et où tout trouve sa place prédéterminée. Par là, il privilégie toujours la relance du questionnement et excite l'insatisfaction qui, elle, déplace, bouleverse, transforme les modélisations idéologico-textuelles préalables ou différées. Dès lors, quand la sociologie des textes littéraires se veut actualisation critique de la signification, elle paraît bien rejoindre le projet du texte discontinu et sa revendication de signifier dans sa singularité exclusive et d'une façon, en quelque sorte, irréductible. Mais voilà: s'édifiant dans le credo de cette irréductibilité, le texte discontinu dit se perdre hors sa résistance à toute herméneutique unifiante. Il ne s'agit pas de lui donner tort ou raison: à quoi bon, vieux débat, et presque déjà oublié. Mais de souligner que la rencontre évoquée du discours sociodialectique et du texte discontinu se joue donc sous le signe d'un double paradoxe. Tout d'abord, quant au statut de la valeur, qui est soit ce qui nomme, soutient et justifie ce que Lukàcs appelait la perspective; soit ce qui se devine énigmatiquement, dans la brisure, la décomposition, l'éclatement de toute perspective. Dans ce dernier cas, c'est l'inscription, dans la forme esthétique, du reproche par avance formulé par le questionnement à l'égard de toute réponse possible et/ou envisageable; c'est l'irruption incompressible et incommensurable de la négativité. Ensuite, quant à l'efficace antinomique du discours et du texte : tout ce que la sociocritique assimile (pour reprendre les termes classiques : comprend et explique) est perdu par et pour la discontinuité. L'opérativité de l'une se réalise, au moins à première vue, à l'inverse du défi de l'autre.

On aura deviné que le face à face se voit ici, à l'extrême, schématisé. On devinera sans doute aussi combien dans toute réflexion de ce genre intervient et importe au plus haut point la position du chercheur. Celle-ci ne doit cependant pas se confondre avec les implications du fameux sujet désirant que d'aucuns voudraient dichotomiquement opposer au sujet théorique. Elle se trouve, en l'occurrence, prise entre des impératifs à la fois divergents et solidaires. Il faut, en effet, évidemment lire le texte discontinu sans abolir le caractère significatif de la discontinuité. Mais on doit lire cette signification même en tant que projection comportementale d'un sujet historique — sans quoi le recours sociodialectique perd tout fondement —, donc en la référant à une praxis que détermine l'isotopie d'une vision du monde. Or, ce faisant, on propose ce qui, à l'égard du message autoréflexif du texte discontinu, risque toujours de constituer une manière de récupération, ou encore une façon plus ou moins magistrale, brillante ou astucieuse, de passer à côté. D'un point de vue plus vaste, il conviendrait de se demander simultanément : *pourquoi* souscrire aux obligations d'un savoir ordonné, transmissible et communicable, lors même qu'il s'agit d'aborder une textualité qui se veut expression en acte d'un non-savoir; et *comment* ne pas liquider la dimension éthique transcodée par l'esthétique du discontinu, qui s'ouvre significativement sur l'apo-

rie de toute signification et l'aveu du dépassement (ou même : de l'outrepassement) de celle-ci par une richesse nécessairement excédentaire et excessive. Car, si, avec Adorno, on sait que la forme est toujours à la limite une interrogation, et si la formalisation discontinue sous-tend une question dialectique sur le non-sens du sens, le formel, contrairement aux allégations de Michel Foucault, n'est pas le lieu où signifier ne veut plus rien dire mais l'espace d'une *illimitation du dire par l'acte de signifier* toujours plus, toujours plus loin de toute attente fixée. Cet acte, que promeut le désir, produit ce qui est ici nommé : richesse. Et celle-ci (dont on a tenté de montrer ailleurs qu'elle ne résulte pas d'une compulsion libidinale) produit à son tour le bénéfice secondaire, l'acquis symbolique résultant de l'aporie de toute signification, de la limitation insurmontable de celle-ci malgré tout ouverte sur une transcendance (historique, mythique). Limitation :
- par le néant de la mort à quoi rien ne répond hors l'idéologie ;
- par l'indescriptibilité du bonheur dont aucune figuration ne se conçoit hors l'idéologie ;
- et, corrélativement, par l'impossibilité de la parole prétendue vraie, « juste » ou « bien dite », définitivement modulée, dont la possibilité trop évidente se déguise précisément sous l'innocence fallacieuse de l'idéologie.

En tant que révélateur de cette situation, nécessairement problématique, du discours sociodialectique devant la résistance et la richesse, la discontinuité ne consiste cependant pas en un *existant* défini une fois pour toutes, mais bien en une catégorie tendancielle de tout texte moderne. Elle est, par ailleurs, ce qui mine du dedans l'effort de totalisation entrepris à l'avènement de la modernité, lorsque surgit sa préfiguration et le pressentiment d'une crise inévitable de la communauté et de l'universel. Elle est donc aussi ce qui fait le sens secret et inconscient de cette totalisation même tentée, par exemple, par Balzac pour le roman, comme Lucien Dällenbach l'a montré, ou, d'une façon déjà radicalement ironique par Diderot dans *Jacques le Fataliste*. Encore n'échappe-t-elle pas au rapport de l'idéologie et de la signification : si elle constitue l'une des modalités de la signification (on laissera de côté celles qui organisent la réalisation formelle de celle-ci, dont la cohérence), elle est cependant susceptible d'être idéologisée au second degré. C'est par ce biais, peut-être, que la sociodialectique reprend ses droits, puisque son rôle est de dépister, de débusquer l'investissement idéologique des textes et leur attraction vers cette espèce particulière d'auto-satisfaction qui en balise, du dedans, une lecture forcément venue du dehors. Mais ce serait là se contenter d'un domaine opératoire, en définitive, et aujourd'hui, relativement mineur et strictement différentiel : « sociocritique des restes » que rejette, à juste titre, mais dans un autre contexte, Claude Duchet.

Il est une autre façon d'envisager le rôle et la capacité opératoire de la sociologie des textes littéraires. Ainsi de sa rencontre avec le texte discontinu. Celui-ci s'offre dans l'évidence de la vie (« histoire dite par un idiot ») et dans une relation de symbiose immédiate avec une réalité elle-même prétendument éclatée hors de toute codification. En cela il déstabilise certaines assurances sociocritiques et force le sociologue à repenser tout ce qui se rapporte à l'hétérogénéité interne (souvent trop vite assimilée à l'abstraction idéologique, et donc, en un sens, condamnée). Mais le « réel inordonné » censé justifier l'esthétique du discontinu n'est-il pas lui-même au moins partiellement une illusion phantasmatique ? Poser le problème en ces termes, c'est le replacer dans la dialectique du sujet et de l'objet. C'est se souvenir qu'il n'est point de réalité objective en soi (ordonnée ou non) qui ait une qualification quelconque en dehors de sa construction par des sujets historiques et sociaux. Or le sujet ordonne. C'est même la fonction cardinale par laquelle il se définit et se donne à voir dans l'interprétation critique de la totalité sociale qu'il contribue à transformer et/ou à maintenir. Et le texte discontinu, pour nous, ici, n'est sans doute point, par on ne sait quel miracle structural de la signifiance, un texte sans sujet: celui-ci est, historiquement et sociologiquement, un des possibles d'une totalité sociale à un moment déterminé de son développement idéel.

C'est à partir de cette éventualité du possible que peut à présent se raisonner la relation sociodialectique vs discontinuité. Car c'est en recherchant quel est le possible sur lequel parie le texte discontinu que l'on peut (il faut encore essayer...) concilier les exigences et les objectifs contradictoires qui conditionnent, en la circonstance, une pratique sociolittéraire qui puisse être totalisante sans devenir totalitaire. Car c'est en abandonnant dans le discours de la sociologie de la littérature, et avec le texte discontinu, les notions de fin, de point de visée, d'achèvement concevable et préparé..., que la sociocritique pourra appréhender sans les trahir les textes dont la déceptivité vise à ruiner les logicités rationnelles pré-établies. Car c'est dans le risque herméneutique et la mise à l'écart des certitudes hégéliennes et/ou des complaisances positivistes que, bouleversés l'un par l'autre, le discours sociodialectique et le texte discontinu peuvent, quelque part dans une lecture rigoureuse dont la voie reste à tracer (ce livre, modestement, voudrait seulement... en être un jalon), non seulement se rejoindre, mais bien plus, et bien mieux: se répondre, dialoguer.

Dans la diversité empirique des textes littéraires et philosophiques qu'elle détermine, la discontinuité *fissure et subvertit toujours l'édifice notionnel de la Beauté classique* fondée sur la *perfection*, la *complétude* et l'*homogénéité* formelles[9]. Même lorsqu'elle est «revendiquée», elle s'accompagne souvent d'un jugement esthétique péjoratif (intériorisant la Norme classique) — sur le mode de l'état de fait (il ne peut en être autrement) ou sur celui de la provocation. Le «panique» d'Arrabal et d'A. Fedorovsky, par exemple, entend se définir par «le manque d'unité, le déséquilibre, la contradiction volontaire, la discontinuité du rythme, le *laid*»[10]. Cet idéal de la Beauté classique hypostasie en fait le principe d'une valeur souveraine : *celle de l'ordre logique comme ordre du monde:*

> «*Je veux encore que l'ordre soit comme la forme de l'univers; que ce monde n'ait de beauté, et cette parfaite* diakosmèsis *ne se conserve que par l'ordre et l'aversion au désordre et à la confusion*»[11].

Cette assertion, reprise (à titre d'exemple parmi des dizaines d'autres...) à La Mothe le Vayer, nous permet de mesurer à la fois le caractère en fait *volontariste*, abstraitement normatif de l'affirmation classique de la Beauté comme perfection ordonnée (*il faut* qu'il en soit ainsi...) *et* la «justification ontologique» qui vient recouvrir cette prétention abstraite, en opacifier la dimension idéologique (le monde, l'univers est ainsi... ou n'est que chaos et confusion). On a choisi à dessein l'exemple chez un penseur *sceptique* (un des représentants de l'esprit «libertin» du XVIIe siècle). En effet, nous aurons l'occasion de voir que la discontinuité met en cause un certain *discours (au nom) du savoir*[12]. Or le scepticisme «pyrrhonien» se contente de *suspendre* la certitude quant au savoir. Il ne comprend bien entendu pas l'exigence de cette certitude «autre» au nom de laquelle le discours savant est récusé dans son actualité inutile ou ses conséquences douteuses (Pascal : Descartes est inutile et incertain). Par là, il accepte l'idée d'un «ordre du monde» *tel qu'il est* (dans la positivité de ceux qui prétendent le connaître), mais d'une façon ironique, «à distance», détachée (qui permet la sérénité de ceux qui savent vraiment) :

> «Eudoxus*: Si donc nous supposons qu'il n'y a rien de vrai et de certain, n'est-ce pas en même temps ôter à notre esprit la fin et le but de toutes*

ses opérations, et par conséquent son repos, son bien, et sa félicité; le livrant aux doutes (...)»

«*Ephestion: (...) il lui serait plus avantageux de n'avoir point du tout de visée et de but, que de lui en planter un si éloigné de sa portée*»[13].

L'examen d'un extrait des célèbres *Parallèles* de Perrault[14] va nous permettre à présent, d'une part, de *préciser cette relation entre Beauté, ordre logique et ordre du monde* (donc aussi: de repréciser la discontinuité, par contraste, comme *négation*); d'autre part, de *voir comment, à partir du moment où elle reconnaît partiellement son caractère volontariste et abstrait, la Norme de la Beauté classique intègre une définition relative de la discontinuité* (c'est pourquoi celle-ci est *déceptive*, déconstruisant la Norme).

«*Le président: D'où vient que vous aimez mieux rejeter sur l'obscurité, et le manque d'ordre d'Aristote tous les sens bizarres que l'on lui donne, que sur l'ignorance et le peu de lumière de ses interprètes (...)?*
L'abbé: C'est que si Aristote avait mis de l'ordre dans ce qu'il dit, et avait su le rendre intelligible, on l'aurait entendu depuis le temps que tant de gens habiles entreprennent de l'interpréter, et d'y faire des commentaires»[15].

Le débat porte donc sur la *clarté* de la pensée d'Aristote, affirmée par le partisan des Anciens et niée par celui des Modernes. Ce n'est évidemment pas son argumentation explicite qui nous retiendra, mais ce à quoi il est fait recours pour fonder le jugement (positif ou négatif): *la référence à une capacité d'ordre dans l'expression*. En effet, à cet égard (du point de vue de la norme), les deux interlocuteurs sont bien d'accord. Cet accord peut apparaître, à première vue, comme strictement esthétique, restrictivement formel (ne relever que des qualités expressives, de la rhétorique du discours). Mais il n'en est rien, car il porte *aussi* sur *l'évidence reçue d'une transparence non énigmatique de la pensée ordonnée* (par là dotée de cette fameuse «clarté»). Au fond, l'abbé reproche à Aristote d'être «discontinu»: c'est bien cela qui nous intéresse (et non le bien-fondé, éventuel ou non, de l'«accusation» en elle-même...). Car de ce fait, il définit (négativement) cette discontinuité : par une certaine *inintelligibilité*, par une *résistance à l'interprétation*[16]. Mais, dialectiquement, ce que le président doit admettre, c'est que le texte d'Aristote, si bien «ordonné» soit-il, pour être compris, doit s'accompagner d'un mode d'usage savant, doit bénéficier de la «lumière» de ses lecteurs, doit s'inscrire dans une certaine connivence de pensée et dans une communauté d'idées. Son ordonnancement n'est donc qu'*apparemment* «immédiat». Il dépend aussi d'un *code de réception* (ce que le sociologue P. Bourdieu appelle un *habitus*). Ce code est implicitement référé dans le texte lui-même. Autrement dit : l'esthétique de la Beauté classique (clarté; ordre logique; ordre du monde), mise en cause par la discontinuité (manque d'ordre; «sens bizarres»; inintelligibilité; chaos) n'acquiert son évidence que dans la mesure où, précisément, elle impose *à la fois* les qualités de l'objet (par exemple : un texte) *et* le seul horizon possible de sa perception (par exemple : *la* lecture de *ce* texte). C'est cette solidarité implicite que la discontinuité nie et déconstruit. Voyons comment, en poursuivant la lecture de cet extrait. C'est toujours l'abbé qui parle :

> *« Ce manque d'ordre est presque général et commun à tous les Anciens, car hors les* Historiens *que* la suite du temps *conduit malgré qu'ils en eussent, et quelques* mathématiciens, *comme Euclide, qui ont été menés par* l'arrangement naturel *de leur matière, qui veut par exemple, qu'on traite du point avant que de traiter de la ligne (...). (a) »*
>
> *« Quand on lit leurs ouvrages, on ne sait la plupart du temps*, où l'on en est, d'où on est parti, par où l'on a passé, *et moins encore* où l'on va *(...). (b) »*
>
> *« (Ils écrivaient) tout d'une suite ce qui leur venait dans l'esprit (...), mettant bien souvent dès le commencement ce qui n'aurait dû être placé que sur la fin, et à la fin ce qu'il aurait fallu traiter et éclaircir dès le commencement. (...) (c) »*

Tout d'abord (a) nous sont nommés les deux socles de l'ordre auquel renvoient la pensée et l'expression «continues » : *l'histoire* (la succession chronologique) et les *mathématiques* (comme logique abstraite). Ce sont bien là les deux fondements de systématicité[17] du savoir positif. Or nous verrons par la suite de quelle façon la discontinuité constitue (dans sa réalisation formelle même) une *relativisation critique* du savoir positif[18]. Mais surtout (b) *la discontinuité rompt avec un certain nombre d'assurances quant au sens qui n'est plus «donné de fait» : elle ouvre sur la question de l'origine, sur l'errance, sur la perte de maîtrise quant au futur.* Certes La Mothe le Vayer vise avant tout les conditions du discours. Cependant, si la continuité de la pensée et de l'expression ordonnées reflète l'ordre du monde (c'est en cela que cette pensée et cette expression sont affirmées *justes*), alors la discontinuité (même «rhétorique», expressive, discursive; même esthétique) *convoque (ne serait-ce que dans l'inconscient) l'idée d'un monde dont l'ordre est soit absent, soit invisible (occulté, caché).* Alors on ne sait plus «où l'on en est», «d'où on est parti», «par où l'on a passé», et «où l'on va». On aura reconnu, dans cette série d'incertitudes, ce que nous dit, mais cette fois sur le mode assumé du *paradoxe*, de la *négation* (de toute attente) et de la *déceptivité* (par rapport à ce qu'il est convenu d'appeler «roman»), l'*incipit* de *Jacques le Fataliste*, texte de la discontinuité sur lequel nous reviendrons. De même, ce que l'abbé de notre *Parallèle* considère comme le laisser-aller d'une réflexion sans méthode (c) («[Ils écrivaient] tout d'une suite...») est précisément *l'apparence phénoménale («comment cela se passe») de la méthode pratiquée et/ou revendiquée par les écrivains et penseurs de la discontinuité*[19]. Diderot inaugure son *Interprétation de la Nature* en ces termes : «C'est de la nature que je vais écrire. Je laisserai mes pensées se succéder sous ma plume, dans l'ordre même selon lequel les objets se sont offerts à ma réflexion; parce qu'elles n'en représenteront que mieux les mouvements et la marche de mon esprit».

Le président paraît ensuite battre en retraite. La manière dont il le fait est à nouveau bien symptomatique. Car c'est pour suggérer que l'ordre de la pensée et de l'expression, chez les Anciens, existe, mais que ceux-ci ont réussi à « le cacher adroitement »... Un telle thèse laisse supposer un certain *flottement* dans les valeurs : « l'ordre est une très belle chose », mais il ne s'agit pas, cependant, de le manifester par son excès, par la redondance de sa forme. Pourquoi ? Aucune réponse ne nous est, à cet égard, livrée. On peut pourtant en supposer une, à savoir : que cette redondance, cet excès de visibilité risque d'en faire apparaître le caractère précisément volontariste et abstrait (« artificiel ») — lequel doit demeurer recouvert par ce que nous avons appelé la « justification ontologique »[20]. D'autre part, on rencontre ici l'idée d'un « ordre caché » (du texte, de la pensée, de l'art). Mais, sur ce point, il convient de s'entendre : il ne peut s'agir que d'un ordre artificiellement *camouflé*. Pourtant, l'hypothèse d'un « désordre (secrètement) ordonné » peut faire songer aussi à l'éventualité d'un mensonge du discours, d'une manipulation idéologique par la rhétorique faisant « effet d'ordre » pour recouvrir une pensée complètement désordonnée, voire profondément irrationnelle. Nous trouverons une critique de cette forme extérieure de l'ordre (et de sa prétendue rationalité) chez la plupart des théoriciens et « praticiens » de la discontinuité. Admettons donc, avec le président du dialogue, que l'ordre soit, en ce sens bien déterminé, caché. Ce sont alors les réactions pathétiques de son interlocuteur, l'abbé, qui vont retenir notre attention :

« Il est bon quelquefois qu'il ne paraisse pas à visage découvert, mais il faut toujours qu'on le voie assez pour en être conduit, pour voir le chemin par où l'on passe et le progrès que l'on fait *(...)*. *(a) »*

« (...) et il y a la même différence entre écouter un discours où il y a de l'ordre, et un discours où il n'y en a point, qu'entre marcher pendant le jour et marcher pendant les ténèbres, *car s'il est agréable de voir les lieux par où l'on passe (...), et* s'il est ennuyeux de ne savoir où l'on est *(...)*. *(b) »*

Ces réactions répètent la position antérieurement soutenue, mais avec une insistance cette fois nettement marquée sur la métaphore du lieu et de la destinée. Décidément, *le point de vue esthétique nous renvoie à celui de la signification*[21] : la discontinuité déstabilise des assurances prétendument acquises. C'est bien ce que nous dit M. Blanchot dans *L'entretien infini* :

> *« Les vraies pensées sont pensées de refus, refus de la pensée naturelle, de l'ordre légal et économique, lequel s'impose comme une seconde nature, de la spontanéité qui n'est qu'un mouvement d'habitude, sans recherche, sans précaution, et qui prétend être un mouvement de liberté. Les vraies pensées questionnent, et questionner, c'est penser en s'interrompant »*[22].

On ne peut mieux lier discontinuité (*pensée interrompue*) et négation (*refus*), ni mieux situer le lieu de cette négation : la «nature» (l'ordre) des choses — le cela-va-de-soi de leur naturalité. Mais cette négation qu'opère la discontinuité ne se réalise pas spontanément. Au contraire, à l'envisager «du côté» de la spontanéité, elle risque de nous plonger dans l'immédiateté du désarroi (où l'on n'est plus *conduit* (a)), et dans l'*opacité des ténèbres* (b) : misère de l'homme sans Dieu, sans Ordre, sans Certitude, sans Espoir..., dont nous verrons qu'elle peut aussi être la paradoxale source d'une grande joie. Celle-ci ne peut qu'être, précisément, pure énigme, qui, en dehors de toute raison instrumentale de vivre et sans que ne se laisse deviner un horizon d'attente promis ou révélé, affirme une invention possible de l'aube. Mais de cette aurore on ne connaît pas le pourquoi, on ignore le lieu et on ne sait pas si elle existe vraiment.

A l'idéal de la Beauté classique[23] répond, sur le plan conceptuel, la valorisation de l'*idée de système* qui présente deux modalités d'actualisation principales : l'*enchaînement argumentatif* (la «chaîne des raisons») et le *dépassement au sens hégélien* où tous les contraires, reconnus et acceptés pour tels à un moment de la réflexion, se voient réconciliés dans l'unité ultime de la synthèse[24]. Cet esprit de système est souvent associé à l'époque des Lumières : c'est notamment le cas dans la critique de l'*Aufklärung* que va développer la dialectique négative de l'Ecole de Francfort[25]. Or la période des Lumières fut au contraire particulièrement féconde en productions littéraires et philosophiques *non systématiques*. Songeons, par exemple, au *Dictionnaire philosophique* de Voltaire, dont les articles s'ouvrent tantôt sur une sage étymologie («Baptême, mot grec qui signifie immersion»), ou sur une définition on ne peut plus normative (L'amitié «est un contrat tacite entre deux personnes sensibles et vertueuses»), ou sur une plaisanterie («Nous avons parlé de l'amour. Il est dur de passer de gens qui se baisent à gens qui se mangent» — article *Anthropophages*), ou sur un constat désabusé («La famine, la peste et la guerre sont les trois ingrédients les plus fameux de ce bas monde»). Et ce «dictionnaire» se poursuit en séries interrogatives, dialogues, interpolations diverses, fragments romancés, allégories, histoires et anecdotes, kyrielles et paradoxes, en une diversité contrastive de tons, en une polyphonie discontinue qui n'a rien à envier à quelques livres majeurs de la modernité. On pourrait évidemment, à cet égard, multiplier les exemples. Mais là n'est pas notre propos. Insistons seulement, pour l'instant, sur le fait que de telles œuvres brisent, avec une vigueur plus ou moins grande, les modélisations dissertatives et les logicités abstraites dont Condillac[26] se fera le théoricien dans son *Traité des Systèmes*. Sa définition du système mérite que l'on s'y arrête, car elle esquisse ce que nous pourrions nommer l'*emblème de la continuité* : il s'agit de

« la disposition des différentes parties d'un art ou d'une science dans un ordre où elles se soutiennent toutes mutuellement et où les dernières s'expliquent par les premières ».

Nous pouvons lire, dans cette assertion, les grands principes qui feront, précisément, l'objet «matériel» (concret,

actualisé dans la réalisation formelle) de toute la *négation discontinuïste* :
- la *dispositio* rhétorique;
- l'idée force d'ordre pré-établi;
- la notion d'équilibre mutuel des parties;
- le finalisme d'une pensée foncièrement *téléologique* qui sait toujours ce qu'elle cherche, où elle va et ce qu'elle veut.

En fait, ce dont l'esprit de système rend compte, c'est de l'absence *a priori* de toute fêlure, de tout dysfonctionnement, de toute faille (voire de toute dissymétrie même relative) dans l'ordonnancement conceptuel qui doit être l'expression d'un «plein» absolu. C'est bien d'une telle attitude mentale que se moque Heine :

> *« Trop fragmentaires en vérité sont le monde et la vie*
> *Il faut que j'aille consulter un Herr Professor*
> *Lui seul saura comment recomposer la vie*
> *En faire un système clair et distinct (...)*
> *Il bouchera les trous de l'édifice du monde ».*

On pourrait ajouter: il aura réponse à tout. Ce sera le docteur Pangloss de Voltaire — préfiguration en ce sens des masques parodiques de la pensée la plus systématiquement continue que seront les personnages flaubertiens, M. Homais, Bouvard et Pécuchet... —, dans ce conte si peu *candide* qui est comme perpétuellement placé à la limite du *continu narratif minimal* et du discontinu le plus radical, et dont il serait possible de montrer que, sur le mode d'une continuité ironique (paralogisme, parapsychologisme, nécessité du hasard, minimalisation factice de l'intention démonstrative, subversion des modèles littéraires — conte oriental, roman héroïque... —, jeu «leibnizien» du *ce qui est doit être*...), il fait surgir de partout le discontinu: tout ce qui échappe aux belles compositions de l'esprit; tout ce qui renverse les échafaudages des certitudes apprises, et troue les évidences vraisemblables...

Chez Hegel aussi le système seul relève de la *forme achevée* de la pensée[27]. Cependant, comme à la chaîne des raisons fait place ici le *dépassement* («dialectique»), la partie, le fragment (qui résulte du discontinu comme l'une de ses conséquences formelles) acquiert, du moins dans un premier temps, un statut relativement plus autonome que dans le rationalisme abstrait (où la partie n'est qu'un *élément*, «morceau détaché» du système). La partie, dans la dialectique «positive» de Hegel, est, au fond, un «moment» du tout qui ne peut se comprendre que dans son *rapport* au tout (ce que Hegel appelle: *l'Etre-ensemble*):

> *« Le rapport* immédiat *est celui du tout et* des parties: *le contenu est le tout et il* consiste *dans les parties (la forme), c'est-à-dire en ce qui est le contraire de lui-même. Les parties sont distinctes les unes-des-autres et elles sont ce qui est autonome.* Mais elles ne sont des parties que dans leur relation identique les unes-avec-les-autres, c'est-à-dire dans la mesure où, prises-ensemble, elles constituent le tout[28]. Or *l'*Etre-ensemble *est le contraire et la négation de la partie». (Encyclopédie des sciences philosophiques en abrégé,* trad. M. de Gandillac, § 135).

On voit bien que, dans une telle philosophie, la discontinuité n'a qu'une existence *phénoménale*, empirique, et qu'elle manifeste, dans son «incomplétude» fondamentale, la nécessité d'une totalisation par l'*Etre-ensemble*. De même *le fragment n'aura pas de signification en tant que tel*, en tant, précisément, qu'il est circonscrit dans et par sa non-complétude (en tant qu'il n'est pas l'élément d'un tout). L'«acte» de *fragmenter*, l'activité de *discontinuer* la pensée et l'expression[29] seront donc, dans une conception systématisante (rationaliste abstraite, positiviste ou dialectique «positive») *insignifiants*. On verra plus loin que dans la *dialectique négative* d'Adorno le fragment est, au contraire, un moment de vérité; mais dans un sens très particulier, qu'il nous faudra, au demeurant, *dégager aussi de son histoire romantique*[30]. Retenons seulement, dès à présent, qu'en se définissant négativement à l'égard du système (de la pensée et de l'expression systématiques), la discontinuité *prend sens* par contraste (c'est évidemment une *vue de l'esprit* de poser le problème en ces termes — ce n'est pas prioritairement «contre» le Système que la discontinuité s'effectue et se réalise —; mais c'est un bon moyen pragmatique d'aborder la question du «contenu» de sa négativité et de sa déceptivité) : il suffit de revenir aux quatre noyaux de l'assertion de Condillac.

Tout d'abord, le discours discontinu [31] actualise sa propre *dispositio*: il n'est pas l'expression seconde d'une pensée antérieure. Bien plus, cette espèce de «dispositio défaite» (fragmentée, trouée, démembrée...), loin d'opacifier ce qui devait être une transparence du sens, en dit au contraire (et en fait percevoir concrètement, formellement) la *nécessité énigmatique*. Il convient, à cet égard, de bien comprendre ce qui est en jeu: non seulement une certaine conception de la littérature (ou plus généralement de la forme expressive), mais aussi, et peut-être surtout, *un certain statut du sens*. Que celui-ci soit nécessairement énigmatique, en effet, ne doit pas être entendu dans une quelconque acception «romantique» (ou d'ailleurs «renaissante», et encore très répandue en pleine période rationaliste des Lumières [32]) du *secret* réservé aux *initiés*; ni dans une version *esthético-hermétiste* du *mystère* (de l'Art, de la Pensée) qui, au moins depuis le symbolisme, a envahi (explicitement ou implicitement) une bonne part de la modernité. L'*énigme du sens* telle que la discontinuité la fait advenir, c'est, tout d'abord, que le sens est l'*insaisissable aperçu* — c'est-à-dire: ce qui existe comme exigence et non comme déjà-là antérieur; c'est, ensuite, que le sens *n'est pas* saisissable dans l'évidence du *cela-va-de-soi* qui parle «en son nom», mais seulement dans le paradoxe de son *absence* qui en relance la nécessité attendue (ou, dans certains aspects du romantisme: la nostalgie); c'est, enfin, que, sauf à avoir la capacité de Dieu (du Savoir, de l'Histoire) — qui est hors d'atteinte —, on ne peut appréhender ce

« *sens-absent-et-présent-comme-exigence* » que dans la *négation* (de « ce qui est ») et la *déceptivité* (de « ce qui dit ce qui est »). D'autre part, la discontinuité défait cependant et désordonne les prétendus « reflets » du réel : plutôt que d'exprimer seulement l'envers de la continuité (*il n'y a pas d'ordre pré-établi...*), elle en néantise l'apparente harmonie, elle en abolit « l'équilibre mutuel des parties », *elle ruine un édifice « qui n'aura pas lieu »*. Le finalisme et la *prévisibilité* sont dès lors complètement déplacés « hors champ »; ce qui ne laisse pas de rendre la *réception* du discontinu éminemment *problématique*. On va tenter, par un double détour « évocateur »[33], de mesurer l'influence psychologique, existentielle, de cette problématicité, et de montrer que ce détour n'en est pas un : un *retour*, au contraire, s'y opère, vers *ce que la discontinuité signifie*.

L'amour, dans la passion occidentale (l'amour « romanesque », qui est ici notre premier *médiateur* exemplaire), surgit du *manque* et se vit dans le sentiment lancinant de l'*absence*. Celle-ci figure une espèce de *creux* « ontologique » entre les êtres — distance obscure et insurmontable, qui peut faire l'objet d'une représentation géographique, sociale, etc., et/ou d'une motivation psychologique qui en assure la vraisemblance, mais qui se résume à cela : « quelque chose », qui est aussi le signe de *tout*, « les » sépare (il y a, entre les amants, une difficulté « incontournable »...). Ce *creux* subsiste même lorsque les amants sont co-présents; il s'insinue entre eux même dans la plus intime fusion — celle-ci demeurant dès lors toujours précaire, risquée, fugace, menacée... C'est qu'il n'y a pas *dans* l'autre de « réponse » à la *question* d'où émerge le désir (qui devient désir de rencontrer *cet autre-là*). Cette question, originellement, est celle du *sens : quel sens aura « ma »/la vie ?* Interrogation radicale condamnée à la non-réponse : aucun autre n'en connaît le secret. Interrogation qui, ayant séparé le sujet d'avec le monde, l'institue dans la *différence héroïque* (le démarque par rapport au «reste du monde»...): la question du sens constitue à cet égard le héros romanesque (même si, évidemment, il ignore souvent que ce qui le traverse et le mobilise, et active en lui le désir, c'est *cette question-là*); elle en détermine la *problématicité* et l'*insatisfaction*. Car le *creux* qui va sans trêve écarter le héros de l'être aimé vient lui révéler à lui-même, lui rappeler ou faire surgir à sa soudaine conscience (opérer ce que l'on appelle en psychanalyse le «retour du refoulé»), sa situation primaire et fondamentale de personne fissurée, fêlée, parfois complètement trouée, à la recherche d'une illusoire complétude.

«Quelquefois, écrit Roland Barthes dans les *Fragments d'un discours amoureux*, il m'arrive de bien supporter l'absence. Je suis alors «normal»: je m'aligne sur la façon dont «tout le monde» supporte le départ d'une «personne chère»; j'obéis avec compétence au dressage par lequel on m'a donné très tôt l'habitude d'être séparé de ma mère — ce qui ne laissa pas, pourtant, à l'origine, d'être douloureux (pour ne pas dire: affolant) (...). Cette absence bien supportée, elle n'est rien d'autre que l'oubli. Je suis, par intermittence, infidèle. C'est la condition de ma survie; car, si je n'oubliais pas, je mourrais. L'amoureux qui n'oublie pas *quelquefois*, meurt par excès, fatigue et tension de mémoire». Ne pas souffrir de l'absence revient donc à supprimer la problématicité, à être *comme tout le monde*, à se confondre avec «le reste du monde». Mais le sentiment continu et excessif de cette absence conduit à la mort (ou à l'autolimitation, espèce de «mort vivante»). L'absence fait revivre la séparation originelle, la rupture de la fusion fondamentale, la déchirure qui écarte l'immédiateté du sens (sevrage d'avec la mère; différenciation d'avec le monde...). Mais cette absence est *symbolique*. Elle ne se résout ni ne s'épuise dans la rencontre de l'autre aimé. Elle n'en devient parfois, au contraire, que plus directement visible, sensible, aiguë — insoutenable. « La frustration, ajoute Barthes, aurait pour figure la Présence (je vois chaque jour l'autre, et pourtant je ne suis pas comblé : l'objet est là, réellement, mais il continue à me manquer, imaginairement (...). L'Absence est la figure de la privation : tout à la fois, je désire et j'ai besoin. Le désir s'écrase sur le besoin : c'est là le fait obsédant du sentiment amoureux ».

Hegel, dans son *Esthétique*, considère que le héros romanesque est celui qui, définitivement dépassé par l'évolution historique, s'efforce néanmoins de résister à cette évolution par la défense, la nostalgie et la mythification d'un ordre ancien. Mais, par-delà son éventuel (et discutable...) caractère « réactionnaire », quelle est la valeur symbolique d'une telle résistance ? C'est l'affirmation que *quelque chose* (qui est peut-être, sans doute, déjà presque en voie de disparition) *signifie*. C'est le refus d'admettre que le monde *soit tel qu'il est déjà*. C'est le recours à un « malgré tout ». *C'est l'aveu proclamé d'une protestation négative*. Mais c'est aussi l'attente « intenable » que « quelque chose d'autre » arrive — qui est en fait *déjà* impossible. La passion occidentale, qui s'origine au « même » *manque* (qui procède, en tout cas, d'une béance *homologue* et qui déclenche une exigence et une quête du même ordre) *accueille* cette « demande de sens » : le seul moyen de *vivre* c'est d'affronter à la fois l'inanité inadmissible de l'existence donnée *telle quelle* et la recherche, exaltante mais vaine (condamnée à la vanité), d'une « autre vie » irradiée par l'amour et réconciliée avec un monde enfin plein de sens... Dans *Le monde de l'Esprit*, W. Dilthey rattache la forme romanesque à la « description biographique du développement d'un homme remarquable dans un milieu déterminé » et à la « description des caractères et relations typiques de la société » qui entoure ce sujet héroïque. Or ce qui structure l'existence de ce sujet en *biographie*, c'est précisément le désir; mais la seule possibilité héroïque qui puisse clore cette biographie, lui fixer une fin à partir de laquelle elle puisse s'ordonner, c'est le renoncement à la quête, l'autolimitation, la «sagesse» calme qui a abandonné la revendication du sens. Cette sagesse sereine, évidemment, s'oppose à tout *pathos* romanesque. Ce qui fonde la «tension biographique» conduit à mettre fin à celle-ci. Car ce qui constitue l'héroïsme romanesque c'est sa problématicité même. Pour Lukàcs, dans la *Théorie du roman*, le héros problématique cherche les valeurs authentiques dans un monde dégradé. Par là, cette quête même se dégrade à son tour, et sa signification profonde s'opacifie complètement. Le héros, en fait, ignore ce qu'il cherche et le *pourquoi* de sa quête : il est emporté dans une croyance aveugle, qui recourt à des moyens de plus en plus éloignés d'une finalité elle-même de plus en plus obscure. C'est pourquoi il est dans un rapport tout à fait ambivalent d'opposition et de relation avec le monde (qui «n'est pas digne de lui», pour lequel il est trop *singulier*, «noble», et avec lequel, cependant, il se compromet puisqu'il accepte d'y situer son *histoire*).

Cette compulsion aveugle du désir est à la fois existentiellement *accueillie* par et dans l'amour, et *culturellement légitimée* par celui-ci. Mais l'immanquable dégradation héroïque atteint finalement l'amour lui-même, à son tour mis en doute, contesté en tant que mensonge idéologique ou pur phantasme trompeur. Il ne reste alors au héros qu'une espèce d'*insatisfaction «creuse»*, à la fois profonde (puisqu'elle s'ouvre sur l'exigence du sens) et vaine (puisqu'elle n'a plus aucun moyen de rejoindre la finalité qui la motive). Cette insatisfaction, aucun amour *réel* ne peut la combler : le bonheur (l'adéquation à un sens immédiat) *pourrait* exister; mais il est définitivement hors d'atteinte. Dans l'*Esprit du christianisme*, Hegel définit exactement l'amour comme «satisfaction fondamentale» en ces termes : «il enlève à l'opposé tout caractère d'être étranger; et la vie se trouve elle-même exempte de toute carence». On aura reconnu là comme une nostalgie de l'univers épique. *Mais cette nostalgie est précisément la condition même du roman, et ne peut exister qu'à travers l'«épreuve de problématicité» que celui-ci représente.* Le roman rend l'épopée à la fois désirable et impossible, comme la passion occidentale fait à la fois vivre *vraiment* et courir le risque de mort. Ce que l'on pourrait dès lors appeler le *désir épique* dans le roman y est du même ordre que l'amour, en son origine, en ses ambiguïtés, en ses complaisances et en sa définitive impossibilité. Julien Sorel, au début du roman de Stendhal, nous est présenté, dans sa singularité, comme *lisant...* le *Mémorial de Sainte-Hélène* (c'est-à-dire comme phantasmant une «épopée» historiquement condamnée). Mais, réduit à n'être plus que l'objet d'un jeu séducteur, l'amour devient, comme l'épopée, parodiquement inauthentique. C'est bien là le mouvement que désigne et condamne Denis de Rougemont dans un livre célèbre. Mais plutôt que d'envisager cette évolution de la passion occidentale d'un point de vue normativement moral, il nous paraît plus judicieux d'en rendre compte sur le plan de l'histoire d'une forme significative (à savoir : le roman). En effet, ce qui peut alors se percevoir et se mesurer, c'est l'un des aspects fondamentaux de cette évolution : le règne de plus en plus dominant de la *médiation* ; ou encore : la *médiatisation de plus en plus avancée du désir*. Celui-ci devient incapable d'exister par lui seul : il faudra de plus en plus que son objet lui soit désigné par un tiers. La quête chevaleresque du sens, comme le pur désir «aristocratique» (individuel, authentique, non compromis avec la médiation), vont se perdre dans les fascinations vaniteuses d'une séduction *finalement sans objet réel* autre qu'elle-même, et renvoyant, de ce fait, à une image externe (un «modèle») dans un processus qui la vide de tout contenu singulier. Or, ce qui fait la particularité significative *originelle* de la passion occidentale, c'est bien entendu que la séduction y est toujours, à un moment donné, dépassée dans et par l'amour. Ce qui est proprement fascinant à ce moment-là, c'est au moins l'éventualité d'un amour réciproque (et impossible...) que rien ne laissait à première vue attendre ou prévoir (en dehors de son exigence même): instant miraculeux où à la séduction vient « répondre » en l'autre le *vertige insondable de l'amour* qui finit par convoquer et emporter le sujet séducteur lui-même — tellement il est *incompréhensible*. Car cette « réponse » de l'autre est à la fois une absolue défaite et une incommensurable victoire: que l'on puisse être à ce point vaincu, livré à la passion, et vainqueur, parce qu'une telle passion est à jamais énigmatique pour celui qui la reçoit. A ce point énigmatique qu'elle en devient *fondamentale, indispensable*. Elle renvoie, en effet, l'être privilégié (le séducteur, le héros, ou la femme fatale) à ce qui le dépasse et dès lors le limite: à sa problématicité même, à son inauthenticité plus ou moins grande, au « manque » qui l'obsède. Quelque chose d'inouï se met à exister, à quoi il sait bien qu'il ne pourra participer complètement qu'au risque, à son tour, d'une défaite bien plus grande encore (le *risque de mort* de la passion occidentale). Mais l'autre solution consiste à demeurer dans le désert de la vie sentimentale antérieure,... désert à présent « éclairé » par le *contraste vital* de l'amour, et devenu donc plus effroyablement désertique encore, où il ne restera au héros qu'à perpétuer inlassablement une séduction glacée — tel un bagnard condamné à ne point vivre (à ne point courir le risque de mort), alors qu'il a aperçu la lumière vibrante d'une vraie vie possible (mais, en même temps, livrée aux difficultés, à la souffrance, à l'expérience du chagrin, de l'abandon, etc.).

Mais de quel amour s'agit-il? — C'est celui qui transcende toutes les certitudes, toutes les assurances, toutes les sécurités de l'existence, et qui ne répond à aucun intérêt autre que lui-même. C'est l'expression d'un pur désir, *complètement disjoint du besoin*. Il est donc à la fois *absolu*, *désintéressé* et «*contre-indiqué*» pour le sujet. On songe à tel passage de la correspondance d'Héloïse à Abélard: «Jamais, Dieu le sait, je n'ai cherché en toi rien d'autre que toi. Ce ne sont pas les liens du mariage, ni un projet quelconque que j'attendais, et ce ne sont ni mes volontés, ni mes voluptés, mais, et tu le sais bien toi-même, les tiennes que j'ai eu à cœur de satisfaire (...). J'ai toujours mieux aimé (le nom) de concubine et de prostituée». D'où le caractère simultanément passionnel *et* maîtrisé d'un tel amour. Car il peut conduire parfois jusqu'au renoncement assumé, intériorisé, puisque rien dans le don de soi ne doit ni ne peut obligatoirement impliquer que l'offrande soit reçue ou acceptée. *A cet égard, l'amour dans la passion occidentale se distingue nettement de ce que depuis Flaubert on nomme le bovarysme*, cette espèce de «romantisme» hyperpathétique de «l'amour de l'amour» qui camoufle en fait le besoin compensatoire, l'ennui de vivre et, en définitive, le renoncement à l'égard de la quête du sens. Contrairement à ce qui s'attend ou s'exige dans le besoin, cet amour est *indésignable*. Il est l'incarnation, physique, concrète et sensible — le «vécu» — de ce qui se donne à penser abstraitement comme la *signification* (celle qui, précisément, *fait défaut* au héros problématique). La signification est, par essence, ce qui se cherche *comme impossible, parce qu'impossible* et *malgré tout* — ce qu'au XVIIe siècle on appelait le «je ne sais quoi», *et dont le propre est de ne se dire qu'en tant qu'il est ce qui manque*. L'amour *en tant qu'il signifie*, c'est donc la protestation qu'il y a du sens: protestation «négative», refus d'admettre la prose du monde, revendication d'*autre chose*. Et, tout d'abord, *autre chose* que ce qui vient parler au nom de l'amour, mais en dehors de la passion occidentale: le *bovarysme*, la *jalousie*, la *séduction*. Comment cette protestation agit-elle? Quelles en sont les conséquences principales?

1. L'amour passionnel éloigne de la *mondanité* (pouvoir, divertissement, fétiches du succès, etc.; mais aussi: con-

trats, obligations, responsabilités,...) et « protège » le sujet à l'égard de celle-ci.

2. Il existe irréductible à tout ce qui entend l'expliquer, le rationaliser, et par là le réduire à une espèce de « n'est que » (« ce n'est que cela »). Une « certaine opacité (fait) partie intégrante de la réalité affective du vécu amoureux », écrit le psychanalyste Christian David, qui ajoute : « Il s'ensuit que l'intention de parler du trouble et du désir amoureux, qui était tout à l'heure la mienne, apparaît comme plus significative et plus valable en tant que velléité, qu'en tant que programme supposé s'accomplir ». C'est que l'amour se définit d'abord dynamiquement par cette résistance à la réduction, par ce « reste » qui demeure hors toute explication concevable.

3. Mais il n'existe qu'en tant que résultat du dépassement de toute une série de contraintes qui auraient pu le rendre inimaginable. C'est en ce sens qu'on en parle comme d'un « miracle », d'une « illumination ». Il transcende la série des « si » (des conditions consentantes) nécessaires à son apparition : il est donc toujours *ce qui aurait pu ne pas se produire*.

4. Lorsqu'il surgit, il écarte donc le sujet de la mondanité (du moins, et c'est bien là l'essentiel, de l'*évidence* de celle-ci); il le *déplace* et le situe dans un espace imaginaire radicalement différent, et il s'impose à lui comme l'*incontournable loi de l'exception* : il en fait, dès lors, un individu nécessairement problématique. « Tout ensemble on peut dire de l'amour qu'il n'est éphémère que lorsque l'on n'aime déjà plus, que sa fugacité n'apparaît qu'à une vision rétrospective, *et aussi qu'il donne une conscience accrue de la caducité essentielle de notre existence* : nous sommes *en peine* parce que nous sommes *de passage* et l'amour ne saurait épuiser la peine puisqu'il y trouve sans doute sa principale raison d'être ». On aura perçu, dans le propos du psychanalyste, l'écho (généralement culturel et spécifi-

quement littéraire) de la passion occidentale. Mais encore, on ne peut que rapprocher cette description de l'état amoureux de celle que donne G. Lukàcs de la «nostalgie épique» au début de la *Théorie du roman*:

« Bienheureux les temps qui peuvent lire dans le ciel étoilé la carte des voies qui leur sont ouvertes et qu'ils ont à suivre! Bienheureux les temps dont les voies sont éclairées par la lumière des étoiles! Pour eux tout est neuf et pourtant familier; tout signifie aventure et pourtant tout leur appartient. Le monde est vaste et cependant ils s'y trouvent à l'aise, car le feu qui brûle dans leur âme est de même nature que les étoiles. Le monde et le moi, la lumière et le feu se distinguent nettement et jamais néanmoins ils ne deviennent définitivement étrangers l'un à l'autre, car le feu est l'âme de toute lumière et tout feu se vêt de lumière. Ainsi il n'est aucun acte de l'âme qui ne prenne pleine signification et ne s'achève en cette dualité: parfait dans son sens et parfait pour les sens; parfait parce que son agir se détache d'elle et que, devenu autonome, il trouve son propre sens et le trace comme un cercle autour de lui. « Philosophie, dit Novalis, signifie proprement nostalgie, aspiration à être partout chez soi ».

C'est pourquoi la philosophie, aussi bien en tant qu'elle est forme de vie qu'en tant qu'elle détermine la forme et le contenu de la création littéraire, est toujours le symptôme d'une faille entre l'intérieur et l'extérieur, significative d'une différence essentielle entre le moi et le monde, d'une non-adéquation entre l'âme et l'action. C'est la raison pour laquelle les temps heureux n'ont pas de philosophie, ou — ce qui revient au même — tous les hommes de ces temps-là sont philosophes, détenteurs du but utopique de toute philosophie. Car quelle peut être la tâche de la véritable philosophie, sinon de dresser cette carte archétypique? Quel est le problème du lieu transcendental, sinon de déterminer en quel sens doit s'ordonner toute impulsion jaillie des plus intimes profondeurs vers une forme qui lui reste inconnue mais qui lui fut assignée de toute éternité et qui l'enveloppe dans une symbolique libératrice? Alors la passion est la voie prédéterminée par la raison vers la parfaite adéquation de soi-même et, à partir de la folie, parlent les signes énigmatiques mais déchiffrables d'une puissance transcendante qui, sinon, resterait vouée au silence. Alors il n'est encore aucune intériorité, car il n'est encore aucune extériorité, aucune altérité pour l'âme. Pendant que l'âme part en quête d'aventures et les vit, elle ignore le tourment effectif de la quête et le péril réel de la découverte; elle ne se met jamais en jeu; elle ne sait pas encore qu'elle peut se perdre et ne songe jamais qu'il lui faut se chercher.

Tel est l'âge de l'épopée. Ce n'est point l'absence de douleur ou la sécurité de l'être qui vêtent les hommes et les faits de contours joyeux et stricts — la part de l'absurde et du désolant dans le monde n'a pas crû depuis l'origine des temps, seuls les chants consolateurs sonnent de façon plus claire ou plus étouffée — mais bien cette parfaite convenance des actes aux exigences intérieures de l'âme, exigence de grandeur, d'accomplissement et de plénitude. Tant que l'âme ne connaît encore en elle aucun abîme qui puisse l'entraîner vers la chute ou la pousser vers les cimes, tant que la Divinité qui régit l'univers et dispense les dons inconnus et injustes du destin se tient en face de l'homme, incomprise mais connue et proche, comme le père en face de son petit enfant, il n'est action qui ne soit pour l'âme un vêtement seyant. Etre et destin, aventure et achèvement, existence et essence sont alors des notions identiques. Car la question qui engendre l'épopée comme une réponse créatrice de formes s'exprime ainsi: comment la vie peut-elle devenir essentielle? Et si Homère, dont les poèmes constituent à proprement parler la seule épopée, demeure inégalable, c'est uniquement parce qu'il a trouvé la réponse avant que le développement historique de l'esprit permît de formuler la question».

(...)

«Lorsque l'individu n'est pas problématique, ses fins lui sont données dans une évidence immédiate et le monde dont ces mêmes fins ont bâti l'édifice peut lui opposer des difficultés et des obstacles sur la voie de leur réalisation, mais sans jamais le menacer d'un sérieux danger intérieur. Le danger n'apparaît qu'à partir du moment où le monde extérieur a perdu contact avec les idées, où ces idées deviennent en l'homme des faits psychiques subjectifs: des idéaux. Dès lors que les idées sont posées comme inaccessibles et deviennent, empiriquement parlant, irréelles, dès lors qu'elles sont changées en idéaux, l'individualité perd le caractère immédiatement organique qui faisait d'elle une réalité non problématique. Elle est devenue elle-même sa propre fin, car ce qui lui est essentiel et fait de sa vie une vie véritable, elle le découvre désormais en elle, non à titre de possession ni comme fondement de son existence, mais comme objet de quête. Cependant, le monde qui l'environne n'instaure qu'un autre substrat, une autre matière des formes catégoriales qui fondent son monde intérieur: il faut donc que la faille infranchissable entre l'être effectif de la réalité et le devoir-être de l'idéal — ne correspondant à la différence de matière que dans la différence de structure — constitue l'essence même du monde extérieur».

5. Si l'amour passionnel est à la fois découverte *de ce qui aurait pu ne pas être* et nostalgie *de ce qui n'est déjà*

plus, c'est en tant qu'il est *l'insaisissable aperçu*. D'où l'impression de *rêve* qu'il provoque en ses instants heureux et la *langueur* qui contraste douloureusement avec la rareté même de ceux-ci

> *« et toi dis donc mon autre vas-tu enfin me répondre je m'ennuie de toi j'ai envie de toi je rêve de toi contre toi réponds moi ton nom est un parfum répandu ta couleur éclate parmi les épines fais revenir mon cœur avec du vin frais fais moi une couverture de matin j'étouffe sous ce masque peau drainée arasée rien n'existe à part le désir »* (Ph. Sollers, *Paradis*, cité par R. Barthes).

6. Enfin, il est ce qui rend tout langage vain, inutile, impertinent. Que les amoureux soient souvent très bavards n'empêche pas la passion d'être fondamentalement muette : les mots ne sont là que pour exprimer leur *lacune*. Le « je t'aime » doit suffire. Il semble toujours insuffisant. Quoi qu'on y ajoute, c'est trop ; et cela ne sert déjà plus à rien. D'où le caractère tout à fait particulier de l'aveu passionnel qui tente de dire l'insaisissable aperçu dans l'impossibilité du langage[34].

Par rapport à ce qui motive l'esprit de système[35], la discontinuité est dès lors, par avance, une *déconvenue :* elle déçoit *le désir d'assurance* (qui fait combler « les trous de l'édifice du monde »); elle dénonce et par là mine complètement *l'obsession de la maîtrise*. Elle est donc, généralement, *mal reçue* — du moins par celui qui n'a pas fait, une fois pour toutes, son deuil de *tout* sens[36] (l'homme « moderne »). On va s'efforcer d'aborder à présent cet aspect de la réception par le biais d'une bipolarité « idéal-typique » du féminin et du masculin, ainsi que par une réflexion critique consacrée à une certaine « organisation » du désir et de la jouissance dans la sexologie « standard » dominante. Deux précautions importantes s'imposent : 1. lorsqu'on dit « masculin » et « féminin », il faut comprendre ces termes ici dans le cadre d'une culture donnée[37] — et non dans une quelconque perspective essentialiste; 2. le discours sexologique évoqué n'a, *hic et nunc*, par lui-même, aucune importance pour nous (et il n'y a donc aucune raison d'en discuter dans ce cadre...) — il est utilisé comme *révélateur*. Cependant ce deuxième moment de notre «détour» n'est nullement gratuit. Quelque chose se joue dans la discontinuité qui est *aussi* en relation avec la jouissance; et le «passage» par l'ouvrage de P. Brückner et A. Finkielkraut (*Le nouveau désordre amoureux*) — qui n'est dès lors pas *uniquement* «illustratif» — va nous permettre de préciser cette relation[38]. Ce qui nos importe est l'analyse du fonctionnement argumentatif et rhétorique du discours de la sexologie «moderne» (fonctionnaliste) telle qu'elle se dégage de cet essai qui, évidemment, ne concerne pas directement notre propos, mais l'évoque, ou, si l'on veut: l'*informe*. On peut, en effet, y lire un *roman canonique de l'orgasme* très codifié et exprimant de façon insistante les besoins du phallocentrisme (dont il fait en même temps apparaître, inévitablement, l'angoisse profonde, «rentrée»). Or ce «roman» repose sur un certain nombre d'évidences qui, toutes, renvoient à *une idéologie très systématique de la continuité absolue*: on perçoit par là, en un effet de contraste, le «contenu» (indésignable comme «positivité»[39]) de la *négation* discontinuïste, ainsi que l'«objet» sur lequel opère sa *déceptivité*[40]. Six éléments méritent à cet égard d'être retenus:

- *La prévisibilité d'une scansion composée*: «l'orgasme masculin est ennuyeux (...); ce qu'il tue, c'est le suspens, la suprise: il est une attente certaine d'elle-même, cela viendra sans aucun doute».

- *La téléologie, le finalisme*: «Pour l'homme, la fin est donnée dès le début (...) le début est la fin (...). Dans les premiers moments sont inscrits les tout derniers (...)[41]. Les épisodes qui ponctuent l'acte sexuel ne seront que cette distance nulle entre une pseudo-entrée en matière qui est déjà un crépuscule et une abolition effective présente dès le premier instant».

– *La linéarité vectorielle, le texte du roman comme longue phrase* : « C'est ce rapport-là qui doit être achevé (...) comme la phrase immuablement structurée (il ne faut pas faire des phrases trop courtes, mais l'on sait que le point final est inévitable) ».

– *Le dogmatisme de la vérité unique (de l'unicité d'un sens transaparent)* : « Le rapport sexuel codifié est un discours qui s'assure d'une vérité et d'une seule pour interdire qu'il en puisse surgir d'autres, imprévisibles, irréductibles ».

– *L'obsession de la maîtrise* : « Au plus fort de la tourmente, l'homme garde la tête froide ».

– *La stabilité de l'ordre* : « L'érotisme est un désordre qu'il faut stabiliser. L'orgasme comme plaisir terminal est la restitution de ce dérèglement à l'ordre établi ».

Voici la raison de la *déconvenue* : dans la discontinuité (ou ne serait-ce que *« devant »* celle-ci), toutes ces évidences-là se défont. Il faut donc, pour la *recevoir*, être capable d'une espèce de *« don immaîtrisé de soi »* qui suppose, entre autres, un type de *lecture*[42] différent — sur lequel on reviendra. Mais un tel *don* — une telle capacité d'*ouverture* — fait courir le risque de la *désassurance* la plus complète; ou plutôt, il en éveille le phantasme phobique — celui de la déperdition dans le chaos (rien n'est plus *prévisible*; il n'y a pas de *fin* en vue; aucune *direction* ne s'impose; une *vérité* n'apparaît pas; on perd tout *contrôle*; le *désordre* règne...). C'est pourquoi nous devrons, par la suite, voir ce qu'il en est plus exactement de ce « risque »-là (et, peut-être sera-t-on conduit *à la fois* à en relativiser la dimension pathétiquement menaçante *et* à en proposer un bon « usage » possible — pour déjà paraphraser Pascal[43]).

Ce qui est sans doute plus frappant encore, c'est que la manière dont la jouissance féminine (telle qu'elle est par exemple *rêvée* par les auteurs du *Nouveau désordre*...) est opposée à cette *crispation* phallocentrique convoque toute une série de sèmes de la discontinuité[44] (jeu des *substitutions, instantanés, répétitions, destructions, brisures, modulations éphémères*; possibilité du *récit mosaïque* juxtaposant «plusieurs débuts, plusieurs fins, plusieurs intrigues et linéarités»[45]; *absence de toute finalité* qui se dissout dans la *fragmentation* et la *profusion*[46]):

> «*La femme met au monde un corps toujours différent, le sien, elle est l'être passe-murailles par excellence, son ordinaire est merveille. De cette jouissance il n'y aura donc rien à rapporter (on n'en fera aucun rapport, pas même un rapport sexuel). Donner du plaisir à l'autre, c'est prendre le risque de sa différence, c'est ouvrir en soi la plaie délicieuse par laquelle il vous échappe et se détache de votre emprise par le biais même qui l'unit à vous. Qui n'aime d'un fol amour ou d'une folle indifférence celui ou celle qui renversent les limites où la vie civilisée nous retient et réveille en nous des corps que nous ne soupçonnions pas? Face à celle qui jouit, le cœur nous manque comme devant un amoncellement de stupeurs vertigineuses. Et si certes l'amant est pour quelque chose dans l'existence de ces hautes cimes où se pulvérise sa compagne, dans ces mondes où elle roule, s'abîme, il n'est pas: il est en bas et il voit du fond de la vallée cette éruption impétueuse qui a lieu près de lui, tout près de lui et dont il est si loin.*
>
> *Jouissance: ce qui n'autorise aucune représentation, image, portrait, substitution, ce dont on ne capte que des instantanés ou de déchirantes complaintes. A notre connaissance une seule musique s'approche ou équivaut à la jouissance féminine, la musique orientale, généralement peu supportée en Occident en raison de sa structure répétitive, obsédante (et ce n'est pas un des moindres paradoxes de cette musique que de s'épanouir sur un continent où les femmes plus qu'ailleurs peut-être demeurent confinées dans la plus abjecte des disgrâces: la fantastique érotisation de l'oreille et de la bouche dans les pays arabes n'aurait peut-être pas lieu sans cette totale réclusion du féminin; ce qui se ressasse, dans les meilleures litanies, chansons, mélodies instrumentales; ce qui fascine et provoque le délire de foules entières, n'est-ce pas, traînante, lancinante, cette voix de l'autre corps que l'Islam depuis des millénaires étouffe?). La musique orientale est la suprême intonation, celle devant laquelle on ne peut que frissoner ou défaillir: comme la jouissance, elle est folle dans sa monotonie même; elle se ressasse d'une répétition constante, excessive qui confine à la perte; ne se retient pas, ne raconte rien, ne dit que son éternel évanouissement, éternel délice. La femme qui jouit ne peut plus parler, son sexe, son corps entier remonte vers sa cavité buccale, se précipite au grand jour, éructe sous le palais,*

sanglote, étrangle la parole claire et l'harmonie classique au profit d'une syncope épurée et abstraite que l'Orient seul a pu approcher. Dans cette jouissance/musique ne se passe que la jouissance elle-même, enlacée dans son retour indéfini. Répétition glorieuse, formelle, littérale, charriant une formidable intensité qui creuse la chair, pilonne la voix, la gorge, vit d'un besoin inné de détruire et d'être à son tour détruite, piétinée, chassée. C'est un ravissement souverain, un changement permanent de points, nœuds, charnières, moments où l'agglutiné se brise, explose et dont les éclats rejaillissent jusqu'aux replis les plus intimes. Tout se dissocie, se dissout, devient discordant, fuyant, divers, rupture de rythmes, effractions brutales, modulations nouvelles éveillant des sentiments éphémères, et les forces dans leur tension primitive, enfin libérée, permettent d'autres remaniements, d'autres réorganisations: les forces ne fuient pas comme chez l'homme, elles diffusent dans les muscles, l'ossature, le squelette, leur libération ne met pas fin à l'excitation, elle la porte, la véhicule en tous sens, la propage jusqu'au moindre recoin, la jouissance de la femme commence là même où finit celle de l'homme. Orgasmes donc, au pluriel, ne revenant jamais de la même façon comme un récit qui juxtaposerait dans une mosaïque baroque plusieurs débuts, plusieurs fins, plusieurs intrigues et linéarités, principe de désorganisation permanente aux regards d'une chair qui n'attendrait que des bouleversements identiques, innovations que la tête ne peut prévoir parce qu'elles n'adviennent pas au lieu où elle les espère: là quelque chose sourd, se déchaîne, se déchire qu'aucune finalité n'oblitère. Les cris de la femme dans l'extase érotique n'expriment pas le théâtre des émotions profondes, elles en sont la parole immédiate, jaillissante, ardente sans le recours à un support verbal; parole sans parole qui ne peut se taire, ébranle les cloisons de l'appareil phonateur, irrite les glissements soyeux des épidermes et des tympans, fait entendre le sexe dans la gorge, l'anus dans le larynx, véritable ascension des parties basses du corps vers le torse et la tête, ça monte irrépressiblement comme une quinte de toux, c'est un intérieur qui vomit des imprécations muettes mais ces imprécations ne disent rien, elles proclament un corps fabuleux. Bruits rauques, râpeux où l'on entend les incidents pulsionnels, l'irritation obsédante d'une région qui prend feu, l'inflammation brutale d'une surface ou d'un pan de tissu. Les cris de la jouissance sont les cris de l'incommunicable, d'une haute tension qui obture le gosier, empêchant de par sa violence même la formation claire des phonèmes, le passage évident des voyelles et des consonnes; ce n'est pas un autre langage (qu'on pourrait à son tour soumettre à analyse, étudier, apprendre et reproduire), ce n'est plus du langage du tout, mais un bredouillement émotionnel qui ne peut plus passer par la transition des mots et l'ordre syntaxique sinon à les transformer eux-mêmes en événements intenses.

Ce que dit la bouche quand le corps jouit, c'est que le langage ne côtoie l'orgasme qu'à s'y détruire, s'y fragmenter en particules, syllabes époumonnées, langage alourdi de troubles organiques, inhabile à se dégager d'un amas de sensations, d'un afflux de sang et de peaux. L'accès des mots à la bouche (au palais) est barré. Les domaines tranchés de la douleur et du plaisir, de la conscience et de l'opacité sont ici brouillés : tout s'emmêle et se confond, le corps est un carrefour de trajets, de pulsions, d'émulsions, de messages qui n'ont pas de sens mais ne cessent d'être émis à une allure de plus en plus vertigineuse : les signes fusent, prolifèrent, signes qu'il n'y a rien sinon du chaos et de la matière en fusion. »

« Les signes prolifèrent (...) signes qu'il n'y a rien, sinon du chaos (...) » : la déperdition absolue évoquée plus haut se voit donc ici valorisée. Mais nous ne devons évidemment pas accepter ce *retournement* sans méfiance critique : le simple « échange » d'un positif pour un autre (ordre *vs.* chaos) concourt, en effet, *au renforcement contradictoire de chacun des deux*[47]. Or une façon différente d'envisager la question est concevable, qui évite de transformer la hantise en extase, et réciproquement ; qui tente de sortir du système des oppositions et des substitutions stéréotypées pour penser la discontinuité (à première vue très paradoxalement) *dans les termes de la cohérence possible d'une vision du monde*. Il n'empêche qu'une telle entreprise implique effectivement un effort de *déconditionnement* par rapport aux évidences qui viennent d'être mises en cause. La façon dont Lukàcs, dans *L'âme et les formes*, lit Sterne (*Vie et opinions de Tristram Shandy*, 1760-1767[48]) exemplifie fort bien le *mécanisme de résistance* au discontinu et manifeste, sur un plan strictement intellectuel, cette crispation, cette rétractation dont nous venons de voir qu'elle présente aussi toute une dimension psycho-existentielle[49]. En effet, pour Lukàcs, la discontinuité du roman de Sterne *relève d'abord d'une incapacité* : « s'il (Sterne) voulait réellement composer, il n'en serait pas capable ». Bien entendu, le philosophe explique, situe et contextualise une telle impuissance. Elle n'en est pas moins, pour lui, la condition *a priori* d'une œuvre dont il ne peut accepter ce qu'il considère comme une *tendance destructrice* et dénonce comme une *dissolution*. Ce qui mérite pour l'instant notre attention, c'est ce que l'on pourrait appeler le parti pris «moral» régissant un tel jugement esthétique, car il reflète en grande partie ce que nous avons analysé comme contre-investissement à l'égard du discontinu et quant à la jouissance. En effet, pour Lukàcs, «le *refus de la limite, le rêve d'une jouissance infinie*, est la base formelle d'une esthétique hédoniste, de son *mépris de la forme* et de son *autodestruction*»[50]...

Pourquoi il y a-t-il *désassurance*? Parce qu'un certain nombre de *pilotis* sur lesquels repose *l'édifice notionnel et logique*[51] de l'idéalité occidentale moderne sont brisés par la discontinuité. A savoir notamment[52]:

1. *Le désir de la «bonne forme»* tel que le théorise la psychologie de la forme (*Gestalt*) qui nous enseigne que la tendance comportementale «normale» est d'aller *à la rencontre* (à la perception, la reconnaissance, etc.) de structures formelles aisément repérables et saisissables, relativement simples et présentant une potentialité symétrique[53].

2. *L'architectonique du logos* qui autorise la communication — en particulier la communication «philosophique», c'est-à-dire s'écartant de la *doxa*, de l'opinion confuse et non hiérarchisée.

3. *L'axiomatisation des valeurs* organisant toute argumentation éthique — des principes premiers à la casuistique des particularités et à l'examen des «situations».

4. *Le langage lui-même, comme miroir et comme médium*, censé à la fois réfléchir la *praxis* humaine et lui offrir un «lieu» symbolique pour cette conscience réflexive.

La *déstabilisation* ainsi provoquée déclenche toute une série de hantises, entre autres:

1. *La hantise de la dégénérescence du discours* — voire du bafouillage, qui finit par s'abolir dans le silence. L'impulsion de la continuité tend, en effet, à supprimer — phantasmatiquement — le silence : à lui enlever toute dimension significative propre[54]. Dans l'esthétique de la discontinuité, au contraire, le silence se manifeste thématiquement, figurativement et «matériellement». *Thématiquement*: dans le discours discontinu ou fragmentaire, le silence est souvent considéré comme «disant plus et mieux», révélant ce qui est authentiquement signifiant — puisque la vérité est indésignable[55]. *Figurativement*: le texte discontinu *figure* cette importance du silence, par l'ensemble de ses *disruptions* — sémantiques, stylistiques, logiques... Quelque chose *qui n'est pas dit* vient *à manquer* «entre» les fragments, moments, développements rompus du texte. Or ce *non-dit* importe quant à la signification de celui-ci (il y a une «action» de ce silence). «*Matériellement*: la discontinuité produit un «objet-texte» fissuré, comme *traversé par le silence*.

2. *La hantise de l'incommunication*, qui mène au vertige de l'absurde, de l'indifférencié («C'est absurde. Cela ne veut rien dire. Cela ne ressemble à rien», etc.). La discontinuité se refuse à la régulation, à l'usage d'une communication codée et ordonnée. Elle maintient une *part énigmatique* qui s'avoue, se reconnaît et demeure «irrésumable».

3. *La hantise du non-savoir*. On aura l'occasion d'y revenir, et de mesurer ce qu'il en est d'un éventuel «irrationalisme» de la discontinuité. Retenons cependant, dès à présent, que celle-ci met en cause *la mobilisation intellectuelle de notre culture en son mode d'actualisation* (toujours «apprendre»: analyser, synthétiser, comprendre, expliquer). Elle privilégie, au contraire, *la nécessité d'une inconnaissance relative mais radicale* dans le mouvement même de la pensée: le caractère «non explicable» de Dieu qui en fonde l'exigence, chez Pascal; l'absence du «point de

vue » de vérité qiu permettrait de *déduire* du déterminisme une prévisibilité niant la liberté et la responsabilité humaine, chez Diderot; la « part aveugle » de l'homme tragique *qui n'ignore pas qu'il ignore l'essentiel*, chez Hölderlin. En fait, la discontinuité exprime *une résistance à l'égard du primat d'une raison qui rendrait compte de tout* comme avant même que tout « ait lieu », qui *enregistrerait l'état du monde comme s'il était figé dans une transparence ontologique* (au moins potentiellement accessible par le « progrès » de la connaissance...). Elle oppose à ce savoir triomphant la réhabilitation de l'idée d'*inconnu*. Dans le Romantisme allemand (chez Jean Paul, Novalis, Lichtenberg, entre autres), cette idée est souvent mise en avant dans un sens qui, bien que connoté comme *mystère*, donne à réfléchir quant au statut d'une rationalité toujours *par avance* et *par principe* évidente[56]. C'est peut-être chez F. Schlegel que le *rapport entre discontinuité, non-savoir, pensée et expression fragmentaires* (que le Goethe de maturité récusera) est le plus précisément conçu. Parce que c'est la part d'inconnu *qui est le réel*[57], il s'agit d'avoir, à l'égard de celui-ci, une *attitude ironique*[58]: tenter de l'appréhender par aperçus imprévus et raisonnements paradoxaux — donc aussi s'efforcer d'en rendre compte par *fragments*[59]. Ceux-ci sont des « morceaux de sens » arrachés à la contingence de l'*être-là* déguisée en règne de la nécessité, au monde des évidences reconnaissables et au principe d'identité (tout est tel qu'il est). L'attitude ironique exclut l'esprit de système et condamne l'idéal de la beauté classique (parfaite, complète et homogène). Elle ne dit ni n'exprime le monde « tel qu'il est », mais s'efforce de suggérer, par le jeu des dissonances et des disruptures, que le réel ne s'appréhende *contrastivement* que par le *paradoxe*, la *négation* et la *déceptivité*[60]. C'est bien aussi ce que s'efforce de soutenir Georges Bataille face à la totalisation hégélienne, dont il montre que le sens profond est d'avoir toujours à lutter contre son « envers » (la discontinuité qui la déchire) et que le «contenu de vérité» est dans le *reste*, le «déchet»[61]. Le réel n'est pas réductible à l'Etre donné et intelligible. Il est l'*inachevable*: ce qui n'existe que dans le mouvement de cet inachèvement infini et ne peut donc s'enclore dans un savoir du déjà connu. *Il n'y a de «vérité» que là où cela fait question: c'est-à-dire là où nous ne savons pas.* Mais attention, il s'agit là d'un *ne-pas-savoir* fondamental qui est la «vérité» d'une condition existentielle[62], telle que l'évoque par exemple Claude Simon dans *Tentative de restitution d'un retable baroque*:

«(...) cette connaissance fragmentaire, incomplète, faite d'une addition de brèves images, elles-mêmes incomplètement appréhendées par la vision, de paroles, elles-mêmes mal saisies, de tentatives, elles-mêmes mal définies, et tout cela vague, plein de trous, de vides, auxquels l'imagination et une approximative logique s'efforçaient de remédier par une suite de hasardeuses déductions (...)»[63].

4. *La hantise du chaos, de la confusion, de l'échec.* La discontinuité nous *désempare*: vertigineusement, elle nous confronte à l'effondrement, à l'expérience du *breakdown* (Winnicott) que Pascal relate dans sa réflexion sur les deux infinis[64]:

«Nous voguons sur un milieu [= entre-deux] vaste, toujours incertains et flottants, poussés d'un bout vers l'autre; quelque terme où nous pensions nous attacher et nous affermir, il branle, et nous quitte, et si nous le suivons, il échappe à nos prises, nous glisse et fuit d'une fuite éternelle; rien ne s'arrête pour nous. C'est l'état qui nous est le plus naturel, et toutefois le plus contraire à notre inclination. Nous brûlons du désir de trouver une assiette ferme, et une dernière base constante pour y édifier une tour qui s'élève à l'infini; mais tout notre fondement craque, et la terre s'ouvre jusqu'aux abîmes. Ne cherchons donc point d'assurance et de fermeté [= possibilité de se fixer]; notre raison est toujours déçue par l'inconstance des apparences; rien ne peut fixer le fini entre les deux infinis qui l'enferment et le fuient».

Je ne sais plus rien de certain: une ignorance immense m'envahit. Mais c'est alors, autour de moi, *l'édifice du monde qui se troue et s'écroule*: me voici égaré et sans repères; où vais-je aller maintenant qu'aucune direction ne m'est tracée? Cependant, une telle expérience est peut-être à la fois *première* (dès lors refoulée) et *essentielle*: sa *retraversée* par la discontinuité prend alors un sens singulier (il s'agit, au fond, d'«adopter» l'idée du chaos)[65]. La lecture d'*Après le Déluge*, l'une des *Illuminations* de Rimbaud, va nous permettre d'approcher cette *adoption* par laquelle la discontinuité «accueille», en une espèce de *positivité négative*, le vécu du chaos comme moment premier et essentiel — hélas condamné bientôt à la *fausse* reconstruction de l'ordre du monde (au *mensonge* de «l'être tel qu'il est»).

«Aussitôt que l'idée de Déluge se fut rassise,
Un lièvre s'arrêta dans les sainfoins et les clochettes mouvantes et dit sa prière à l'arc-en-ciel à travers la toile de l'araignée.
Oh! les pierres précieuses qui se cachaient, — les fleurs qui regardaient déjà.
Dans la grande rue sale les étals se dressèrent, et l'on tira les barques vers la mer étagée là-haut comme sur les gravures.
Le sang coula, chez Barbe-Bleue, — aux abattoirs, — dans les cirques, où le sceau de Dieu blêmit les fenêtres. Le sang et le lait coulèrent.
Les castor bâtirent. Les «mazagrans» fumèrent dans les estaminets.
Dans la grande maison de vitres encore ruisselante les enfants en deuil regardèrent les merveilleuses images.
Une porte claqua, — et sur la place du hameau, l'enfant tourna ses bras, compris des girouettes et des coqs des clochers de partout, sous l'éclatante giboulée.
Madame*** établit un piano dans les Alpes. La messe et les premières communions se célébrèrent aux cent mille autels de la cathédrale.
Les caravanes partirent. Et le Splendide-Hôtel fut bâti dans le chaos de glaces et de nuit du pôle.
Depuis lors, la Lune entendit les chacals piaulant par les déserts de thym, — et les églogues en sabots grognant dans le verger. Puis, dans la futaie violette, bourgeonnante, Eucharis me dit que c'était le printemps.
Sourds, étang, — Ecume, roule sur le pont et par-dessus les bois; — draps noirs et orgues, — éclairs et tonnerre, — montez et roulez; — Eaux et tristesses, montez et relevez les Déluges.
Car depuis qu'ils se sont dissipés, — oh les pierres précieuses s'enfouissant, les fleurs ouvertes! — c'est un ennui! et la Reine, la Sorcière qui allume sa braise dans le pot de terre, ne voudra jamais nous raconter ce qu'elle sait, et que nous ignorons.»

Ce qui nous retiendra prioritairement dans ce texte, c'est le *mouvement intérieur qui l'anime*[66] et *qui fait de l'inévitable remise en ordre le positif insoutenable d'une négativité hélas perdue* (et qui était, en fait, la «vraie» positivité). Ce mouvement est doublement paradoxal: d'une part, le chaos y est là à la fois *à l'origine* et nécessité comme *projet*; d'autre part, ce projet est à la fois *essentiel* et *vain*, «perdu d'avance». Par là nous découvrons la relation de la discontinuité avec l'*échec*: elle est, en fait, une espèce de *qui perd gagne* qui s'écarte des chemins de la victoire et du triomphe (de l'ordre, de la réalité «donnée», de l'évidence vraisemblable posée en principe incontournable...). Par là se découvre la radicalité particulière de la forme discontinue: radicalité d'une voix qui paraît commander l'abolition de tout recours[67]. Devant la lumière blanche de ce désert, on ne peut se sentir que *misérable*, «inconsistant». La discontinuité dit notre dépossession. Mais de celle-ci procède ce qu'Adorno appelle le «contenu de vérité» qui permet de dénoncer le mensonge de ce qui est: tout ce qui prétend parler au nom du silence; tout ce qui donne l'illusion de choisir dans la contrainte du déterminisme le plus veule; tout ce qui a la prétention d'être fort — justement: autre que fragile, «inconsistant»; tout ce qui nous cache combien, fondamentalement, la vie est *mutilée*[68].

Deux *figures de représentation* de ces hantises entretiennent avec la discontinuité une relation privilégiée: la ruine, le vide. Dans *La poétique des ruines en France*, Roland Mortier retrace l'histoire de la prise de conscience de la ruine comme *objet esthétique autonome et singulier*. Or l'évolution de la conception «ruiniste» recoupe celle de l'avènement du discontinu. Il faut, en effet, attendre le XVIIIᵉ siècle et Diderot, pour voir la ruine cesser d'être le mémorial ou le cénotaphe de l'ordre ancien, le lieu de condensation de l'horreur du désordre ou le pôle d'évocation rêvée d'une nostalgie de la complétude. Diderot accorde à la ruine une *beauté spécifique* et une *signification par elle-même*[69] :

> « *O les belles, les sublimes ruines!... Quel effet, quelle grandeur, quelle noblesse!... Avec quel étonnement, avec quelle surprise je regarde cette voûte brisée, les masses surimposées à cette voûte!* »
>
> (...)
>
> « *Les idées que les ruines réveillent en moi sont grandes. Tout s'anéantit, tout périt, tout passe. Il n'y a que le monde qui reste. Il n'y a que le temps qui dure. Qu'il est vieux ce monde! Je marche entre deux éternités. De quelque part que je jette les yeux, les objets qui m'entourent m'annoncent une fin et me résignent à celle qui m'attend. Qu'est-ce que mon existence éphémère, en comparaison de celle de ce rocher qui s'affaisse, de ce vallon qui se creuse, de cette forêt qui chancelle, de ces masses suspendues au-dessus de ma tête et qui s'ébranlent? Je vois le marbre des tombeaux tomber en poussière; et je ne veux pas mourir! et j'envie une faible tissu de fibres de chair, à une loi générale qui s'exécute sur le bronze! un torrent entraîne les nations les unes sur les autres au fond d'un abîme commun; moi, moi seul, je prétends m'arrêter sur le bord et fendre le flot qui coule à mes côtés!* »

Cette ruine, ce *reste* aussi[70] — dont on découvre aujourd'hui la fascination[71] —, cette épave dépareillée, cette texture fragmentaire, les partisans du discontinu en affectionnnent l'image. Vers 1800, Ballanche s'exclame, *à propos d'une pensée de Pascal* : « Quelle belle ruine que cette phrase isolée! ». Dans son livre consacré à Wordsworth et à Coleridge (et plus généralement au romantisme anglais), Thomas Mc Farland[72] montre le lien qui s'établit entre une *pratique poétique de la fragmentation* et une *thématique ruiniste*. Et Bataille, dans *L'abbé C*, écrit :

> « *Le seul moyen de racheter la faute d'écrire est d'anéantir ce qui est écrit (...). Je crois que le secret de la littérature est là, et qu'un livre n'est beau qu'habilement paré de l'indifférence des ruines.* »

A la vanité d'écrire, dans la configuration de la modernité, répond une opération de *mise en ruines* comme *résultat, conséquence* d'une *démarche rigoureusement paradoxale* :

« (anéantir ce qui est écrit). Mais cela ne peut être fait que par l'auteur; la destruction laissant l'essentiel intact, *je puis néanmoins à l'affirmation* lier si étroitement la négation que ma plume efface à mesure ce qu'elle avança. *Elle opère alors, en un mot, ce que généralement opère le temps, qui de ses édifices multipliés ne laisse subsister que les traces de la mort (Je crois que...) »*[73].

De la *négativité* reconnue on passe donc à *l'acte même de négation* qui inscrit le paradoxe dans le procès même d'écrire, afin de détruire la *logicité systématique*.

Pascal est hanté par le vide (physique, « métaphysique »). On reviendra évidemment sur cette *présence du vide* dans les *Pensées*[74]. On voudrait seulement, pour le moment, indiquer la solidarité entre celle-ci et le recours pascalien à la discontinuité, au paradoxe et au fragment. C'est qu'il y a, ici aussi, une *positivité indésignable du vide comme négation*, comme le suggère une réflexion d'Yvon Belaval[75] :

« Rien d'étonnant à ce que l'on ait attribué l'horreur du vide à la φυσις *aristotélicienne. Cette* φυσις *nous correspond. Nous symbolisons avec elle. Son monde clos est notre premier lieu naturel, le milieu dont la pesanteur nous supporte, dont la lumière nous éclaire, nous réchauffe. Orienté comme un village primitif, une pyramide, une église, il tisse pour nous des lieux de fixations qui décident de notre conduite: lieux aussi naturels — quand même il nous arrive de les nommer surnaturels — que son aire à l'animal ou la plante (centres de pèlerinage, patrie, famille, ville, quartier, appartement), et qui règlent nos mouvements naturels, quotidiens, dans le repos de la routine et parfois jusque dans la répétition psychasthénique. »*

Le vide, comme la ruine, nous renvoie donc *à une part « inassumable » de notre être chaotique*. C'est en ce sens qu'il est aussi un « appel à la liberté ». Par la médiation de ces deux figures on peut à présent mesurer *en quoi la discontinuité importe*.

NOTES

[1] Ici schématisées à l'extrême.
[2] On songe notamment aux analyses de la *réification* dans la « société administrée » — pour utiliser le langage d'Adorno, ou à celles de l'« économie politique du signe » et de la *sémiotisation* générale du monde moderne — pour reprendre les idées de Baudrillard... Un développement à cet égard sortirait évidemment des limites de ce livre.
[3] Une *critique de la modernité* constitue l'une des finalités de cette réflexion. Mais il s'agit seulement, sur ce point, du « premier acte » d'un travail en chantier.
[4] On revient plus loin sur la signification même de ce geste.
[5] On aura, bien entendu, l'occasion d'y revenir.
[6] Nous soulignons.
[7] Voir, par la suite, la « lecture » des poèmes de la folie de Hölderlin.
[8] Sur l'ensemble de la problématique sociodialectique, voir R. Heyndels, *Littérature, idéologie et signification*. Montpellier, CERS, Coll. *Etudes Sociocritiques* (sous presse).
[9] Dans une très abondante bibliographie, voir la thèse d'Etat d'A. Pecq, *La genèse de l'esthétique française moderne. De la raison classique à l'imagination créatrice* (1978).
[10] Nous soulignons.
[11] F. de La Mothe le Vayer (1588-1672), *Quatre autres dialogues du même auteur faits comme les autres à l'imitation des Anciens par Oratius Tubero. I, De l'ignorance louable*.
[12] On reviendra d'ailleurs sur la question de l'irrationalisme.
[13] F. La Mothe le Vayer, *Cinq dialogues faits à l'imitation des Anciens par Oratius Tubero*.
[14] (1628-1703). *Les Parallèles des Anciens et des Modernes* datent de 1688-1697.
[15] Nous soulignons.
[16] Voir plus loin: Adorno. L'abbé parle encore de l'« obscurité impénétrable » « qui a fatigué tant d'interprètes et de commentateurs ».
[17] On revient plus loin sur le rapport discontinuité-système.
[18] Voir plus loin: Adorno, Pascal, Diderot, Hölderlin...
[19] Nous disons « apparence phénoménale » car, en fait, il ne suffit évidemment pas de laisser aller ses réflexions en tous sens pour *penser!*... On revient par la suite sur cet aspect de la problématique.
[20] Cf. *supra*, La Mothe le Vayer.
[21] Dans l'acception sociologique du terme.
[22] Nous soulignons. Se reporter à Steven D. Ungar, « Parts and holes: Heraclitus, Nietzsche, Blanchot », in *Sub-stance*, 9, 1976.
[23] Qui ne fut jamais exempt de tensions et qui a été ici schématisé à l'extrême. On peut se reporter à P.-P. Gossiaux, *Une anthologie de la culture classique (I. Cosmologie. II. Anthropologie)*.
[24] Entendons: la synthèse *acquise*, « opératoire ».
[25] Se reporter au chapitre II.
[26] Pour ce qui concerne le contexte idéel et littéraire dans lequel s'inscrivent, au XVIIIe siècle, les œuvres discontinues, dans une très abondante bibliographie générale, on peut recourir à la mise au point *spécifique* de Roland Mortier « La

littérature des *Lumières* comme moyen de communication», in R. Heyndels, éd., *Littérature. Enseignement. Société*, I *(lire le texte littéraire)*.
[27] Voir plus loin le rapport Adorno-Hegel.
[28] Nous soulignons ce passage. Pour un conception «hégélienne» de la discontinuité, voir par exemple J. D'Hondt, «L'idéologie de la rupture» (*Rev. de théologie et philosophie*, 4, 1971); «La communication et sa rupture» *(Actes du 15ᵉ Congrès des S.P.L.F.)*.
[29] Nous utilisons ces deux termes réunis («la pensée-et-l'expression») pour rendre l'idée de *forme significative* (non, bien entendu, en renvoyant à une dichotomie de la «forme» et du «contenu»...).
[30] Voir plus loin: Adorno.
[31] On aura compris qu'il s'agit ici d'un *idéal-type* (permettant d'aborder, ensuite, d'un point de vue théorique et méthodologique déterminé, les «œuvres concrètes» de Pascal, Diderot, Hölderlin).
[32] Voir le livre de R. Mortier, *Clartés et ombres du siècle des Lumières*.
[33] Il va sans dire qu'une telle «évocation» est loin d'être innocente...
[34] Références: R. Barthes, *Fragments d'un discours amoureux*; Hegel, *Esthétique* (tr. fr. 1944); W. Dilthey, *Le Monde de l'Esprit* (tr. fr. 1947); G. Lukàcs, *La théorie du roman* (tr. fr. 1963); C. David, *L'état amoureux*; D. de Rougemont, *L'amour et l'Occident*.
[35] Voir, par exemple, dans les *Regulae* de Descartes (R. V, R. XI,...) la réitération du mot «continu». En intertexte, lire G. Deleuze, «Qu'est-ce qu'un système?», in *Différence et Répétition* (pp. 155 sv.).
[36] Rappelons que l'on laisse ici de côté toute la critique de la modernité — et, *a fortiori*, l'examen de ce qu'il est convenu d'appler le «post-modernisme» — dans laquelle le discontinu et la fragmentation occupent évidemment une place centrale. On n'envisage dès lors pas — vu les limites de cet ouvrage — la théorie de la *déconstruction* du sens (de la métaphysique) dans les écritures, philosophies et/ou idéologies de la modernité. Une autre étude (à partir notamment de Nietzsche, Heidegger, Derrida...) serait à cet égard nécessaire, qui constituerait le deuxième versant (ou «moment») d'une problématique seulement esquissée ici dans ses grandes lignes.
[37] Précisément, aussi, *mise en question* par le point de vue où l'on se situe ici.
[38] Les auteurs du *Nouveau désordre amoureux* analysent, critiquent et tentent de «dépasser» le discours sexologique standard (dont ils reconstituent préalablement le *texte général*). En particulier, ils mettent en cause la prétendue «définition» (en fait: *vide de sens*) de la jouissance (de l'orgasme) dans ce discours, dont ils montrent qu'il représente la xe variante (s'autoqualifiant de «scientifique») d'un phallocentrisme particulièrement «mécanique», *contraint* et pauvre quant à la diversité potentielle du plaisir.
[39] Sur le rapport entre *négation*, décomposition et discontinuité chez Freud, voir l'ouvrage de L. Bersani, *Baudelaire et Freud*.
[40] *Sa déconstruction* (voir, en intertexte, le beau livre de Cioran, *Précis de décomposition*).
[41] Remarquez la parodie de Hegel...
[42] Voir plus loin: Ehrenzwig, Adorno.
[43] *Le bon usage* de la maladie...

⁴⁴ Voir aussi: l'ouvrage collectif *La jouissance et la loi*. («Alors tu préfères l'ordre? La belle jouissance en marbre poli (...)» — J. Oury, «Onze heures du soir à La Borde ou les mésaventures de l'éthique», pp. 32-54 / «Ce modèle phallique participe des valeurs promues par la société et la culture patriarcales, valeurs inscrites dans le *corpus* philosophique: propriété, production, *ordre, forme, unité,* visibilité» — L. Iragaray, pp. 219-238.
⁴⁵ Voir plus loin: *Jacques le Fataliste*.
⁴⁶ On n'a évidemment pas à se prononcer ici sur le *statut de réalité* (actuelle, potentielle ou virtuelle) d'une telle description. Ce serait l'objet d'une autre discussion, en un autre lieu...
⁴⁷ Et c'est bien cette *symétrie dichotomique* que l'on peut mettre en doute dans l'essai de Brückner et Finkielkraut (et dans tous les discours du *retournement*...).
⁴⁸ *Tristram Shandy*, roman éclaté et polyphonique, autoréflexif et déceptif — véritable «machinerie» antiromanesque —, a servi de «prétexte» à Diderot pour *Jacques le Fataliste*: le livre VIII (chap. XIX à XXII) de l'œuvre de Sterne lui a notamment fourni l'argument d'ouverture de *Jacques*.
⁴⁹ Lukàcs a évidemment de «bonnes raisons» de *principe* de critiquer Sterne. Les exposer ici nous mènerait fort loin au-delà des limites de ce propos. Elles sont discutables, mais on aura compris que nous prenons ici sont attitude intellectuelle comme *symptôme*.
⁵⁰ R. Rochlitz, *Le jeune Lukàcs. Théorie de la forme et philosophie de l'histoire.* Nous soulignons.
⁵¹ Il s'agit ici d'une «image» très schématique. On peut se reporter aux n°˙ 13-14-15 des *Cahiers de Fontenay* («Fragments») qui regroupent des études sur le statut du fragmentaire dans le discours poétique, philosophique, mémorialiste:..., mais aussi dans les recherches biologiques, «filmologiques», musicales... ainsi qu'aux travaux du colloque de Stanford sur «Désordre et ordre», et au livre de J.P. Dupuy, *Ordres et désordres. Enquête sur un nouveau paradigme.*
⁵² Le propos n'est évidemment pas ici de *discuter* chacun de ces éléments...
⁵³ Ainsi considérée, la discontinuité est *frustrante*.
⁵⁴ Il y aurait évidemment beaucoup de considérations tant proprement littéraires que «métaphilosophiques» à émettre sur ce statut du silence (de l'espace, du blanc, de l'interruption...) dans le champ de notre problématique: rappelons qu'il ne s'agit ici que d'énoncer quelques «prolégomènes»...
⁵⁵ Pour nous en tenir aux auteurs dont il sera question par la suite: silence pascalien (effroi de l'infini; irréductibilité hors d'atteinte de la présence-absence de Dieu); place du silence chez Diderot comme «espace imaginaire» entre les positions contradictoires d'une dialectique *anatreptique*; silence de Hölderlin dans la fragmentation et l'inachèvement des poèmes et la «solution» de la folie.
⁵⁶ On revient plus loin, brièvement, sur la *critique dialectique négative* de ce «*mystère*» romantique. Voir: Adorno.
⁵⁷ Dans le langage de la modernité et les termes de la psychanalyse, Serge Leclaire écrit: «Le réel? C'est ce qui résiste, insiste, existe irréductiblement, et se donne en se dérobant comme jouissance, angoisse, mort ou castration» *(Démasquer le réel).*
⁵⁸ Le fameux *Witz*. Dans une abondante bibliographie sur ce sujet: B. Allemann, *Ironie und Dichtung* (sur F. Schlegel, Novalis, Solger, Kierkegaard, Nietzsche, Th. Mann et Musil).

[59] F. Schlegel publie, dans le deuxième fascicule de la célèbre revue *Athenäum*, une série de 451 *Fragments*. Il publiera encore une autre série d'*Idées* en 1800. Voir notamment: A. Schlagdenhauffen, *F. Schlegel et son groupe*.
[60] Pour une contextualisation de l'idée d'ironie, voir I. Strohschneider-Kohrs, *Die deutsche Romantik* (pp. 75-97 notam.).
[61] Cf. R. Sasso, *Georges Bataille: le système du Non-savoir*.
[62] Et non d'un savoir «potentiel», «en attente»...
[63] Le texte est retenu ici, parmi beaucoup d'autres, en tant que *symptôme*.
[64] Voir plus loin: Hölderlin et la question de la folie.
[65] Voir plus loin: Ehrenzweig.
[66] Ce mouvement est caractéristique d'une partie des *Illuminations* (*Conte, Aube*...). L'intention n'est pas d'en proposer ici une interprétation d'ensemble ni de faire l'analyse exégétique détaillée du texte.
[67] Voir R. Heyndels, «La radicalité», in D. Bajomée et R. Heyndels, éd., *Imaginaire de l'écriture / Ecriture de l'imaginaire: M. Duras*, sous presse.
[68] On songe ici à Adorno *(Minima moralia. Réflexions sur la vie mutilée)*.
[69] Voir R. Mortier, *op. cit.*, pp. 90 sv.
[70] Voir supra: Bataille.
[71] Voir les n°s 11 et 12 de la revue *Traverses*.
[72] *Romanticism and the forms of ruin: Wordsworth, Coleridge, and modalities of fragmentation*.
[73] Nous soulignons.
[74] Voir plus loin: Pascal.
[75] Dans la *Nouvelle revue de psychanalyse* (II, 1975).

Chapitre 2
Une «interprétation» de la discontinuité

Faisons le point. On a, tout d'abord, en récusant le spontanéisme essentialiste de la «vie», tenté de saisir la discontinuité en tant que *forme significative*. Une telle attitude critique revient à reprendre une notion à Lukàcs, alors même que celui-ci — on l'a brièvement montré par sa «réaction» à l'égard de Sterne — ne peut admettre que cette notion soit attribuée à ce qui, selon lui, la nie complètement. Du point de vue où l'on se place ici, Lukàcs a simultanément tort et raison. Car, effectivement, la discontinuité, si elle est bien une forme, est cependant une forme *négative, paradoxale et déceptive*. Autrement dit: elle met en cause une certaine idée de la *cohérence* telle qu'elle est pensée dans la philosophie et l'esthétique allemandes (Goethe, Hegel, Dilthey — pour ne retenir que trois noms) et telle que Lukàcs la conçoit — une cohérence à la fois *complète, homogène* et *limitée* (fermée). Mais cette contestation même ne doit pas nécessairement être reçue comme «positivité bloquée», cohérence manquée, signe d'un échec. Peut-être (et c'est l'hypothèse ici retenue) concerne-t-elle, au contraire, *l'exigence d'une cohérence autre*.

Adorno nous aidera, par la suite, à préciser ce qu'on peut entendre par là et en quelles conditions de lecture — d'«ouverture» — il faut être placé pour pouvoir comprendre cela. En effet, la discontinuité suppose un certain type de *réception* dont on a montré — par l'évocation des difficultés qu'elle soulève et des hantises qu'elle provoque — combien elle était elle-même *problématique*. Forme négative, la discontinuité, en tant que forme, a une *substance symbolique* (elle «veut dire» quelque chose...); mais, parce que négative, elle n'exprime ce «contenu» qu'en le maintenant comme *indésignable*. Deux conséquences principales procèdent de ce statut «contradictoirement formel» (que Lukàcs ne peut appréhender, d'une part, parce qu'il demeure *positivement* hégélien en philosophie et *normativement* classique en esthétique; d'autre part, parce qu'il est aussi un «symptôme», parmi d'autres, du refoulement psycho-existentiel que déclenche le discontinu):

1. *La discontinuité signifie*. On peut donc s'efforcer d'en proposer une «interprétation». Elle nous interpelle *formellement*; et sa négativité, qui détruit les idoles de la positivité donnée[1] (sur le plan de l'idéal de la beauté classique, sur le plan de l'esprit de système, sur le plan des assurances existentielles...), peut nous atteindre comme «inversion du positif», comme «*positivité négative*» (ou «négativité positive») ouvrant des voies non préfixées, des chemins non idéologiquement balisés.

2. *La discontinuité n'est pas réductible aux divers contenus manifestes qui «recourent» à sa modalité*. Par exemple, il est évidemment tout à fait absurde d'affirmer que la discontinuité est, par elle-même, «progressiste» ou réactionnaire, rationaliste ou irrationaliste, athée ou religieuse. Il va sans dire que des œuvres relevant d'une esthétique discontinue émettront, à cet égard, les messages les plus contradictoires: une telle «disponibilité» s'explique précisément par le caractère significativement négatif de la discontinuité, qui accueille la diversité de ces possibles séman-

tiques non pour les exprimer *mais pour en opérer une formalisation paradoxale et déceptive*. Par contre, ce qu'il s'agira de montrer, c'est que *par rapport* aux questions du progrès, de la raison ou de la foi (pour revenir aux trois cas envisagés), une *attitude singulière* indexe et informe les discours, théories et écritures de la discontinuité et de la fragmentation.

Une telle «attitude» a déjà été approchée précédemment[2]. C'est bien celle-ci qui peut faire l'objet de l'interprétation (et non la diversité des contenus manifestes). Or, par sa détermination même, elle demeure *implicite* et ne s'appréhende que dans la manière dont les contenus divers sont *traités*. Le danger est grand, dès lors, de ne voir dans la discontinuité, en un formalisme abstrait, qu'une «réponse esthétiste» qui, par elle-même, serait *insignifiante*, ou, si l'on préfère, *par-delà toute signification*. Car un tel formalisme (qui est devenu l'une des positions de principe de la modernité) non seulement passe à côté *de ce par quoi et en fonction de quoi* la discontinuité advient; mais encore, il en constitue en fait une interprétation tout à fait particulière et limitée — *et qui le plus souvent s'ignore*. En effet, sous prétexte de se refuser à tout *pari herméneutique* pour laisser à la discontinuité son pur caractère formel (au sens restrictif du terme), il revient à en proposer une *positivation* (une lecture immédiate, non critique, réduplicative) qui en économise ou en occulte, précisément, tout ce que nous avons appelé «l'effet rupteur» où se joue ce qui en celle-ci importe comme *projet*[3].

On a évoqué brièvement de celui-ci quelques champs d'actualisation et d'expansion (Sterne, Pascal, la philosophie des Lumières, le romantisme — surtout allemand et anglais —, Hölderlin, la dialectique négative, la modernité — Bataille, Blanchot —, etc.) particulièrement différents et même divergents. La perspective retenue ici n'est pas historiographique et elle ne vise aucunement à une quelconque exhaustivité — même inévitablement relative. C'est que, d'un tel projet, nous importe prioritairement ce que l'on pourrait nommer : *la « valeur » générale*, c'est-à-dire la « situation » dans l'histoire idéelle moderne, ou encore *l'enjeu* comme réponse symbolique, comme comportement imaginaire (pour faire appel à des concepts de l'épistémologue Jean Piaget). Faisons dès lors retour un moment sur les figures de la *ruine* et du *vide*[4]. On saisira aisément combien elles accueillent les principales hantises dont il a été précédemment question. Or ces figures sont, dans leur rapport à la discontinuité, *négativement positives* (ou *positivement négatives*). Les ruines que l'homme traverse (en un *passage* que Diderot oppose à la méditation immobile sur les tombeaux...)[5] ont, paradoxalement, vocation de l'apaiser : elles le réconcilient avec l'apparent non-sens de la mort, mais aussi elles ouvrent sur la problématicité aventureuse d'un futur possible (que l'on peut attendre et vouloir *quand bien même* il est lui aussi condamné à sombrer dans la ruine de l'Etre...). On pourrait dire qu'elles relativisent tout optimisme historique et qu'en même temps, de ce fait même, elles rendent celui-ci envisageable comme *pari éthique*[6]. Elles réduisent à néant le finalisme et se dressent *ironiquement*[7] face à toute prétention de synthèse, d'ultime accomplissement, de dépassement absolu. Mais elles rappellent aussi « l'effort d'un passé » qui s'y inscrit *contre le fatum destinal* — l'outrage inévitable du temps, la violence et les ruses de l'histoire — comme le *signe fragmentaire* d'un *malgré tout*[8] ouvert à la fois sur l'improbabilité envisageable *et* l'exigence catégorique d'un avenir (rebâtir des édifices *en sachant* qu'ils seront tôt ou tard ruinés...). Le rapport entre une thématique ruiniste et une esthétique du discontinu est l'une des dimensions significatives de l'œuvre de Diderot. On aura l'occasion de voir, avec *Jacques le Fataliste, que ce rapport n'est lui-même pas sans relation avec la problématique éthique de cet « anti-roman »* qui confronte déterminisme et liberté. Et qu'il s'appréhende dans et par le *signifiant global* de ce texte de la *déconstruction*[9], *par avance* «ruiné» (et donc lisible seulement à partir d'une conversion reniant l'idéal de la beauté classique[10] et l'esprit de système[11]). Les ruines demeurent d'un anéantissement; mais elles signalent aussi une *néantisation* — «rien ne demeure»... — qui surgit à la conscience comme l'idée (irreprésentable) du vide. Le discontinu non seulement crée *formellement* le sentiment de vide (comme l'espace qui traverse la ruine); mais encore : il en implique *significativement* la nécessité. En effet, sa négativité ne «remplace» rien[12]. Et, paradoxalement, elle entend témoigner d'une «positivité» de ce *rien*. Pascal rencontre l'existence du vide (que Descartes refuse d'admettre): celui-ci devient, métaphysiquement et existentiellement, la «référence» de la *misère* de l'homme condamné à la plus radicale *dérision*, mais aussi celle d'un pari quant au sens qui permettrait de s'arracher à cette dérisoire misère (Dieu). L'expérience du vide, comme celle de la ruine, s'accompagne certes d'un immense sentiment d'incomplétude, de perte de la fusion primitive, d'abandon[13], et déstabilise toute assurance quant à un sens qui serait déjà acquis, promis ou nécessairement à venir. Mais elle permet aussi de découvrir cette très incertaine certitude : *qu'il faut, pour qu'il y ait du sens, parier* (sur Dieu, chez Pascal; sur la liberté, chez Diderot; sur le bonheur, chez Hölderlin). Certes, «il y a bien une ontologie qui demeure tout au long de l'histoire, celle du désespoir»[14]. Mais, si l'occultation de celui-ci est un mensonge idéologique, sa nécessaire révélation ne peut, paradoxalement, s'opérer (activement, critiquement) que dans et par une déontologie du pari. Sinon le risque est grand de sombrer dans la complaisance inerte, le romantisme pathétique ou le stoïcisme de la noblesse d'âme, voire le cynisme d'une protestation qui auto-ironise sa gratuité. Ce pari cependant n'est pas un «ultime recours» qui ne serait qu'un retournement théâtral de la négation en positivité «*in extremis*». C'est un pari lui-même, en un sens, inutile et incertain. Il *autorise* le point de vue du négatif : en effet, il dénonce la vanité du monde, sa dérision souvent effroyable, l'horreur de l'histoire, puisqu'il n'est *que cela* (un pari). Mais il ne compense pas la blessure qu'il ouvre : il la dit, au contraire, inguérissable. Par là il prend les devants à l'égard de toute solution, révélation, rédemption. Mais par là aussi il maintient ouverte l'exigence de cette résolution qui ne serait pas mensongère et qui ne sera pas. Dans cette ouverture maintenue se livre la question du sens. *Il faut parier, parce que c'est inutile.* Une telle interprétation du pari nous éloigne *à la fois* d'un certain fidéisme goldmannien de la réconciliation *et* de l'ontologisation de la désespérance qui idéologise la pensée d'Adorno. Elle n'est pas sans rapport avec l'impératif herméneutique ici défendu à la fois contre la lecture paractactique *et* contre l'explication monovalente. Ni avec la réception «antimoderniste» de la discontinuité ici proposée...

Comment décrire de la discontinuité ce que nous avons appelé l'*attitude*, le *projet* et le *parti*? Répondre à cette triple question suppose tout d'abord le rejet du point de vue *générique* (donc restrictivement «littéraire»). La discontinuité concerne tout autant le roman que la poésie, le conte que l'essai philosophique, etc., pour nous en tenir à quelques genres constitués. D'autre part, on ne retiendra ici que des modes d'expression dans lesquels un *choix* (conscient ou non) est possible : par exemple, la correspondance comme genre littéraire est discontinue par nécessité (de même les commentaires ou les «remarques»...)[15]. *Mais le rapport de la discontinuité à un genre déterminé, par contre, importe*: que les *Pensées* ne soient pas un système apologétique, que *Jacques le Fataliste* ne soit ni un roman ni un traité de morale, que les fragments poétiques d'Hölderlin ne soient évidemment pas des formes codées,... Ce rapport, en effet, *formalise* la négation, le paradoxe et la déceptivité (le texte discontinu *déconstruit* le genre en fonction duquel il se donne à lire) [16]. Cependant cette seule relation contradictoirement ou «différentiellement» générique ne définit pas l'«attitude» de la discontinuité: elle pourrait n'être que le résultat d'une incapacité ou d'une incompétence, ne relever que d'une impulsion ludique et gratuite, se réduire à un parti pris esthétiste... [17].

Ce qui détermine plus spécifiquement ce qu'on a nommé «attitude» réside dans son caractère *anatreptique*, c'est-à-dire dans le mouvement de *réflexivité interne* (de «retour sur soi») qui s'y inscrit. Ce mouvement introduit dans la pensée et l'expression une espèce de *certitude dubitative* tout à fait particulière, dont l'écriture aphoristique (par rapport au discours systématique du traité) constitue sans doute l'exemple type. Celle-ci introduit dans sa trajectoire même *la perspective du sujet de l'énonciation comme étant confronté au contraire de ce qu'il dit et à l'interprétation de cette contradiction*:

« *Un aphorisme envisagé formellement — écrit Gilles Deleuze à propos de Nietzsche — se présente comme un fragment; il est la forme de la pensée pluraliste; et dans son contenu, il prétend dire et formuler un sens. Le sens d'un être, d'une action, d'une chose, tel est le sens de l'aphorisme (...). Seul l'aphorisme est capable de dire le sens*, l'aphorisme est l'interprétation et l'art d'interpréter (...). *C'est que, du point de vue pluraliste*, un sens renvoie à l'élément différentiel d'où dérive sa signification, *comme les valeurs renvoient à l'élément différentiel d'où dérive la valeur*» [18].

La formulation aphoristique n'épuise évidemment pas les diverses possibilités de l'expression discontinue. Mais elle en représente une «limite» et elle est, à cet égard, exemplaire: elle concerne donc aussi les autres modalités expressives du discontinu comme l'ensemble des contradictions relatives, des paradoxes et des poly-isotopies des *Pensées* de Pascal; l'instabilité narrative et le jeu des registres de la narration dans *Jacques le Fataliste*; ou encore la notation fragmentaire de l'instantanéité dans les poèmes d'Hölderlin. Elle recourt au ton de la certitude affirmée; et, en même temps, elle fait de cette certitude l'*aveu* d'un sujet singulier, qui, dans la généralité de l'affirmation, ne pense et n'écrit cependant pas en fonction d'un système *déjà-là*. Par là se pose, explicitement ou non, la question du sens comme relevant de ce qui s'affirme contre ou «à travers» (malgré) les systèmes qui prétendent *a priori* la résoudre et la subsumer. L'aphorisme *situe cette certitude dans le questionnement*, et, formellement, la figure comme espace instable placé dans le sursis du vide (le *blanc*) et de la ruine (la *fragmentation*). Mais cette «situation» n'est pas exclusivement «externe»: elle s'écrit aussi dans le texte même de l'aphorisme. Celui-ci n'acquiert d'acception restreinte, limitée, autonome, que *contradictoirement* et *différentiellement* par rapport à une signification qu'il convoque mais n'atteint ni par le causalisme de la chaîne des raisons (il est inutile d'«additionner» les aphorismes ou de les hiérarchiser en vue d'en extraire une signification «acquise»), ni par l'ultime synthèse du dépassement (pas d'aphorisme final qui dirait la signification «acquise» de l'ensemble des autres...)[19]. D'où la dimension nécessairement énigmatique de toute écriture aphoristique: *l'énigme y rappelle que la signification ne s'y désigne qu'en tant qu'elle est indésignable* (irréductible au systémisme).

Dès lors, en tant que *projet* (évidemment «négatif»), la discontinuité implique le refus des eschatologies et des téléologies (elle «déçoit» donc toutes les euphories immédiates): il n'y a pas d'ordre préalable qu'il s'agirait d'*actualiser* et il n'y a pas de fin prévisiblement nécessaire qu'il s'agirait de *viser*. La positivité «vraie» (ou «authentique», non figée abstraitement dans la fétichisation du système ou de l'idéal de la beauté classique) doit maintenir ouverte la question du sens: elle est, en son principe même, paradoxalement négative. Pourquoi conserver alors l'idée d'une telle «positivité» («négativité positive» / «positivité négative»)? Parce que la discontinuité comme projet, si elle dit «non», *ne dit par rien*. Et, pour poursuivre, que dit-elle ?

1. *Que l'univers ne reflète pas — jusque dans ses «imperfections» — les directives d'une transcendance ou les prémisses d'un avenir déjà signalé*, lisible aux hommes de science ou aux prophètes inspirés (pour Pascal, Dieu est définitivement *caché*; pour Diderot, la liberté ne peut «se démontrer» à partir du déterminisme; pour Hölderlin, le bonheur n'a plus, dans le monde moderne, aucune «raison» d'être...)[20].

2. *Que l'on ne fait pas l'économie du mal et de l'erreur* (qu'il n'y a pas de: «il suffirait de...»); et que le mal ne se peut guérir (qu'il est constitutif de la condition humaine — qu'il n'y a *jamais* d'ultime recours).

3. *Que l'espoir comme «réponse» est un mensonge idéologique*; qu'il ne peut être que la condition d'une exigence (non l'attente d'une promesse).

4. *Qu'il n'y a de certitude qu'improbable*, une fois admise l'idée que toute «solution» au chaos de l'univers (au «bruit» et à la «fureur») est à la fois dérisoirement nécessaire et nécessairemet dérisoire.

Mais cela ne signifie pas pour autant que la discontinuité exclut *in fine* tout ordre de raison et demeure une fois pour toutes enfermée dans la contingence. Bien au contraire, elle s'ouvre sur le *pari* comme seule déontologie, unique démarche envisageable pour l'esprit : pari sur Dieu (Pascal), la liberté (Diderot), le bonheur (Hölderlin)... Ce pari, c'est celui du *malgré tout interne à son «geste» même* : - malgré toutes les raisons «rationalistes» de ne pas croire (Pascal); - malgré le déterminisme qui seul fonde la science moderne (Diderot); - malgré l'inanité d'un monde livré à l'histoire et à l'ironie du destin (Hölderlin). Le malgré tout est donc un *impératif catégorique* qui récuse toute prétention du sens à une quelconque *antériorité*. Celle-ci ne peut être qu'une idéologie «mesquine» et «impudente», pour reprendre les termes de Bataille décrivant, en un texte presque pascalien, la relation de l'homme au monde et à la raison «raisonnante» qui en prétend définir l'ordre et le sens:

> «*A ce monde familier que l'équerre et le rail divisent, où l'objet et le moi se séparent (...), nous somme infiniment voués: et nous sommes si perdus dans sa profondeur que nous devons y réduire ce qui lui échappe (pour être trop petit ou trop grand). Ce n'est pas fort et cet homme qui saisit le monde s'est seulement placé, lui et sa maison, à mi-chemin de figures également trompeuses, également irreprésentables, données par sa cosmologie et sa microphysique (méli-mélo barbare d'images, de schémas, de chiffres, de notions). Il n'en soumet pas moins, par un artifice de pensée, l'univers infime ou immense au sentiment d'équerre qui commande la réalité. Le seul parti qui, dans ces conditions, ne soit pas tout à fait dérisoire est de dire à quel point le travail des sciences a privé de vérité ce monde solide. Non qu'il nous trompe en quelque point, mais l'image claire que nous en avons n'est dans l'ensemble qu'elle compose qu'un écran — qu'une opacité bornée, produit d'une décomposition figée de la lumière. Attribuer à un enchevêtrement de figures isolées, lourdes de stupeur, plus qu'un sens commode en réponse aux besoins des corps, est certainement l'origine de la mesquinerie qui, pleine d'impudence, oppose la vie humaine à l'ingénuité de l'univers.*»

Cet impératif du pari non seulement ne s'accommode pas de l'*être-là* prétendûment ordonné du monde; *mais il fissure aussi l'identité dans le sujet de l'énonciation*[21]. Celui-ci est dès lors «divisé contre lui-même»: la seule manière *cohérente* d'exprimer *ce refus et cette division* est précisément la forme négative, déceptive et paradoxale de la discontinuité. Ce qui permet, au contraire, l'expression continue (et parfois l'obsession quasi phantasmatique d'une continuité absolument complète: par exemple, dans l'entreprise romanesque balzacienne[22]), c'est le refoulement de cette division au bénéfice d'une monovalence non problématique de la conscience[23] qui s'efforce d'éliminer l'idée même du *vide*. Or l'expérience du pari surgit d'un vécu (non pas uniquement «conceptuel», intellectuel, mais aussi existentiel) du vide, qui risque parfois de devenir vertigineusement intenable, *lorsque aucun écho extérieur ne lui parvient et quand aucun «possible» historique ne semble en vue*: «maladie» de Pascal, «solution» de la folie chez Hölderlin. Ainsi A. Artaud, qui ne peut que penser fragmentairement, est victime de l'Ordre même qu'il nie; et il souffre donc la mort en lui:

«seul un néant, un vide atrocement douloureux me répondent quand je m'interroge».

Il confie au docteur Soulié de Morant:

« L'absence de continuité, l'absence d'extension, l'absence de persistance de mes pensées est donc une caractéristique essentielle de mon état (...). Je sais que je n'irai jamais bien loin et que la fissure, la coupure, l'arrêt ne pourront manquer de se produire».

Le pari de la discontinuité a donc aussi son *prix symbolique* (et parfois «réel», ressenti dans l'esprit et jusque dans le corps). Il s'énonce et se requiert souvent aux frontières des *états-limites* de la tragédie et de la souffrance, de l'absurde et de la dérision généralisée. L'*entre-deux* historique dans lequel se place Diderot (entre l'avènement du monde moderne et les conséquences de la Révolution) autorise ce qu'on a appelé, pour faire image, une «discontinuité heureuse». Mais, pour Pascal, l'avenir de tout sens est compromis par la mort de Dieu qui s'annonce dans le rationalisme cartésien (où Dieu ne joue plus qu'un rôle «moteur» — la «chiquenaude» — et, pour être maintenu sur le plan de la métaphysique et de l'éthique... doit être prouvé!). Et, pour Hölderlin, les promesses du monde nouveau ont sombré dans la terreur et la guerre, et bientôt dans une remise en ordre qui paraît bloquer tout retour de la lumière du sens...[24].

Le froid règne à présent, et il fige toutes les espérances: une «vérité» est advenue qui était *déjà* la vérité sournoise de l'histoire. Il n'y a pas d'avenir promis parce qu'il n'y a pas d'origine mythique. Toute enfance est inventée; mais elle peut l'être comme projet «par devant soi». Nous sommes décidément bien démunis. C'en est fini des *allons-y voir ailleurs* et des expériences qui chantent. Il faut peut-être reprendre toute la question, apprendre à tout revoir, chercher et ne plus croire. Ne plus croire : *vouloir croire* pourtant. La mémoire nous rappelle non seulement le froid qui *depuis toujours* règne, semble-t-il, à présent; mais encore : l'engourdissement de l'espoir dans les finalismes *et* dans les scepticismes. Vouloir croire cependant une *parole* non pas révélée mais *révélante* : parole sans concession ni complaisance, toujours en deçà de la volonté qui la prononce, ignorant les dichotomies faciles et les oppositions simplifiantes, parole imaginaire et impure, toujours au-delà de notre attente, et qui, dans sa polysémie, polyphonie, dit *toujours plus*, plus loin, aux frontières de l'illimité; et qui, dans la multiformité des sens, parle plus juste, plus près de l'effective rigueur, parle vrai. Parole qui ouvre pour ne pas fermer, et qui, si elle n'est pas l'histoire, a une histoire qui ne se confond avec aucune historiographie et ne se résume jamais dans la succession de biographies génialisantes : histoire de cette *vivance* interpellée, remise en cause par les sujets mêmes qui la créent à travers pertes et profits, vents et marées, ombres et lumières, vivance collective dont chacun surgit en sa singularité, vivance singulière où tous se retrouvent — et têtue comme la mort enfin vécue en face...

La discontinuité *n'est donc ni spontanée, ni originelle.* Elle consiste en une « interprétation » — elle-même interprétable (comme *signification* énigmatique; *forme* négative, paradoxale et déceptive; *cohérence* exigée) — du rapport (indésignable) de l'homme au monde (de la question du sens). Son efficacité significative ne s'exerce que dans la bipolarité de l'ordre et du désordre (celui-ci déterminé comme tel du « point de vue » de celui-là...). La première « justification » du discontinu (et du fragmentaire) est dès lors qu'il est lié à la *rencontre* agonistique d'un ordre extérieur (logique, esthétique, institutionnel, idéologique...) *auquel vient se confronter l'indifférencié «premier»*[25]. Celui-ci (comparable au *Ça* freudien ou au «sémiotique» chez J. Kristeva) est constitué par l'ensemble des *processus primaires* et se localise (imaginairement) *avant* la structuration symbolique (rituels sociaux; pratiques, conduites, modes de pensées de la socialisation). Ces «processus primaires ne sont pas chaotiques, désordonnés (...). C'est seulement leur rencontre avec la rigidité des organisations secondaires[26] qui produit *sur celles-ci* un effet de désorganisation (...)»[27]. En effet, l'indifférencié échappe évidemment à tout point de visée fixant un ordonnancement quelconque[28]. Il est donc non accessible à une description réglée. On peut cependant l'approcher par l'image du «libre balayage» *(scanning)*, qui se caractérise par

- *l'absence de négation* (il n'y a encore rien à nier...);
- *l'absence de liaison logique* (l'équivalence multiréciproque);
- *l'absence de distribution temporelle* (il n'y a ni début, ni fin, ni durée).

Si l'on se situe sur un plan plus généralement phénoménologique, on parlera d'un «univers» dominé par

- l'*opacité*;
- la *latéralité*;
- la *contemporanéité à soi*;
- la *paratopie*[29].

Or cet univers opaque, où l'homme n'a que la capacité de relations latérales et n'a aucun regard sur lui-même, où les lieux ne sont pas fixés, *correspond à ce qui est chez Pascal la révélation soudaine du monde de l'homme sans Dieu (séparé, coupé de celui-ci)*[30]. Entendons-nous: il s'agit ici d'une première approche, qui consiste à lire les *Pensées* comme *symptôme*. Dieu est inaccessible à la raison humaine qui se trouve, par rapport à son principe, dans une espèce d'«indifférencié» premier. Mais cet état n'est pas vécu comme insupportable tant que le principe de Dieu (le point de visée) n'est même pas envisagé (en tant que *seul* il est essentiel). Pourtant, la nécessité du *symbolique* introduit un rapport à la valeur et à la finalité[31] (qui comprend la question de l'existence de Dieu); et cette axiomatique, quelle qu'elle soit, rencontre agonistiquement les «processus primaires» en l'homme. Ceux-ci «résistent» car ils vont devoir *s'ordonner*. Comme, pour Pascal, Dieu, seul véritable principe d'ordre, est caché (par quoi *le point de vue de la totalité nous échappe* ontologiquement[32]), aucun *système*[33] ne vient «répondre» à la désagrégation de l'indifférencié premier (ou, du moins, tous les systèmes sont-ils, à cet égard, faux — si l'on préfère: *idéologiques*). On se trouve donc dans une situation éminemment paradoxale: *entre l'impossibilité de l'indifférencié et le refus d'un ordre visiblement faux (le mensonge du système) — puisque l'ordre «vrai» est invisible, hors d'atteinte*[34]. C'est pourquoi, plutôt que de «reconnaître» qu'il y a un ordre mais que celui-ci ne se confond point avec les discours d'évidence qui parlent en son nom, nous demeurons donc dans un indifférencié devenu invivablement dérisoire pour qui a soudain «vu clair» — pris conscience de cette situation intenable —, et

«*Nous courons sans souci dans le précipice, après que nous avons mis quelque chose devant pour nous empêcher de le voir*»[35].

Cette approche symptomale des *Pensées* laisse apparaître que la discontinuité pascalienne est en fait liée à l'avènement d'une exigence de cohérence supérieure (celle de l'ordre caché de Dieu). En effet, celle-ci ne s'obtient (comme attitude, projet et pari) que dans et par une *recherche*, une *quête* et une véritable *expérience* à la fois intellectuelle et existentielle. Une telle recherche, plutôt que de la refouler, «accueille» en elle la rencontre agonistique de l'indifférencié et du symbolique: elle se formalise dès lors de façon discontinue (négative, paradoxale, déceptive).

Mais — et c'est bien là que se découvre le mouvement dialectique des *Pensées* que nous envisagerons encore avec la « découverte » du *divertissement* — cette expérience réconcilie aussi l'homme avec lui-même, lui permet de surmonter l'*agôn* qui le déchire, et de retrouver une adoption possible (un mode d'usage) de l'indifférencié premier. A savoir que sous l'organisation secondaire (le symbolique), il n'y a pas le chaos, mais l'illusion, l'obsession, le phantasme phobique et dramatique de celui-ci. L'indifférencié, en effet, ne donne l'*apparence* du chaos que lorsqu'il est *confronté* aux « organisations secondaires » : d'où l'effroi, la hantise du *breakdown*[36].

Pour Ehrenzweig, c'est de cette manière-là qu'il faut concevoir la réception de l'art moderne, placé sous le signe de la discontinuité : il provoque l'illusion du chaos parce que nous ne parvenons pas à le concevoir (à l'accueillir, à l'adopter) et seulement tant que nous ne sommes pas capables d'une autre « lecture », d'une *ouverture*, de ce que l'on a précédemment nommé un « don immaîtrisé de soi ». Car il renvoie *à la fois* à son *ordre caché* (énigmatique, inaccessible en tant qu'il est insystématisable) *et* à son « bâti interne indifférencié »[37] :

« *Aussi la créativité exige-t-elle un type d'attention diffus, éparpillé, en contradiction avec nos habitudes logiques de pensée* »[38].

On opposera, en suivant J.F. Lyotard, une « pensée monodique » (l'esprit de système) à « l'attention polyphonique » (la pensée et l'expression discontinues)[39] : celle-ci nous permet de *rejoindre* l'indifférencié — « le niveau océanique »[40].

De même, chez Pascal, seule l'*improbable certitude* du sens (de Dieu), vécue comme nécessité absolue et impératif catégorique[41] (et qu'il convient de *recevoir* en soi), entraîne l'adoption « en retour » de l'indifférencié qui n'est plus, cette fois, en contradiction « opaque » (non dialectique) avec le symbolique, mais qui devient l'humaine condition acceptable, vivable, heureuse à la lumière de la foi — comme état fusionnel mythiquement possible, que tel moment de grâce privilégié «reconnaît»:

> «*L'AN DE GRACE 1654*
> *Lundi, 23 novembre, jour de saint Clément, pape et martyr, et autres au martyrologe,*
> **Veille de saint Chrysogone, martyr, et autres,**
> *Depuis environ 10 heures et demie du soir jusques environ minuit et demi,*
>
> Feu.
>
> «*Dieu d'Abraham, Dieu d'Isaac, Dieu de Jacob*» non des philosophes et des savants.
> *Certitude. Certitude. Sentiment. Joie. Paix.*
> Dieu de Jésus-Christ.
> Deum meun et Deum vestrum.
> «*Ton Dieu sera mon Dieu.*»
> *Oubli du monde et de tout, hormis Dieu.*
> *Il ne se trouve que par les voies enseignée dans l'Evangile.*
> *Grandeur de l'âme humaine.*
> «*Père juste, le monde ne t'a point connu, mais je t'ai connu.*»
> *Joie, joie, joie, pleurs et joie.*
> *Je m'en suis séparé:*
> Dereliquerunt me fontem aquae vivae.
> «*Mon Dieu, me quitterez-vous?*»
> *Que je n'en sois pas séparé éternellement.*
> «*Cette est la vie éternelle, qu'ils te connaissent seul vrai Dieu, et celui que tu as envoyé, Jésus-Christ.*»
> *Jésus-Christ.*
> *Jésus-Christ.*
> *Je m'en suis séparé; je l'ai fui, renoncé, crucifié.*
> *Que je n'en sois jamais séparé.*
> *Il ne se conserve que par les voies enseignées dans l'Evangile.*
> *Renonciation totale et douce.*
> *Soumission totale à Jésus-Christ et à mon directeur.*
> *Eternellement en joie pour un jour d'exercice sur la terre.*
> Non obliviscar sermones tuos. Amen».

Il s'agit évidemment du célèbre texte fixant la nuit d'extase du 23 novembre 1654 (le «Mémorial»). On en retiendra, pour le présent propos, la *réconciliation joyeuse* («Certitude. Certitude. Sentiment. Joie. Paix») *à la fois* avec Dieu (non celui «des philosophes et des savants» mais celui de la «reconnaissance» immédiate) *et* avec l'indifférencié («Oubli du monde et de tout (...)»); le «saut» par-delà la *séparation*, la *coupure* d'avec Dieu (le sens) — «Que je n'en sois jamais séparé»; l'espèce de sérénité, qui surgit du «pathos» même de l'extase, quant à la condition humaine pourtant exilée par rapport à un ordre hors d'atteinte, inaccessible à quelque raison raisonnante que ce soit... Cette dialectique pascalienne est en fait bien moins loin qu'il n'y peut paraître à première vue de celle qui mène, chez Diderot, dans *Jacques le Fataliste*, au parti pris serein d'une liberté indémontrable mais nécessaire comme *principe*; et, chez Hölderlin, à l'apaisement joyeux d'un bonheur «inutile et incertain», mais exigé et «reconnu» (cependant, par quel détour!) dans cette exigence même. D'autre part, nous pouvons à présent revenir un instant sur le problème des «états-limites» et de la *folie* (souvent associée au discontinu) en distinguant brièvement (notre objet n'est pas là): la «peur de devenir fou» de celui qui s'efforce d'accueillir l'indifférencié — et qui peut devenir une *peur folle* —; la «folie secondaire» (c'est-à-dire l'interprétation extérieure, «objective», qui fait du sujet un fou, celui-ci acceptant ou non, en fonction d'un nombre plus ou moins restreint de possibilités, cette «définition» qu'on lui affecte — cf. la cas de Hölderlin); la «folie absolue», qui est celle que théorise et prétend guérir la psychiatrie, et qui comprend, chez le sujet «secondairement fou», la nécessité *(folle)* de combattre cette folie dans laquelle on l'enferme. En ce qui concerne Hölderlin, ou Artaud, par exemple, ou peut-être Nietzsche, on peut proposer la boutade suivante : il est fou d'avoir eu peur d'être fou; fou parce qu'on la décrété fou d'avoir une si *folle peur*; fou enfin parce qu'on exige de lui qu'il cesse d'être fou (au second sens)... et de plus en plus fou parce qu'il n'y parvient pas![42].

On s'en souvient[43] : la discontinuité défait les assurances et la prétention de l'esprit de système. Celui-ci, en sa version hégélienne, tente d'intégrer la fragmentation (l'unité de la «partie») au mouvement de sa dialectique positive et en vue de son dépassement dans la synthèse de l'Etre-ensemble. C'est, en une *dialectique négative*, à l'encontre de cet effort hégélien que s'écrit la Théorie esthétique d'Adorno[44]. Pour le philosophe de l'Ecole de Francfort[45], le fragment doit être *maintenu* dans son autonomie spécifique, et l'acte de discontinuer la pensée[46] est *le seul recours possible contre l'absolu non-sens du sens mensonger* (qui dit «ce qui est»). La deuxième «justification» de la discontinuité est dès lors qu'elle entretient une relation singulière avec ce qu'Adorno nomme le «contenu de vérité» (c'est-à-dire l'espace d'une vérité envisageable, même si elle est indésignable, susceptible d'être soustrait à la logique totalisante qui affirme, selon la formule de Hegel, que *le vrai est le tout*[47]).

La *Théorie esthétique* (comme d'ailleurs *L'ordre caché de l'art* d'Ehrenzweig) est elle-même une œuvre discontinue. Son enjeu côtoie dès lors le danger qui toujours la menace : cette réflexion, qui opère sans trêve dans et par la négativité, risque d'anéantir l'objet même qu'elle vise. La difficulté est bien du même ordre chez Pascal, dans les *Pensées*, si ce n'est, bien entendu — et la réserve est d'importance[48] — qu'ici Dieu «positive» (au moins à l'horizon) une vérité dont cependant il ne livre pas le secret (et à laquelle il faut croire dans un pur acte de foi), tandis que pour Adorno une telle «positivité» est évidemment tout à fait hors champ (il s'agit d'une pensée radicalement athée). La rédaction même de l'ouvrage a été réalisée *en plusieurs fois*, au cours d'une genèse complexe (non linéaire et non «accumulative») et selon une méthode qui doit requérir notre attention, car on en retrouvera le «mouvement» (avec, à chaque fois, des modalités particulières) chez Pascal, Diderot et Hölderlin. Tout au long de ce travail, parfois abandonné au profit d'autres intérêt ou sous la contrainte d'autres nécessités, Adorno vit l'élaboration de sa *Théorie esthétique* comme une tentative de « mise en ordre » dont la conception lui a demandé, dit-il, un « effort désespéré ». Or cette recherche inverse complètement les directives de la *composition* usuelle : il s'agit, pour l'auteur, de *résister* à la continuation et à la positivation systématisantes; il lui faut, au contraire, *trouver cette forme négative de la discontinuité* tout en conservant l'exigence d'une « positivité négative » (ou d'une « négativité positive »). C'est bien cette *tension* qui nous intéresse, ainsi que l'exigence dont elle résulte :

> « *La construction philosophique qui attribue au tout le primat sur la partie est aussi étrangère à l'art qu'indéfendable sur le plan de la critique de la connaissance. Dans les œuvres importantes, les détails ne se fondent jamais dans la totalité sans laisser de traces. Lorsque, indifférente au contexte, l'autonomie des détails réduit celui-ci à un schéma subsumant, elle s'accompagne sans doute d'une régression au stade préartistique. Mais les œuvres d'art ne se distinguent positivement du schématique que grâce au moment d'autonomie de leurs détails; toute œuvre authentique est la résultante de forces centripètes et de forces centrifuges. Celui qui part en quête des beaux passages d'une œuvre musicale est un dilettante; mais celui qui n'est pas capable de percevoir les beaux passages que constituent dans une œuvre la densité variable de l'invention et la facture est sourd. Différencier à l'intérieur d'une totalité ce qui est intensif et ce qui est secondaire fut jusqu'à une époque récente un moyen artistique. La négation du tout à l'aide d'éléments est elle-même exigée par la totalité. Si une telle possibilité disparaît aujourd'hui, cela ne signifie pas seulement que triomphe une structuration qui aimerait à tout moment être également proche du centre sans se relâcher; cela révèle aussi les dangereuses possibilités d'atrophie propres aux moyens d'articulation. L'art ne peut être séparé radicalement du moment du contact, de l'instant de magie en tant qu'instant de l'élévation; sinon, il se perdrait dans l'indifférence. Mais ce moment, bien que fonction du tout est essentiellement particulier : le tout ne s'offre jamais à l'expérience esthétique dans cette immédiateté absolument nécessaire à une telle expérience. L'ascèse esthétique envers les détails et le comportement atomiste du spectateur tient du renoncement et menace de priver l'art lui-même d'un de ses ferments.* »

Dans certains aspects de la modernité, au cours de l'évolution de celle-ci, cette tension et cette exigence ont disparu, soit au bénéfice d'une «nostalgie» inconsolable, soit dans l'absence assumée de tout projet significatif «transcendant», soit en vue d'une formalisation qui — jouant sur la réitération, la modulation, l'association sémantique et/ou mélodique — «reconstitue» un ordre, une harmonie, une cohérence «de surface». Ce n'est pas le propos de ce livre d'entreprendre l'étude de cette évolution, ici schématisée à l'extrême, qui n'est pas exempte de contradictions et qui comprend de nombreuses potentialités expressives, fort diverses et souvent divergentes. Une critique de la *fétichisation* du discontinu moderne est déjà assez lisible chez Adorno (dans le fragment cité), bien que la pensée de celui-ci participe parfois d'un certain nombre d'évidences reçues de la modernité. La théorie esthétique est pour lui, *à la fois* un discours sur l'art *et* une réflexion philosophique: d'une part, la réalisation artistique y acquiert le statut d'une «parole» irréductible que ne parvient à épuiser aucune herméneutique totalisante; d'autre part, ce qui se joue dans cette irréductibilité, c'est la *dissolution* du discours émis «à propos» de l'art; enfin, ce processus même de dissolution doit être inscrit au cœur de la pensée comme sa possibilité critique et anatreptique.

Lorsqu'on dit «mise en ordre», il faut donc comprendre: *quête paradoxale d'un ordre qui ne s'acquiert que dans et par la destruction de tout ordonnancement préalable dont il serait envisageable de retrouver le sens come antériorité.* Une telle démarche nous renvoie déjà à Pascal[49] et au «choix» de la discontinuité[50] dans les *Pensées*. Ce texte fragmentaire est en effet ponctué par des mentions d'ordre, alors même que significativement et formellement, *il en actualise l'impossibilité nécessaire comme pari sur sa potentialité certaine* (ce qu'on a nommé: improbable certitude)[51]:

« — Ordre. — J'aurais bien pris ce discours d'ordre comme celui-ci : pour montrer la vanité de toutes sortes de conditions, montrer la vanité des vies communes, et puis la vanité des vies philosophiques pyrrhoniennes, stoïques; mais l'ordre ne serait pas gardé. Je sais une peu ce que c'est, et combien peu de gens l'entendent. Nulle science humaine ne le peut garder. Saint Thomas ne l'a pas gardé. La mathématique le garde, mais elle est inutile en sa profondeur. »

J'aurais bien pris ce discours d'ordre (...); mais l'ordre ne serait pas gardé » : le mouvement de la réflexion aurait donc, *de toute manière*, déconstruit le plan, le système, la logicité dissertative, alors même que le sujet de l'énonciation est suffisamment « censé savoir » (« Je sais un peu ce que c'est, et combien peu de gens l'entendent »). Pourquoi (puisqu'il ne s'agit pas d'incompétence, d'incapacité [52]) ? — Parce que le sens de cet ordre est inaccessible au savoir humain (« Nulle science humaine ne le peut garder »). Toute systématisation apparaît donc comme dangereusement mensongère, qui nous ferait croire que le système *se fonde sur* le sens. Et lorsqu'elle est concevable, c'est parce qu'*elle* est *inutile quant au sens* (exemple de la mathématique [53]). Le seul mérite que Pascal reconnaisse au scepticisme de Montaigne (que par ailleurs il combat radicalement sur *tous* les autres plans), c'est « qu'il avait bien senti le défaut [d'une droite] méthode, qu'il l'évitait en sautant de sujet en sujet, qu'il cherchait le bon air » [54]. Les *Pensées* ne reposent sur aucune assurance préalable, hors celle qui, *s'y cherchant*, est finalement amenée à s'en remettre au pari sur le sens (pour Pascal : l'existence de Dieu [55]). Pourtant, cette recherche [56] par « contrariétés » (c'est le mot du XVIIᵉ siècle pour « contradiction ») maintenues et fragmentant la réflexion, est, pour son auteur, une *conduite* :

« Toutes ces contrariétés, qui semblaient le plus m'éloigner de la connaissance de la religion, est ce qui m'a le plus tôt conduit à la véritable » [57].

Pour Adorno,

« *L'expérience esthétique est celle de quelque chose que l'esprit ne tiendrait ni du monde, ni de soi-même*, la possibilité, promise par son impossibilité. L'art est la promesse d'un bonheur qui se brise »[58].

La « théorie » sera dès lors doublement discontinue[59] : elle doit « rendre compte » de la « possibilité » *promise* par l'« impossibilité » qui s'exprime dans l'art (la signification indésignable); elle doit se fragmenter pour libérer sa propre « possibilité » : son *contenu de vérité*. Celui-ci ne peut à son tour qu'être négatif : il est le contraire, l'« autre » de l'esprit de système — sa part étrangère, sa « différence »[60]. Bien plus il s'énonce seulement, de façon implicite, comme procédant de la dissolution de tout système antéposé (« provenant » donc de l'irruption perpétuelle du paradoxe dans celui-ci et ne s'effectuant que dans sa déceptivité). Il est donc un *instant de sursis* confronté au néant — à l'inanité du *sens-déjà-là* : rien ne répond par avance à la question du sens pour qui n'accorde aucun crédit aux « grimaces »[61] de l'idéologie :

« (...) — *Incompréhensible?* — Tout ce qui est incompréhensible ne laisse pas d'être. *Le nombre infini. Un espace infini, égal au fini* (...) »[62].

Ce *contenu de vérité* ne se fixe nulle part : aucun principe ultime ne l'enferme; il n'est susceptible d'aucune clôture; il n'est le produit final d'aucune dialectique positive; il ne résulte d'aucune somme; il n'est le terme d'aucune addition, ni le début ou la terminaison d'aucune hiérarchie[63]. Au contraire, il ne se donne à saisir que dans la *constellation* d'une forme expressive (théorique, philosophique, littéraire, artistique). Le fragment ne contient donc pas même une part de vérité qui serait acquise : il est l'*épiphanie joyeuse d'un instant* où la vérité s'annonce dans l'action de présence de son absence. Car le fragment lui-même est un moment de la dialectique négative qui tente d'opérer ce qu'Adorno appelle « la synthèse non violente du dispersé ».

« La beauté est l'exode de ce qui s'objectivait dans le domaine des fins, à partir de celui-ci » *(Autour de la théorie esthétique)*: que l'on soit passé d'une tentative apologétique à une réflexion esthétique ne doit pas nous retenir ici et maintenant (c'est un vaste problème qui dépasse de loin les limites de ce livre). Il s'agit là de l'une des conséquences majeures (parmi beaucoup d'autres...) de la mort de Dieu dans la conscience moderne (les Lumières, Nietzsche, Feuerbach...), que Pascal prophétise avec effroi dans son interprétation du cartésianisme et dont on mesurera d'ailleurs l'effet chez Hölderlin (mais aussi dans le romantisme en général et une bonne part de la modernité) avec le surinvestissement symbolique dont la littérature — et plus encore la poésie — va faire l'objet. Ce surinvestissement s'inscrit dans une convergence historique entre l'évolution de la conscience réflexive de la littérature (dont le modèle interne devient la poésie) et le développement d'une esthétique « sociologique » positiviste. Convergence contradictoire : l'approche positiviste théorise la dépendance de l'écrivain, tandis que les stratégies de fuite ou de libération (type « art pour l'art ») en sont comme l'écho. Corrélativement, la subjectivité créatrice se manifeste de plus en plus par la proclamation exacerbée de l'irréductibilité individuelle, en même temps que la question devient : comme se fait-il que, voulant être plus singulier, on en soit moins personnel ? En fait, on assiste ici à la fois à un *blocage* et à une *dérive*. A le considérer d'un point de vue restrictivement épistémologique, ce *blocage* atteint et empêche la relation dialectique dans la Littérature mythifiée et considérée, en l'absence de toute perspective historico-concrète (tant sur le plan de la connaissance possible de l'avenir que sur celui de l'action), comme lieu privilégié de la transcendance. De ce blocage et de cette dérive il résulte que le rapport écrivain/société sera le plus souvent pensé sur des modes dégradés, latéraux ou franchement *légitimés* par le pouvoir institutionnel. Une telle situation a pour effet de faire de la désespérance vertu:

« *Aucune pensée humaine ne peut prévoir maintenant à quels éblouissants soleils psychiques écloront les œuvres de l'avenir. En attendant nous sommes dans un couloir plein d'ombre; nous tâtonnons dans les ténèbres (...). A quoi ça sert-il? A quel besoin répond ce bavardage? De la foule à nous, aucun lien. Tant pis pour la foule, tant pis pour nous surtout* »[64].

« Tant que l'existence et la fonction de l'œuvre d'art ne posaient pas de problèmes dans la société et qu'une sorte de consensus régnait entre la société, sûre de soi, et le statut des œuvres à l'intérieur de cette société, on ne s'est pas interrogé sur la signification esthétique: elle semblait aller de soi, une donnée » (*A.T.E.*). L'essentiel du travail intellectuel d'Adorno — philosophe, penseur politique, sociologue — est dès lors venu se cristalliser dans la sphère esthétique, d'autant plus qu'il y a rencontré, en un fructueux « échange », toute la déceptivité de l'art contemporain (en musique, en littérature[65], dans les expressions plastiques[66]). Bien plus important pour notre propos est l'enjeu même de ce déplacement: ce qu'Adorno s'efforce de penser et d'exprimer par la médiation d'un essai sur l'art (qui s'intègre d'ailleurs à un ensemble de *materialen Arbeiten*[67]). La réalisation artistique demeure seule en tant que signe énigmatique d'une transcendance définitivement absente. C'est un signe immaîtrisable et qui surgit de la déconstruction même d'un art *ruiné* et traversé par le *vide*[68]. Il ne dit rien par lui-même; mais il nous *expose* tragiquement au silence d'un monde d'où le sens est exilé:

« *Le silence éternel de ces espaces infinis m'effraie* »[69].

Par cette *exposition désassurée* où il nous place, il nous maintient, en une espèce de désolation nécessaire, *dans l'exigence d'une joie*[70] *qui n'a de sens (d'efficace souveraine, de conviction existentielle) que dans la mesure où elle concerne précisément la question encore ouverte de ce sens.*

Dans son *Introduction première*[71], Adorno écrit à cet égard :

« *Le cours du monde n'est pas absolument fermé, ni le désespoir absolu; c'est plutôt ce désespoir qui constitue sa fermeture. Si fragile que soit en lui toute trace de l'autre, si défiguré que soit tout bonheur parce que révocable, l'étant est néanmoins,* dans les failles qui s'inscrivent en faux contre l'identité, *traversé par les promesses de cet autre constamment trahies* »[72].

L'art est l'un des ces lieux ultimes (peut-être même *le* dernier espace) où l'identité peut encore être mise en défaut, ou elle peut être défaite, mais dans un mouvement incessant de résistance contre la positivité de *ce qui est déjà*[73] :

« *L'art vise la vérité, si celle-ci n'est pas immédiate, dans cette mesure la vérité est son contenu. L'art est connaissance par son rapport à la vérité que l'art lui-même reconnaît en la faisant émerger. Mais, en tant que connaissance, l'art n'est pas plus discursif que sa vérité n'est le reflet d'un objet.* »

Comme les *Pensées*, la *Théorie Esthétique* est inachevée. Cet inachèvement est constitutif de la discontinuité de l'essai. Adorno avait l'intention de revoir entièrement l'introduction et de reprendre l'ensemble des fragments dans ses œuvres complètes sous le titre de *Paralipomena*[74]. La mort l'en a empêché. Cet empêchement, cependant, n'est nullement anecdotique. Loin de toute contingence, *il inscrit la dimension de la mort — l'irréconciliable*, la limite de toute vision du monde — *dans la nécessité significative du texte* : celui-ci n'a, par rapport à cet inéluctable *fatum*, « rien à (re)dire ». La mort est donc (avec la jouissance, dons nous savons au moins depuis Freud — et bien avant lui depuis le romantisme — qu'elle est dialectiquement liée à celle-ci) l'une des forces qui *motivent* la discontinuité[75]. Celle-ci s'actualise en fonction d'une « réponse » à la mort — conçue comme problème *radical* — dont la présence incontournable brise l'harmonie pré-établie des systématisations. Pascal ne peut admettre la sérénité sceptique de Montaigne qui dédramatise la mort[76] et, selon lui, la vide donc de toute la force de son *inadmissible non-sens* — *appel à la nécessité du sens*[77] :

> « (...) *Mais pour ceux qui passent leur vie sans penser à cette dernière fin de la vie, et qui, par cette seule raison qu'ils ne trouvent pas en eux-mêmes les lumières qui les en persuadent, négligent de les chercher ailleurs, et d'examiner à fond si cette opinion est de celles que le peuple reçoit, par une simplicité crédule, ou de celles qui, quoique obscures d'elles-mêmes, ont néanmoins un fondement très solide et inébranlable, je les considère d'une manière toute différente.*
>
> *Cette négligence en une affaire où il s'agit d'eux-mêmes, de leur éternité, de leur tout, m'irrite plus qu'elle ne m'attendrit; elle m'étonne et m'épouvante : c'est un monstre pour moi. Je ne dis pas ceci par le zèle pieux d'une dévotion spirituelle. J'entends au contraire qu'on doit avoir ce sentiment par un principe d'intérêt humain et par un intérêt d'amour-propre : il ne faut pour cela que voir ce que voient les personnes les moins éclairées.*
>
> *Il ne faut pas avoir l'âme fort élevée pour comprendre qu'il n'y a point ici de satisfaction véritable et solide, que tous nos plaisirs ne sont que vanité, que nos maux sont infinis, et qu'enfin la mort, qui nous menace à chaque instant, doit infailliblement nous mettre, dans peu d'années, dans l'horrible nécessité d'être éternellement ou anéantis ou malheureux. (...)* »

La mort hante les *Pensées*[78]; et cette hantise traverse le texte pascalien de part en part. Que celui-ci ait été « arrêté » par son *fatum* s'intègre à la formalisation discontinue de l'œuvre. Chez Adorno, dans une perspective totalement sécularisée, il n'y a même plus, à cet égard, de *pathos* : *toutes* les promesses sont par avance « trahies » (Rimbaud : « La musique savante manque à notre désir ») et ne reste comme recours que le *travail du négatif* « dans les failles qui s'inscrivent en faux contre l'identité ».

Ce qui est, *est* (ne peut qu'être, dont doit être) : Pascal aussi récuse le principe d'identité. Dans le rationalisme cartésien, bientôt dominant[79], l'homme est une fois pour toutes séparé du sens puisque celui-ci devient le problème central d'une rationalité agissante. Les *Méditations* de Descartes doivent mener celui-ci à une immanence du sens que la raison peut conquérir[80] : il existe une certitude rationnelle quant à l'existence de Dieu (qui, dès lors, pour Pascal... *n'est pas ou n'est plus Dieu*). Pour Bossuet (dont la réflexion n'est pas exempte d'une dimension tragique, augustinienne, mais qui considère comme son devoir — la *militance* chrétienne — de défendre *systématiquement*, par sermons et traités d'une continuité exemplaire, la non-problématicité *a priori* de la foi), c'est l'institution de l'Eglise qui est le «refuge» d'une vérité acquise[81]. Pour le scepticisme libertin la non-certitude absolue quant au sens est parfaitement vivable. Pascal n'admet *ni l'instrumentalisation* de la question, *ni son institutionalisation, ni sa scotomisation*. On comprendra dès lors que l'éventualité envisageable d'une transformation par l'auteur lui-même (s'il avait vécu plus longtemps, etc.) des *Pensées* en traité apologétique n'a pour nous rigoureusement *aucun fondement*. Nous aurions eu alors affaire à une œuvre dénaturée, *récupérée* et sans doute «perdue» du point de vue qui ici nous occupe. On peut aussi imaginer Diderot réécrivant *Jacques* pour en faire un système de morale, ou Hölderlin recomposant ses poèmes et terminant son *Empédocle* : vaine imagination, pour paraphraser Pascal...

Celui-ci se trouve dans une relation d'*inadmissibilité absolue* devant le monde moderne dont il voit à la fois apparaître la réalité nouvelle (et, à première vue, souvent exaltante) et l'interprétation (le rationalisme). Nous laisserons ici de côté tout ce qui concerne le bien-fondé d'une telle attitude : il s'agit là d'une *autre discussion*. Cette relation agonistique[82] est cependant située *dans le monde* (qu'elle exclut pour en avoir fait d'ailleurs l'expérience[83]). «Car elle ne croit ni à la possibilité de transformer (celui-ci) et d'y réaliser des valeurs authentiques, ni à celle de le fuir et de se réfugier dans la cité de Dieu»[84]. Ce refus, qui apparaît à Pascal comme la condition *sine qua non* du maintien de la question du sens, est — dans un contexte historique lui aussi placé sous le signe de la catastrophe[85] — partagé par Adorno qui y situe problématiquement l'art en tant qu'il «tend à dépasser la forme comme totalité, et aboutit au fragmentaire»[86]:

«(...) Dans une série d'aphorismes publiés avant la première guerre mondiale et datant de sa première phase expressionniste, Schönberg a attiré l'attention sur le fait qu'aucun fil d'Ariane n'est là pour servir de guide à l'intérieur des œuvres d'art. Mais cela ne conditionne aucunement un irrationalisme esthétique. La forme, la totalité et la logicité sont tout autant cachées aux œuvres d'art que les moments, le contenu qui aspirent au tout. L'art de haute prétention tend à dépasser la forme comme totalité, et aboutit au fragmentaire. La détresse de la forme devrait expressément finir de se faire sentir dans les difficultés de l'art temporel: en musique, dans le prétendu problème du finale, en littérature dans la question du dénouement, qui se manifeste jusqu'à Brecht. Une fois débarrassée de la convention, aucune œuvre d'art ne peut manifestement plus conclure de manière convaincante, alors que les dénouements traditionnels se contentent de faire comme si les moments partiels s'associaient avec le point final dans le temps pour constituer la totalité de la forme. (...)»

«(...) 9) LA CRISE DU SENS. Le fait que les œuvres d'art, d'après la formule paradoxale de Kant, soient sans fin, c'est-à-dire séparées de la réalité empirique, ne poursuivent aucun but utile pour la conservation de soi et pour la vie, empêche de qualifier le sens du but malgré son affinité pour la téléologie immanente. Mais il devient de plus en plus difficile aux œuvres d'art de se constituer en cohérence de sens. Elles finissent par répondre à cela par le refus de l'idée de cette cohérence. Plus l'émancipation du sujet démolit toute les conceptions d'un ordre prédonné et donateur de sens, plus la notion de sens en tant que refuge de la théologie déclinante et pâlissante devient problématique. Dès avant Auschwitz, c'était mentir affirmativement vis-à-vis des expériences de l'histoire, qu'attribuer un sens positif à l'existence. Les conséquences de cela se font sentir jusque dans la forme des œuvres d'art. Si elles n'ont plus rien en dehors d'elles-mêmes, à quoi s'accrocher sans idéologie, on ne peut par aucun acte subjectif établir ce qui leur manque. Ce manque fut supplanté par leur tendance à la subjectivisation et celle-ci n'est pas un accident de l'histoire de l'esprit mais est conforme au stade de la vérité. La réflexion critique de soi, inhérente à toute œuvre d'art, aiguise son intolérance à l'égard de tous les moments en elle qui renforcent traditionnellement le sens; mais ainsi s'accroît également son intolérance envers le sens immanent des œuvres et leurs catégories qui

fondent le sens. Car le sens, dans lequel l'œuvre se synthétise, ne peut alors être quelque chose qu'il lui incombe d'élaborer; il ne peut être sa substance. (...)»

Pour Adorno, comme pour Pascal, la philosophie ne peut être que *l'activité de celui qui éprouve un profond dégoût envers ce que le monde pense et proclame* (envers le discours — scientifique, théorique, normatif, peu importe — *qui redit le monde tel qu'il est*):

«*Ein Mensch, der niemals den Degout verspürt hat an dem, was alle denken und was alle sagen, was unbefragt ihm vorgesetzt wird, kann zur Philosophie eigentlich nicht kommen*»[87].

«*144. — J'avais passé longtemps dans l'étude des sciences abstraites; et le peu de communication qu'on en peut avoir m'en avait dégoûté. Quand j'ai commencé l'étude de l'homme, j'ai vu que ces sciences abstraites ne sont pas propres à l'homme, et que je m'égarais plus de ma condition en y pénétrant que les autres en les ignorant. J'ai pardonné aux autres d'y peu savoir. Mais j'ai cru trouver au moins bien des compagnons en l'étude de l'homme et que c'est la vraie étude qui lui est propre. J'ai été trompé; il y en a encore moins qui l'étudient que la géométrie. Ce n'est que manque de savoir étudier cela qu'on cherche le reste; mais n'est-ce pas que ce n'est pas encore là la science que l'homme doit avoir, et qu'il lui est meilleur de s'ignorer pour être heureux?*»[88].

Une telle activité suppose le démontage des échafaudages «idéologiques» de la positivité pré-établie; une fragmentation qui formalise la négation, le paradoxe et la déceptivité (et dont nous avons vu qu'elle était à la fois une attitude, un projet et un pari); une déconstruction des discours de l'identité[89] qui soit «résistance à tous les clichés»[90] qu'elle en extrait. Cet effort procède par *éclatement, dispersion*[91] (d'où le caractère inclassificatoire des *Pensées*[92] et des propositions de l'*Ästhetische Theorie* ou des *Paralipomena*[93]), et, d'autre part, par «avancée négative», *mouvement ruiné*[94] dont voici deux exemples:

(A) «*La formule stendhalienne sur la* promesse du bonheur *signifie que l'art rend justice à l'existence (a) en accentuant ce qui en elle préfigure l'utopie. Mais cette part d'utopie ne cesse de se réduire et l'existence devient de plus en plus pareille à elle-même. L'art peut donc* de moins en moins lui *ressembler (b)*. *Du fait que le bonheur puisé dans le statu quo n'est que produit de remplacement et fausseté,* l'art est contraint de rompre sa promesse pour rester fidèle à l'existence *(c)*. Mais la conscience des hommes — *celles des masses tout entière — que les privilèges culturels tiennent à l'écart de la conscience d'une telle dialectqiue dans la société conflictuelle,* s'attache à cette promesse de bonheur, avec raison, mais *sous sa forme immédiate et matérielle (d)*. *C'est là qu'intervient l'industrie culturelle. Elle planifie et exploite le besoin de bonheur.* L'industrie culturelle possède son moment de vérité dans le fait qu'elle satisfait à un besoin substantiel né du refus qui ne cesse de croître dans la société *(e)*: mais les concessions qu'elle consent la rendent totalement fausse *(f)* »[95].

L'art est le lieu de la question du sens par rapport à l'inanité du monde; il «rend justice à l'existence»: c'est une «raison» de vivre, une «promesse de bonheur», qui «préfigure l'utopie» (celle-ci, dans le langage d'Adorno, accueille la possibilité envisageable négativement du sens «à venir»). Mais (b) le monde *gagne du terrain* (cf. Pascal) et, d'autre part, il contamine de plus en plus toute «existence» potentielle: la «part d'utopie» se réduit — c'est le règne grandissant de la «misère de l'homme sans Dieu» (Pascal), de la réification (Lukàcs), de l'unidimensionalité (Marcuse)... De ce fait, l'art doit s'éloigner de plus en plus du monde... où il est de moins en moins une «promesse» visible (c): pour «rester fidèle à l'existence», il doit se couper de sa *présence au monde*. Cependant (d), les hommes, dont la plupart sont en fait privés des «privilèges culturels», continuent de croire au bonheur dans le monde (Pascal: le divertissement): cette attente, *qui est fondée en droit, se dégrade en fait.* D'où (e) l'intervention de l'«industrie culturelle» (la culture de masse, la vulgarisation, la culture dite populaire, etc.), qui vient *récupérer* l'attente et promettre *faussement* (f), dans la positivité, ce que l'art ne signifie qu'en tant que «possibilité, promise par son impossibilité».

(B) «*423.* — Contrariété. Après avoir montré la bassesse et la grandeur de l'homme. — *Que l'homme maintenant s'estime son prix. Qu'il s'aime, car il y a en lui une nature capable de bien; mais qu'il n'aime pas pour cela les bassesses qui y sont. Qu'il se méprise, parce que cette capacité est vide; mais qu'il ne méprise pas pour cela cette capacité naturelle. Qu'il se haïsse, qu'il s'aime : il a en lui la capacité de connaître la vérité et d'être heureux; mais il n'a point de vérité, ou constante, ou satisfaisante.*

Je voudrais donc porter l'homme à désirer d'en trouver, à être prêt, et dégagé des passions, pour la suivre où il la trouvera, sachant combien sa connaissance s'est obscurcie par les passions; je voudrais bien qu'il haït en soi la concupiscence qui le détermine d'elle-même, afin qu'elle ne l'aveuglât point pour faire son choix, et qu'elle ne l'arrêtât point quand il aura choisi»[96].

L'homme «a en lui la capacité de connaître la vérité et d'être heureux». Mais c'est une capacité vaine, car «il n'a point de vérité»:

« *Ne pas voir le fossé offre une piètre protection. Quoi que fasse la conscience pour se garder de tomber dans l'erreur, cela constitue le potentiel de sa destinée».*

A quoi bon dès lors? Quelle efficace accorder à cette insignifiance significative? Peut-être, précisément, celle de l'énigme, qui se joue dans l'art — efficace assurément impuissante, mais qui tient à cela: *il y a de l'art*, et la question de sa raison d'être est nécessairement extérieure à l'immanence de sa «force fragile». De même, la capacité éthique relève de ce paradoxe d'être la seule légitimité de la condition humaine tout en étant illégitimable hors le pari. Cette situation n'est pas irrationnelle; elle exprime, au contraire, une rationalité supérieure (la «raison du cœur»):

«*3) Cui bono; CARACTERE ENIGMATIQUE ET COMPREHENSION. Si toute œuvre d'art en tant que chose, niant le monde des choses, devient a priori impuissante, si elle doit se légitimer devant lui, elle ne peut pas, du fait même de cet apriorisme, refuser tout bonnement cette légitimation. Celui pour qui l'art n'est pas — comme pour l'étranger à l'art — une plaisir, ou comme pour le connaisseur, un état d'exception, mais la substance d'une expérience propre, peut difficilement s'étonner du caractère énigmatique. Toutefois, cette substance exige de lui qu'il s'assure des moments de l'art et n'abdique pas lorsque ces moments sont ébranlés par l'expérience esthétique. Peut se rendre compte de ce phénomène celui qui fait l'expérience des œuvres d'art dans des milieux ou des prétendus contextes culturels auxquels ces œuvres sont étrangères et incommensurables. Celles-ci s'exposent alors nues à l'examen de leur* cui bono, *dont seul les préserve le toit percé de la culture indigène. Devant de telles situations on en arrive fatalement à la question irrespectueuse qui ignore le tabou du domaine esthétique et plus encore l'interdit qui porte sur la qualité des œuvres. Si on les considère entièrement de l'extérieur, leur caractère problématique se dévoile tout autant que si on les regarde de l'intérieur. Le caractère énigmatique des œuvres d'art reste intimement lié à l'histoire. C'est par elle qu'autrefois elles devinrent énigmes, par elles qu'elles continuent de l'être et, inversement, celle-ci, qui leur conféra de l'autorité, tient seule, éloignée d'elles, la pénible question de leur raison d'être. La condition du caractère énigmatique des œuvres d'art est moins leur irrationalité que leur rationalité. Plus les œuvres sont maîtrisées méthodiquement, plus le caractère énigmatique gagne en relief. Par la forme, elles deviennent semblables au langage, semblent ne faire qu'un en chacun de leurs moments, révéler celui-ci, lequel ensuite disparaît. »*

L'inutilité de l'art est une *illusion qui existe*: elle rend vaine toute assurance quant au sens. En cela elle est profondément « utile ». L'éthique aussi, confrontée au réalisme et au cynisme du mal, ne sert à rien. Mais ce *rien* compte plus que tout: s'il récuse le tout comme vérité et bonheur qui ont déjà eu lieu, sont déjà là ou s'annoncent en finalité, en le découvrant pour ce qu'il est *lorsqu'il est prétendu être* — un mensonge —, il est aussi l'aveu utopique d'une vérité et d'un bonheur comme totalité qui n'est pas, qui est brisée, et qui n'a pas à être en fonction d'une quelconque nécessité qui serait inscrite dans l'avènement de son exigence:

« Devant le « Pourquoi tout cela ? », devant le reproche de leur réelle inutilité, les œuvres d'art restent irrémédiablement muettes. Si l'on objectait qu'un récit fictif est bien plus susceptible d'atteindre l'essence sociale que quelque chose de fidèle et de protocolaire, on répliquerait que c'est précisément là l'affaire de la théorie, sans qu'on ait pour cela besoin de fiction. En fait, cette manifestation du caractère énigmatique en tant que perplexité vis-à-vis de maintes questions posées dans leur principe, se subsume à un fait plus important: la question du prétendu sens de la vie est une tromperie. On confond aisément l'embarras que

suggèrent de telles questions avec l'irrésistibilité : leur niveau d'abstraction est tellement éloigné de ce qui est subsumé sans résistance, que l'objet de la question s'évanouit. »

De Pascal à Adorno on lit ici une réflexion sur le nécessaire *non-sens du sens* de la vie qui est la condition du *sens du non-sens*. Mais celui-ci ne se comprend jamais. Irréductible, il est précisément l'incompréhensible qu'il faut d'abord comprendre. A nouveau, l'art nous permet de mesurer concrètement cette résistance du sens :

> « *Même la compréhension est, en regard du caractère énigmatique, une catégorie problématique. Celui qui comprend les œuvres d'art par l'immanence de la conscience en elles, ne les comprend pas véritablement. Plus s'accroît la compréhension, plus le sentiment d'insuffisance augmente, aveuglément inscrit dans le sortilège de l'art auquel s'oppose son contenu de vérité. Celui qui s'abstrait de l'œuvre ou qui n'était pas du tout en elle et constate d'une manière hostile le caractère énigmatique, disparaît de façon trompeuse dans l'expérience artistique. Mieux une œuvre est comprise, plus elle se révèle alors selon une de ses dimensions mais son élément énigmatique constitutif apparaît moins. Il ne réapparaît de manière éclatante que dans l'expérience de l'art la plus profonde. Si une œuvre se révèle totalement, on atteint alors sa structure interrogative et la réflexion devient obligatoire; puis l'œuvre s'éloigne pour finalement assaillir à nouveau celui qui se croyait assuré du fait par le « qu'est-ce ? ».*

Par là on retrouve l'ensemble de la problématique du dieu (de l'ordre) caché. En effet, « comprendre » la question du sens c'est la fois en connaître la question et en ignorer le sens; comme « comprendre » Dieu, pour Pascal, c'est savoir qu'on en ignore tout, tandis que pour Adorno :

> « *Le rébus répète sous forme de jeu ce que les œuvres d'art réalisent avec sérieux. Elles lui ressemblent par le fait que ce qu'elles contiennent de caché, comme la lettre de Poe apparaît et disparaît dans son apparition même. Le langage, dans sa description préphilosophique de l'expérience artistique, exprime fort justement qu'Untel* comprend quelque chose en art, *mais non qu'*il comprend l'art. *S'y connaître en art signifie à la fois compréhension adéquate de l'art et incompréhension bornée de l'énigme*, attitude neutre vis-à-vis de ce qui est caché. *Celui qui se contente de comprendre quelque chose à l'art en fait quelque chose*

qui va de soi, ce qu'il n'est aucunement. Celui qui cherche à s'approcher d'un arc-en-ciel le voit s'évanouir devant lui ».

Lorsque le philosophe de Francfort exemplifie son raisonnement par la musique (comme norme de l'art), il en parle dans le même rapport que Pascal au Dieu caché et « spectateur ». Nous ne comprenons l'art — qui nous « regarde » le contempler — qu'en lui étant à la fois familier et complètement étranger : il faut aimer et connaître Dieu de tout son cœur pour apprendre son incommensurable différence énigmatique. Pourtant l'art « attend » cet effort qui vise à le comprendre, de même que Dieu a voulu se rendre accessible à notre entendement par la médiation du Christ. La foi « irréfléchie » ignore l'ignorance nécessaire du sens (de Dieu, de l'art); et pourtant il n'est point de savoir de cette ignorance sans ingénuité et don immaîtrisé de soi. Car autrement la prétention de savoir n'est que la forme la plus sophistiquée de la méconnaissance :

« Ne comprendrait la musique que celui qui l'écouterait, aussi étranger que quelqu'un qui ne connaît rien à elle, et aussi familier que l'est Siegfried avec le langage des oiseaux. Toutefois, la compréhension n'anéantit pas le caractère énigmatique. Même l'œuvre correctement interprétée aimerait à être davantage comprise, comme si elle attendait le mot de résolution devant lequel s'évanouirait son obscurité constitutive. L'imagination des œuvres d'art est le succédané le plus parfait et le plus trompeur de la compréhension; il constitue également un pas vers elle. Celui qui, sans qu'elle retentisse, se représente adéquatement la musique, a avec elle ce contact qui réalise le climat de la compréhension. Celle-ci, dans son sens le plus haut, résolution du caractère énigmatique qui en même temps le maintient, est liée à la spiritualisation de l'art et à l'expérience artistique dont le premier médium est l'imagination. La spiritualisation de l'art n'atteint pas immédiatement son caractère énigmatique grâce à l'explication conceptuelle, mais, au contraire, en concrétisant ce caractère. Résoudre l'énigme revient à dénoncer la raison de son caractère insoluble; le regard avec lequel les œuvres considèrent le contemplateur. L'exigence des œuvres d'art à vouloir être comprises de telle sorte qu'on puisse saisir leur contenu est liée à leur expérience spécifique, mais cette exigence ne peut être réalisée que par une théorie qui réfléchit cette expérience. Ce à quoi renvoie le caractère énigmatique des œuvres d'art ne peut être pensé que médiatement. L'objection contre

la phénoménologie de l'art comme contre la phénoménologie qui s'imagine atteindre directement l'essence, tient moins au fait que cette phénoménologie est anti-empirique qu'au fait qu'elle arrête l'expérience pensante » [97].

Dans *Minima Moralia*, Adorno affirme que *« La valeur d'une pensée se mesure d'après la distance qui la sépare de la continuité de ce qui est connu* (von der Kontinuität des Bekannten)». Il ajoute:

« Elle est objectivement dévalorisée lorsque cette distance est réduite: plus elle s'approche de la norme préexistante, plus sa fonction antithétique diminue, et c'est seulement en cela, dans sa relation manifestée par rapport à son anti-thèse, et non pas dans son existence isolée que la pensée se justifie ».

Nous avons déjà indiqué précédemment le rôle et la place du fragment dans le romantisme allemand, et plus particulièrement chez Schlegel. Dans la série intertextuelle où vient s'insérer, sur le plan formel, esthétique («littéraire»), l'œuvre d'Adorno, Schlegel figure assurément (avec notammment Novalis, Schopenhauer, Nietzsche et W. Benjamin [98]. La discontinuité romantique s'accompagne cependant de deux catégories qui, *simultanément*, en pathétisent *et* en relativisent l'efficace significative: celle du «mystère» (qui contiendrait l'éventualité d'une totalité acquise) et celle de la «nostalgie» (d'une totalité qui n'est plus). Or, pour Adorno comme pour Pascal, toute totalité donnée est *fausse*. Chez Schlegel, d'autre part, la fragmentation est une *expression subjective directe*, une *projection du moi*, alors que dans la dialectique négative et dans les *Pensées, elle divise le sujet contre lui-même* [99] (Pascal: «le moi est haïssable»). Cette projection, livrée à autrui, est indissolublement partagée entre l'absolu et le relatif (elle a une prétention à refléter l'Etre et à exprimer le moi...); et entre le solipsisme et le rêve d'une communication complètement transparente [100]. Adorno conserve le *principe* de la nostalgie, mais seulement comme symptôme: «La positivité bloquée d'aujourd'hui devient condamnation de celle du passé et non de la nostalgie qui naquit en elle »[101]. Il lui refuse donc toute valeur compensatoire, comme Pascal reconnaît une authenticité partielle à l'errance des athées qui « cherchent » — mais, bien entendu, sans accepter pour autant l'athéisme ! :

> « Plaindre les athées qui cherchent, car ne sont-ils pas assèz malheureux ? Invectiver contre ceux qui en font vanité »[102].

Le « traitement » par Adorno du romantisme est du même ordre[103] : il en écoute la plainte ; il en rejette la « solution » (mystère, nostalgie, subjectivisme, prétention à l'absolu, transparence). Sa négativité radicale prolonge, par-delà la mort de Dieu, le tragique pascalien ; mais, cette fois : aucune rémission — et bien plus lointainement précaire est la joie dont aucun « mémorial » ne fixera plus le témoignage...

NOTES

[1] *Mise au point* : il s'agit, bien entendu, de la *fétichisation* de cette « positivité » (c'est pourquoi on dit : « les idoles ») qui s'exprime dans les *discours d'évidence* rendant beauté classique, esprit de système, assurances psycho-existentielles (pour reprendre ces trois cas-types) *indiscutables*, « allant-de-soi ». En effet, la discontinuité traverse aussi, dialectiquement, classicisme, systémisme et assurance comme leur propre part de *négatif*. Et lorsqu'elle devient à son tour une évidence sans tension (comme dans certains aspects de la modernité), lorsqu'elle se fétichise également, elle perd toute sa signification négative, paradoxale et déceptive...
[2] Chapitre 1.
[3] On est ici, de ce point de vue, très contradictoirement éloigné des thèses d'Adorno (voir par exemple « Parataxe », in *Notes sur la littérature* (voir... littérature [tr. fr. 1984]).
[4] L'*illimitation* de ces figures étant l'*infini*.
[5] Voir R. Mortier, *op. cit.*
[6] On aura l'occasion de revenir sur ce pari lors de l'analyse de *Jacques le Fataliste*.

⁷ Cf. ce qui a été dit de l'*ironie* chez Fr. Schlegel et dans le romantisme allemand en général. Voir aussi T. Bathi, «Destin et passé. Peter Szondi, lecteur de la théorie des genres du romantisme allemand», in *Cahier de Philologie*, 5 (Actes du colloque d'épistémologie littéraire consacré à P. Szondi).
⁸ On reviendra par la suite sur cette notion.
⁹ Voir plus loin: Diderot.
¹⁰ Cf. Ballanche («Quelle belle ruine...»).
¹¹ Cf. la «méthode» de Bataille dans laquelle chaque «argument» *ruine* celui qui précède et qui avance par ce mouvement même d'infinie *négation*.
¹² On peut illustrer cela par cette phrase de M. Duras, extraite de *Abahn Sabana David*: «Vous venez pour briser l'unité? / Oui / Pour diviser? Briser? / Oui, dit le juif / Et pour remplacer par quoi? / Par rien».
¹³ Ce sentiment est évidemment lisible chez Pascal et Hölderlin. La *particularité* de Diderot, à cet égard, est envisagée dans le chapitre 2 de la *Deuxième partie*.
¹⁴ Adorno, «Lettre ouverte à Rolf Hochhuth», in *Notes sur la littérature, op. cit.*
¹⁵ Cette distinction est assez abstraite (par exemple on peut *choisir* le genre des «remarques» pour *ne pas faire* un traité, etc.). On la retient par commodité pragmatique: elle clarifie la différence entre discontinuité *génériquement* nécessaire (donc *significativement* accidentelle...) et *discontinuité significative* (non réglée par la loi du genre et opérant, au contraire, *à l'encontre* de celle-ci). Lire J.L. Falay, «Problèmes de l'œuvre fragmentale: Paul Valéry» (*Poétique*, 31).
¹⁶ Cela peut s'opérer en fonction de *plusieurs genres* convoqués.
¹⁷ On renvoie notamment à ce qu'écrit J. Derrida à propos de Blanchot dans «La Loi du Genre», *Glyph* 7 (The Johns Hoptkins University Press, 1980).
¹⁸ G. Deleuze, *Nietzsche et la philosophie*. Nous soulignons.
¹⁹ Cela ne signifie pas pour autant que le texte aphoristique soit «hors toute interprétation». On propose, au contraire, une herméneutique qui soit *à la fois* «adoptative» et critique (à la fois «confiante» et «soupçonneuse»). Sur le statut d'une telle herméneutique, voir R. Heyndels, *Littérature, idéologie et signification, op. cit.* (sous presse).
²⁰ Une pensée discontinue peut évidemment être «à la recherche» d'une transcendance ou d'une philosophie de l'histoire — mais recherche risquée, «en avant» et que ne justifie, en dernière instance, qu'un *pari*.
²¹ Cf. R. Musil, *L'homme sans qualités*, t. III: «(...) on en arrive parfois à penser que tout ce que nous vivons n'est que fragments détachés et détruits d'un Tout ancien que l'on aurait mal restauré». Voir, dans une abondante bibliographie, pour une problématique d'ensemble: *Das Unvollente als kunstlerische Form*, hgg. von Schwoll und Eisenwerth; L. Dällenbach et L. Hart-Nibbrig, *Fragments et totalité*.
²² Voir L. Dällenbach, «Le tout en morceaux», *Poétique*, 41.
²³ Voir L. Bersani, «Le réalisme et la peur du désir», in *Poétique*, 22. Du même auteur: «Déguisements du moi et art fragmentaire», in G. Genette et T. Todorov, *Recherche de Proust*.
²⁴ On revient plus loin sur la convergence *historico-existentielle* qui se joue chez Pascal et chez Hölderlin.
²⁵ A. Ehrenzweig, *L'ordre caché de l'art. Essai sur la psychologie de l'imagination artistique* (1967). Trad. F. Lacoue-Labarthe et J.L. Nancy (1975).

[26] Concepts de l'entendement; formes de la sensibilité.
[27] J.F. Lyotard, *Préface* à A. Ehrenzweig, *op. cit.* Nous soulignons.
[28] On pourrait, pour faire image, recourir à l'exemple, purement pragmatique, de l'enfant «attendu» par ses parents et qui est déjà, en tant qu'«indifférencié», complètement pris dans l'«organisation secondaire» de cette attente (avant qu'il ne soit né il est rêvé, on lui prévoit une histoire, on lui souhaite un destin, on lui donne un nom, etc.). La «réalité» de cet enfant va rencontrer, de façon agonistique, cette attente qui ne supporte pas l'indifférencié. Et l'on peut supposer qu'il y aura bientôt de nombreux effets de désorganisation de cette attente...
[29] Les références freudiennes pour chacune de celles-ci sont: «Nouvelles conférences sur la psychanalyse, 3ᵉ conf.» (opacité); «L'homme au loup», in *Cinq psychanalyses* (latéralité); *Métapsychologie* (contemporanéité à soi); *Malaise dans la civilisation* (paratopie).
[30] Il faut évidemment resituer cette problématique du *Dieu caché* dans la tradition augustinienne. La référence de base est l'ouvrage de Ph. Sellier, *Pascal et Saint Augustin*, Paris, Colin, 1970.
[31] «(...) C'est une chose déplorable de voir tous les hommes ne délibérer que des moyens, et point de la fin» (Fr. Br. 98).
[32] On reviendra sur cette problématique de la totalité. Il y a un «saut» entre la «Misère de l'homme sans Dieu» et la «Félicité de l'homme avec Dieu», entre la *corruption* de la nature et la certitude qu'il y a un *réparateur* (Fr. Br. 60). Seule la *foi* permet d'accomplir ce saut. Mais, pour l'homme moderne qui n'est pas dans une relation d'immédiateté avec la foi, et puisque Dieu est caché — alors même que les *raisons de ne pas croire* paraissent l'emporter —, cette foi ne s'obtient qu'au prix d'un *pari malgré tout*.
[33] Cf. R. Sasso, «Système et discours philosophique au XVIIᵉ siècle», in A. Robinet, dir., *Recherches sur le XVIIᵉ siècle*, 2.
[34] Retenons cette situation paradoxale. On la retrouvera dans le statut de l'homme tragique chez Hölderlin.
[35] Fr. Br. 183. Remarquable image de la *compulsion* «*continuïste*» aveuglée dans et par l'esprit de système... (qui n'est que la forme idéologique du *divertissement*).
[36] Cf. D.W. Winnicott, *De la pédiatrie à la psychanalyse*.
[37] Voir *op. cit.*, notamment pp. 28, 115. «Avant l'avènement de l'art moderne, aucun conflit ouvert (dissociation) n'opposait la *sensibilité de surface* à la *sensibilité de profondeur*, l'intellect à l'intuition. La Gestalt consciente de surface gardait dans le passé assez de souplesse pour *accommoder*, sans effet excessif, les contributions du processus primaire. On ne connaissait pas alors l'expérience du chaos et de la disruption» (p. 100). Tout ce texte pourrait être étudié en ses diverses relations avec la problématique pascalienne (raison de l'esprit *vs* raison du cœur / «accueil» de l'indifférencié / expérience inévitable, face à la prétention du système (de la rationalité triomphante) du chaos et de la disruption pour «sauver» la question du sens et retrouver la «joie»...
[38] *Op. cit.*, p. 28.
[39] *Op. cit.*, p. 29.
[40] *Op. cit.*, p. 40. Cf. aussi E.H. Gombrich, *L'art et l'illusion*.

⁴¹ On verra plus loin qu'elle seule autorise, selon Pascal, la *valeur* (l'éthique), donc pose de façon *véritablement interrogative* une question du sens qui demeure ouverte...
⁴² On revient plus loin (chapitre 3 de la *Deuxième partie*) sur la *signification* de la souffrance, de la névrose et de la folie.
⁴³ Cf. chapitre 1.
⁴⁴ Sur Adorno en général et la *Théorie esthétique* en particulier, voici quelques références de base: M. Jimenez, *Adorno: art, idéologie et théorie de l'art*; G. Rose, *The Melancholy Science*.
⁴⁵ Dans une très abondante bibliographie, renvoyons à: M. Jay, *L'imagination dialectique. Histoire de l'Ecole de Francfort (1923-1950)*; J.M. Vincent, *La théorie critique de l'Ecole de Francfort*; P. Zima, *L'Ecole de Francfort. Dialectique de la particularité*.
⁴⁶ Cf. le texte de Blanchot cité dans le premier chapitre.
⁴⁷ Pour Adorno, «le tout est le faux» *(Minima moralia)*. Il convient cependant d'ajouter que la vérité du tout chez Hegel ne se livre que dans son *accomplissement* (Hegel, *Phénoménologie de l'Esprit*). Pour une contextualisation de l'esthétique dans l'ensemble de la pensée d'Adorno, lire: M. Jimenez, *Vers une esthétique négative*.
⁴⁸ On revient plus loin, dans la deuxième partie de ce livre, à propos de Pascal, sur ce statut «positif» de Dieu.
⁴⁹ Voir plus haut, à propos de l'*ordre caché*, la «position» du sens par rapport à l'indifférencié, chez Pascal et à partir du «modèle» d'Ehrenzweig.
⁵⁰ On revient dans la *Deuxième partie* (Pascal) sur cette détermination de la discontinuité dans les Pensées.
⁵¹ Fr. Br. 61.
⁵² Cette mise au point, rappelons-le, est essentielle pour comprendre toute la problématique de la discontinuité telle qu'elle est ici exposée.
⁵³ Souvenons-nous: ce sont les mathématiques qui, le plus souvent, servent de modèle à l'esprit de système et justifient sa prétention généralisante (voir, dans le chapitre 1, l'analyse d'un extrait des *Parallèles* de Perrault).
⁵⁴ Fr. Br. 62. Pour le reste, dans le même fragment, Montaigne n'est que «confusion», *sottise* (de vouloir se peindre), ...
⁵⁵ Mais encore: pas n'importe quelle existence, ... et pas n'importe quel Dieu! On y reviendra.
⁵⁶ On revient par la suite sur le statut de la *quête* dans les *Pensées*.
⁵⁷ Fr. Br. 424.
⁵⁸ *Théorie esthétique* (nous soulignons).
⁵⁹ Ou si l'on préfère: discontinue sous l'effet d'une double nécessité.
⁶⁰ Cette *différence* est à la théorie ce que le «caractère énigmatique» est à l'art.
⁶¹ Pascal distingue très clairement les deux grandes modalités du pouvoir: la force, la violence, et la puissance qui agit sur l'imagination — ce qu'en termes modernes Althusser appelle «l'appareil idéologique» (qu'il oppose au fonctionnement «à la violence»). Comparant les magistrats, les médecins (les *notables*), aux militaires, Pascal écrit:

« *Nos magistrats ont bien connu ce mystère. Leurs robes rouges, leurs hermines, dont ils s'emmaillotent en chats fourrés, les palais où ils jugent, les fleurs de lis, tout cet appareil*

auguste était fort nécessaire; et si les médecins n'avaient des soutanes et des mules, et que les docteurs n'eussent des bonnets carrés et des robes trop amples de quatre parties, jamais ils n'auraient dupé le monde qui ne peut résister à cette montre si authentique. S'ils avaient la véritable justice et si les médecins avaient le vrai art de guérir, ils n'auraient que faire des bonnets carrés; la majesté de ces sciences serait assez vénérable d'elle-même. Mais n'ayant que des sciences imaginaires, il faut qu'ils prennent ces vains instruments qui frappent l'imagination à laquelle ils ont affaire; et par là, en effet, ils s'attirent le respect. Les seuls gens de guerre ne sont pas déguisés de la sorte, parce qu'en effet leur part est plus essentielle, ils s'établissent par la force, les autres par grimace. (...) »
(Fr. Br. 82).
[62] Fr. Br. 430.
[63] On comprend mieux, sans doute, pourquoi pour Adorno la validité de l'esthétique (comme réflexion) se fonde seulement dans la *perception critique* des œuvres elles-mêmes (et non dans une quelconque théorie du jugement). Cf. F. Grenz, *Adornos Philosophie in Grundbegriffen*.
[64] G. Flaubert, lettre à L. Colet du 24-4-1852.
[65] Notons au passage la fascination d'Adorno pour l'œuvre de Beckett.
[66] Voir l'ouvrage cité de M. Jimenez [*Vers une esthétique (...)*].
[67] Dans *Prismen* (1955), des essais sur Huxley, le jazz, Bach, Schönberg, Valéry, Proust, Kafka, le baroque, etc.; dans les *Noten zur Literatur* (1958, 1961, 1965, 1974), des études consacrées à Heine, au surréalisme, à Balzac, Proust, Thomas Mann, Goethe, Dickens, Wedekind, etc. Travaux sur *La philosophie de la nouvelle musique* (1949), Mahler (1960), Berg (1968), etc. (on donne les dates de l'édition *princeps*).
[68] Voir le chapitre 1 et le début du présent chapitre.
[69] Fr. Br. 206.
[70] Voir le beau livre de Cl. Rosset, *La force majeure*.
[71] Qui fait partie du recueil de textes repris dans *Autour de la théorie esthétique*, op. cit.
[72] Nous soulignons.
[73] *Autour de la théorie esthétique*. On n'envisage pas ici la critique d'une telle hypostase de l'art (qui est fort proche de celle de la foi chez Pascal): ce serait l'objet d'un autre livre qui s'interrogerait évidemment sur le *prix* de celle-ci (deuil du politique comme sphère d'action autonome, exil de la *praxis* dans la forme, etc.). On se contente de circonscrire, dans son rapport avec la discontinuité, l'attitude, le projet et le pari dont cette hypostase est l'une des conséquences. Il convient cependant de signaler qu'une «relativisation radicale» d'Adorno sous-tend certains des arguments ici avancés.
[74] La *T.E.* a été traduite en 1974. *Autour de la théorie esthétique* (trad. 1976) reprend les *Paralipomena*, l'«Introduction première», les «Théories sur l'origine de l'art».
[75] Dans ses *Fondements du savoir romantique*, G. Gusdorf cite, pour ce qui regarde l'intégration de la mort dans la fragmentation, ce passage des *Choses vues* de V. Hugo:
«*Si je venais à mourir, comme c'est probable, avant d'avoir achevé ce que j'ai dans l'esprit, mes fils réuniraient tous les fragments sans titre déterminé que je laisserais (...) et les publieraient sous le titre* Océan ».
Cf. aussi V. Jankélévitch, *La Mort* (surtout la deuxième partie).

⁷⁶ C'est la «mollesse» de Montaigne selon Pascal. Il y aurait beaucoup à dire sur ce sujet (mais cela romprait assurément l'économie de cet ouvrage), notamment à propos de l'interprétation des *Essais* (qui sont, au demeurant, aussi une œuvre discontinue disposée dans un rapport privilégié avec le «savoir» de la mort...).
⁷⁷ Fr. Br. 194.
⁷⁸ Le seul répertoire thématique permettrait de le montrer à suffisance.
⁷⁹ On considère généralement que l'hégémonie du cartésianisme est établie entre 1660 et 1690. Cf. R. Heyndels, «Le *Voyage du monde de Descartes* de G. Daniel», in *Annales de l'Institut de Philosophie*, 1976, 1977.
⁸⁰ En fait, c'est surtout à une telle assurance *que le cartésianisme* (comme courant et bientôt «air du temps») *va conduire*. Chez Descartes lui-même, la «situation» de la foi, de l'éthique et de Dieu est plus complexe et souvent moins *évidente*. De même, Pascal est réciproquement «habité» par le cartésianisme qu'il combat. On n'entrera pas ici dans le détail de cette problématique idéelle qu'il faudrait au demeurant historiciser et contextualiser.
⁸¹ Pour Pascal aussi, en définitive, mais par le détour tragique et discontinu des *Pensées* qui sont, *pour nous*, l'espace de «constellation» d'un «contenu de vérité» tout à fait différent.
⁸² Contentons-nous de signaler qu'il y a, chez Pascal, toute une dimension *régressive* que l'on ne doit pas nier (comme c'est parfois le cas dans certaines lectures récentes) mais qu'il faut s'efforcer de comprendre en fonction de la «situation» dans laquelle il est lui-même *embarqué* (pour utiliser une de ses expressions célèbres qui sera reprise par Sartre), des contraintes historico-idéelles qui pèsent sur sa recherche (l'augustinisme, le pessimisme moral de la deuxième moitié du XVIIᵉ siècle, ce que Goldmann appelle le «fondement social» de la noblesse de robe, etc.), de la «présence» encore fort proche du mythe de l'Eglise primitive conservé à travers le moyen âge, de l'action du jansénisme... et de celle de son entourage immédiat, etc.
⁸³ On revient, dans la *Deuxième partie*, sur cette expérience mondaine de Pascal.
⁸⁴ L. Goldmann, *Le Dieu caché*.
⁸⁵ Cf. dans le texte *ci-infra* la référence à Auschwitz. Trois remarques: 1. le catastrophisme pascalien peut nous paraître *phantasmatique*, il n'en est pas moins *réel*; 2. il va sans dire que ce que Pascal ressent comme catastrophe est sans commune mesure avec ce qu'évoque Adorno: mais ce point de vue est évidemment *anachronique* (et s'en revendiquer serait téléologique — comme si Pascal pouvait prévoir!, etc.); 3. précisément, ce que Pascal prévoit (phantasmatiquement), c'est *la fin de l'éthique...* qu'Adorno associe au triomphe de la rationalité instrumentale (dont Auschwitz est pour lui la conséquence la plus avancée). On verra, par la suite, qu'il faut, selon nous, relativiser radicalement cette idée d'un «péché originel» de la raison (qui aurait triomphé définitivement, selon Adorno, avec les Lumières). Mais en fait, sur ce point essentiel, le philosophe de Francfort rejoint *et* poursuit, une fois encore, l'auteur des *Pensées*.
⁸⁶ *T.E.*, VIII, «Cohérence et sens».
⁸⁷ *Philosophische Terminologie*. Tome I. (Il n'existe pas encore de traduction de cet ouvrage).

[88] Fr. Br. 144.
[89] Souvenons-nous par exemple de l'ironie de Voltaire à l'égard du *ce qui est doit être dans «le meilleur des mondes possibles»*.
[90] *Phil. Term.*, *op. cit.*
[91] Et aussi *entrecroisement*.
[92] On revient brièvement, dans la *Deuxième partie*, sur cet aspect des *Pensées*, à propose de la question des éditions.
[93] Voir plus loin: *Adorno/Pascal*, au début de la deuxième partie.
[94] Cf. le texte de Bataille dans le premier chapitre.
[95] *A.T.E.*, *Paralipomena*. Nous soulignons.
[96] Fr. Br. 423. Remarquons, comme chez Adorno, ce qu'on a appelé «avancée négative». On reviendra d'autre part sur le caractère paradoxal de l'homme selon Pascal, pour qui *«la vie et la conscience s'excluent»* selon une formule de Goldmann (*Dieu caché*, *op. cit.*).
[97] On suit ici la *Théorie Esthétique*, pp. 163-166.
[98] Sur un plan plus limitativement philosophique, les références principales seront: Kant, Hegel, Kierkegaard, Lukàcs, Heidegger.
[99] Pour une contextualisation, voir C. Rosso, «Il menago dei moralisti francesi», in *Inventari et postille. Letture francesi, divagazione europee*.
[100] Cf. F. Schlegel, *Literary Notebooks 1797-1801*, éd. comm. par H. Tichner; et H. Frang, *Die romantische Ironie*. Voir aussi P. Szondi, *Poésie et poétique de l'idéalisme allemand* et Ph. Lacoue-Labarthe et J.L. Nancy, *L'absolu littéraire* (surtout pp. 57-80: «L'exigence fragmentaire»).
[101] *A.T.E.*, *Paralipomena*, *op. cit.*
[102] Fr. Br. 190. Pascal se sent plus «proche» de ces athées inquiets que de la «tiédeur» des chrétiens satisfaits du monde et complaisants à l'égard de celui-ci (qu'il a d'ailleurs fustigés dans ses *Provinciales* dirigées contre la dévotion aisée, la fréquente communion et les subtilités de la casuistique défendues, selon lui, par les jésuites).
[103] Il est donc très différent de celui-ci auquel se livre Lukàcs qui, poursuivant Hegel et le Goethe de maturité, refuse d'entendre la «positivité négative» de cette plainte...

DEUXIEME PARTIE
PASCAL, DIDEROT, HÖLDERLIN

« (...) Que pourrait-on faire de mieux pour les rendre malheureux? — Comment! ce qu'on pourrait faire? Il ne faudrait que leur ôter tous ces soins; car alors ils se verraient, ils penseraient à ce qu'ils sont, d'où ils viennent, où ils vont; et ainsi on ne peut trop les occuper et les détourner (...) »

Pascal, Fr. Br. 143.

« Comment s'étaient-ils rencontrés? Par hasard, comme tout le monde. Comment s'appelaient-ils? Que vous importe? D'où venaient-ils? Du lieu le plus prochain. Où allaient-ils? Est-ce que l'on sait où l'on va? (...) »

Diderot, *Jacques le Fataliste*

« Mais devant la destinée
Toute clairvoyance est refusée au désir,
Et les plus aveugles sont encore
Les fils des dieux. Car l'homme connaît sa demeure
Et la bête le lieu où bâtir la sienne,
Mais à ceux-là fut donné ce défaut
Dans leur âme toute naïve
De ne savoir où ils s'en vont ».

Hölderlin, *Le Rhin*.

Chapitre 1
Le vide en soi et la vanité du monde

La vie de Pascal (1623-1662) est, depuis la prime enfance, marquée par la souffrance physique. A 18 ans, il reste paralysé, de toute la partie inférieure du corps, durant plusieurs mois. En 1647 (l'année de publication des *Nouvelles expériences touchant le vide*), il est atteint d'une nouvelle crise, qui se manifeste par de la paralysie, de violents maux de tête, des troubles gastriques, l'incapacité d'ingérer des aliments. De cette maladie, qui le poursuivra jusqu'à sa mort, deux types d'interprétation ont été proposés. Dans la version médicaliste on parle tantôt d'un cancer, tantôt d'une succession de traumatismes ponctuels. Mais il existe aussi une «lecture» psychosomatique de l'état de Pascal. Sans doute, chacune des deux thèses poussée à son extrême est-elle excessive. On peut cependant admettre la présomption d'une *interférence*: la somatisation d'origine psychique paraît importante (que ce soit comme cause ou comme conséquence — ou dans un «cercle» aujourd'hui bien connu: les deux à la fois —). Ce problème, de toute manière, ne nous intéresse ici que très relativement. Nous voudrions seulement retenir le caractère *à la fois* concret, existentiel (donc aussi: phantasmatique) *et* conscient, lucide — la *vivance*[1] — de la présence du mal chez Pascal. Celui-ci a littéralement vécu, dans son esprit et dans son corps, ce qu'on appellera par la suite la *dégradation mondaine* de l'homme. Il est possible que ce vécu pathologique l'ait placé dans une marginalité, une distance, une ironie à l'égard du monde dont il a tenté de penser la *théorie*. C'est l'explication réductionniste. Pour toute une série de raisons de méthode qu'il serait trop long d'exposer ici, on ne la retiendra pas. Par contre, il est parfaitement concevable qu'une partie du *pathos* pascalien s'origine dans une telle «situation»[2]. Il est aussi probable qu'un certain nombre de découvertes théoriques — celle du vide surtout[3] — ainsi que des expériences relationnelles et intellectuelles ont eu, pour Pascal, dans un contexte idéel particulièrement «consentant» (jansénisme, crise de la «noblesse de robe», etc.) un effet d'une radicalité telle qu'elle se soit véritablement *somatisée*[4].

Après 1647, Pascal semble bénéficier d'un court répit[5] qui correspond plus ou moins à ce que l'on a nommé sa «période mondaine» (laquelle est généralement datée de 1649 à 1654). L'examen détaillé de celle-ci ne concerne pas directement notre problématique. Ce qu'il nous importe d'avoir à l'esprit, c'est que Pascal *a tenté une insertion dans le monde* (à la fois du point de vue du savoir abstrait: la science; du point de vue de la philosophie politique et morale — lecture de Hobbes, de Machiavel, de Montaigne et des sceptiques; et du point de vue de «la vie»: le commerce des autres, l'accommodation à *ce qui est*, une certaine complaisance à l'égard de la socialité, etc.) et qu'*il en est revenu* parce que rien d'*essentiel* ne pouvait y être acquis. Cette tentative/tentation est désignée clairement dans les *Pensées*[6]; elle y est, au demeurant, envisagée *tout au long de l'œuvre* (dialectique du divertissement, du narcissisme, du désir, etc.) comme un *problème théorique* —

et c'est en cela qu'elle nous convoque. Pascal entend défendre qu'*il sait de quoi il parle* lorsqu'il situe *ailleurs* que dans les solutions données (auxquelles on peut toujours *s'adapter*) la question du sens. Il a «passé longtemps dans l'étude des sciences abstraites» et «le peu de communication[7] qu'on peut en avoir» l'en a «dégoûté»; il a aussi essayé de trouver une *communauté existentielle* qui ait une résonance éthique (celle de «compagnons en l'étude de l'homme»), et il a été «trompé»[8].

Revenons dès lors sur les traumas de 1641 et de 1647[9]. Pascal prétend que c'est à 18 ans qu'il a été envahi, pour la première fois, par un véritable questionnement religieux. Auparavant, Dieu était pour lui (et dans le milieu très chrétien où il vivait) une espèce d'évidence «sociologique». En 1647, il a rencontré le jansénisme[10]. En effet, son père, qui a été victime d'un accident, a été soigné, en 1646, par deux Messieurs de Port-Royal. Ceux-ci l'ont converti à leur doctrine, ainsi que Pascal lui-même et ses deux sœurs. Par ailleurs, Blaise et Jacqueline ont eu l'occasion d'entendre à Paris le sermon d'un «idéologue» janséniste, Singlin, et ils en ont été bouleversés (Jacqueline décide de se faire religieuse). Les deux moments d'*acmè* de la maladie de Pascal, avant sa période mondaine et la rédaction des *Pensées* qui suivit celle-ci, sont donc *relativement* contextualisables dans leur rapport avec d'importants chocs à la fois émotifs et intellectuels. En 1651, le père de Blaise (qui représentait pour celui-ci la figure même de la rigueur morale) meurt et Jacqueline se retire à Port-Royal. Pascal s'éloigne apparemment de la religion, sa santé s'améliore, il rencontre et fréquente notamment des sceptiques, voire des incroyants. Après la crise spirituelle de 1654[11], il rejoint le groupe janséniste (rédigeant, entre janvier 1656 et mai 1657, les fameuses *Provinciales*). Bientôt vient le temps des *Pensées*[12], à nouveau arrachées à la maladie, dont nous voyons combien elle *ponctue* l'évolution du sentiment religieux de notre auteur, et arrêtées par la mort: temps de la radicalité extrême advenue à la conscience de la maturité.

Peut-on cependant supposer que Pascal se soit, entre 1649 et 1654, entièrement détourné des préoccupations religieuses et éthiques[13]? Très probablement: non. Ce moment de son existence correpond sans doute plutôt à un essai de «résolution» pragmatique (on dirait aujourd'hui: «transactionnelle») de ce qu'on a précédemment évoqué comme son «vécu» singulier, existentiel, concret (et psychosomatisé) de la question du sens. Dans une lettre du 25 janvier 1655, adressée à sa sœur Gilberte, Jacqueline affirme que sous l'apparence de la mondanité de leur frère il y a non l'éloignement de la foi, mais un *désarroi* quant à celle-ci. Certes, il faut nuancer un tel jugement (Jacqueline a franchi le pas: elle a rompu avec le monde depuis janvier 1652). Mais il est vraisemblable de lui accorder un crédit au moins relatif: celui-ci seul permet de rendre compte en termes non mystiques et non fidéistes — mais dans ceux du structuralisme génétique qui y voit le dénouement d'un *processus* symbolique et conceptuel ponctué par divers événements émotivo-affectifs (mort du père, entrée de la sœur à Port-Royal, etc.) et par leurs perlaborations successives — de ce qui devient alors l'*événement intellectuel* (et, assurément aussi, mais ce n'est nullement incompatible, bien au contraire: existentiel) du 23 novembre 1654, ressenti *par Pascal* comme un instant d'extase. Durant la période mondaine, celui-ci (qui avait déjà rencontré à la fois l'interrogation religieuse, et la «réponse» janséniste, et qui avait assisté au retrait de sa sœur ...) aurait été partagé entre une *réserve de principe* à l'égard des solutions séculières à la condition humaine en général et son sentiment subjectif d'être abandonné par Dieu. Au fond, on pourrait dire qu'à ce moment-là, pour Pascal, les raisons usuelles de croire se sont fissurées, la foi authentique lui est connue *abstraitement*, par rapport à celle-ci le monde semble bien ne pas avoir de sens en lui-même (de façon *autonome*); mais il ne voit pas ailleurs où trouver ce sens « qui manque » à sa propre vie. Celle-ci lui est alors physiquement supportable; mais elle est *vide*[14] :

> « — *Ennui* — *Rien n'est si insupportable à l'homme que d'être dans un plein repos, sans passions, sans affaire, sans divertissement, sans application. Il sent alors son* néant, *son* abandon, *son* insuffisance, *sa* dépendance, *son* impuissance, *son* vide. *Incontinent il sortira du fond de son âme l'*ennui, *la* noirceur, *la* tristesse, *le* chagrin, *le* dépit, *le* désespoir ».

Autrement dit : une existence *divertie* apporte *apparemment* (illusoirement) la paix de l'âme (et le confort du corps). Mais c'est une existence *fausse*. La vérité de la vie nous confronte, au contraire, avec *l'inguérissable maladie de vivre* (celle que Pascal a déjà parfois obscurément ressentie[15] et qu'il va retrouver, en toute lucidité, après la période mondaine, lors de la rédaction des *Pensées*). Le vide pascalien n'est pas seulement une « réalité physique » expérimentalisée : c'est *aussi* une image d'un état d'âme procédant de la *dépression abandonnique* qui accompagne le sentiment d'être *coupé du sens*[16]. D'ailleurs, souvenons-nous : les *Nouvelles expériences touchant le vide* datent de 1647, qui est une année traumatique pour Pascal. Et celui-ci rédige son *Traité du vide* ... en 1654! Bien plus, le vide (que la cosmologie tourbillonnaire de Descartes permet ... d'éviter) — intérieur et physique — « répond » à cette autre « dimension » découverte par la science moderne : à savoir, précisément, l'incommensurable. L'*infini* est également *transcodé* par Pascal, qui ne peut en recevoir la seule interprétation mécaniste comme satisfaisante *quant au sens*, dans une métaphysique de la tragédie[17] :

> « - *Quand je considère la petite durée de ma vie, absorbée dans l'éternité précédant et suivant le petit espace que je remplis et même que je vois, abîmé dans l'infinie immensité des espaces que j'ignore et qui m'ignorent, je m'effraie et m'étonne de me voir ici plutôt que là, car il n'y a point de raison pourquoi ici plutôt que là, pourquoi à présent plutôt que lors. Qui m'y a mis? Par l'ordre et la conduite de qui ce lieu et ce temps a-t-il été destiné à moi?* Memoria hospitis unius diei praetereuntis. »

- *Le silence éternel de ces espaces infinis m'effraie ».*

La révélation *intellectuelle* du 23 novembre 1654 est donc la suivante: la seule solution à l'égard d'une négativité *sinon « incrédule » de tout*, c'est de «sauter» dans la foi, et de se réconcilier, par ce «saut» sans assurance, avec la *présence absente* de Dieu (du sens) qui a été figurée par le Christ. La réponse à la question du sens ne peut s'obtenir pragmatiquement; elle échappe à tout «contrat» avec le monde; et il n'y a, *hors le risque d'y croire*, aucune «promesse». Elle demeure ouverte, indécidable: *il faut* croire à Dieu, alors même qu'il est caché; car c'est seulement alors qu'il *peut*[18] «apparaître» — *visible comme le signe même de son invisibilité*. Toutes *les autres* raisons d'espérer sont vaines: *s'il faut espérer, c'est contre l'espérance*[19]. La foi ne peut donc être qu'un «malgré tout»[20]; sinon elle n'est pas, elle n'a aucune *consistance*, aucune *valeur*.

Sans doute dès 1658 au plus tard[21], Pascal a-t-il commencé la rédaction des *Pensées*. En tout cas, entre 1657 et 1659, sans doute en 1658, il a, lors d'une conférence, présenté le programme général d'une *Apologie* qu'il avait déjà l'intention d'écrire depuis longtemps. Deux fragments semblent faire partie de notes préparatoires à cet exposé public[22]:

« *— A.P.R. Grandeur et misère. — La misère se concluant de la grandeur, et la grandeur de la misère, les uns ont conclu la misère d'autant plus qu'ils en ont pris pour preuve la grandeur, et les autres concluant la grandeur avec d'autant plus de force qu'ils l'ont conclue de la misère même, tout ce que les uns ont pu dire pour montrer la grandeur n'a servi que d'un argument aux autres pour conclure la misère, puisque c'est être d'autant plus misérable qu'on est tombé de plus haut; et les autres, au contraire. Ils se sont portés les uns sur les autres par un cercle sans fin: étant certain qu'à mesure que les hommes ont de lumières, ils trouvent et grandeur et misère en l'homme. En un mot, l'homme connaît qu'il est misérable: il est donc misérable, puisqu'il l'est; mais il est bien grand, puisqu'il le connaît».*

« *(...) A.P.R. pour demain (Prosopopée). — « C'est en vain, ô hommes, que vous cherchez dans vous-mêmes le remède à vos misères. Toutes vos lumières ne peuvent arriver qu'à connaître que ce n'est point dans vous-mêmes que vous trouverez ni la vérité ni le bien.* Les philosophes vous l'ont promis, et ils n'ont pu le faire. *Ils ne savent ni quel est votre véritable bien, ni quel est votre véritable état. Comment auraient-ils donné des remèdes à vos maux, qu'ils n'ont pas seulement connus? Vos maladies principales sont l'orgueil,* qui vous soustrait de Dieu, *la concupiscence qui vous attache à la terre; et ils n'ont fait autre chose qu'entretenir au moins l'une de ces maladies. S'ils vous ont donné Dieu pour objet, ce n'a été que pour exercer votre superbe : ils vous ont fait penser que* vous lui étiez semblables et conformes *par votre nature. Et ceux qui ont vu la vanité de cette prétention vous ont jetés dans l'autre précipice, en vous faisant entendre que votre nature était pareille à celle des bêtes, et vous ont portés à chercher votre bien dans les concupiscences qui sont le partage des animaux. Ce n'est pas là le moyen de vous guérir de vos injustices, que ces sages n'ont point connues. Je puis seul vous faire entendre qui vous êtes, à ... »*

Adam, Jésus-Christ.
Si on vous unit à Dieu, c'est par grâce, non par nature.
Ainsi cette double capacité...
Vous n'êtes pas dans l'état de votre création.
Ces deux états étant ouverts. Il est impossible que vous ne les reconnaissiez pas. Suivez vos mouvements, observez-vous vous-mêmes, et voyez si vous n'y trouverez pas les caractères vivants de ces deux natures. Tant de contradictions se trouveraient-elles dans un sujet simple?
— *Incompréhensible? — Tout ce qui est incompréhensible ne laisse pas d'être. Le nombre infini. Un espace infini, égal au fini.*
— *Incroyable que Dieu s'unisse à nous? — Cette considération n'est tirée que de la vue de notre bassesse. Mais si vous l'avez bien sincère, suivez-la aussi loin que moi, et reconnaissez que nous sommes en effet si bas, que nous sommes par nous-mêmes incapables de connaître si sa miséricorde ne peut pas nous rendre capables de lui. Car je voudrais savoir* d'où *cet animal, qui se reconnaît si faible, a le droit* de mesurer *la miséricorde de Dieu, et d'y mettre les bornes que sa fantaisie lui suggère.* Il sait si peu ce que c'est que Dieu, *qu'il ne sait pas ce qu'il est lui-même; et, tout troublé de la vue de son propre état, il ose dire que Dieu ne le peut pas rendre capable de sa communication.*

Mais je voudrais lui demander si Dieu demande autre chose de lui, sinon qu'il l'aime en le connaissant; et pourquoi il croit que Dieu ne peut se rendre connaissable et aimable à lui, puisqu'il est naturellement capable d'amour et de connaissance. Il est sans doute qu'il connaît au moins qu'il est, et qu'il aime quelque chose. Donc, s'il voit quelque chose dans les ténèbres où il est, et s'il trouve quelque sujet d'amour parmi les choses de la terre, pourquoi, si Dieu lui donne quelque rayon de son essence, ne serait-il pas capable de le connaître et de l'aimer en la manière qu'il lui plaira se communiquer à nous? Il y a donc sans doute une présomption insupportable dans ces sortes de raisonnements, quoiqu'ils paraissent fondés sur une humilité apparente, qui n'est ni sincère, ni raisonnable, si elle ne nous fait confesser que, ne sachant de nous-mêmes qui nous sommes, nous ne pouvons l'apprendre que de Dieu.

«Je n'entends pas que vous soumettiez votre créance à moi sans raison, et ne prétends pas vous assujettir avec tyrannie. Je ne prétends pas aussi vous rendre raison de toutes choses. (...) »

(...) *Il [= Dieu] a voulu se rendre parfaitement connaissable à ceux-là; et ainsi, voulant paraître à découvert à ceux qui le cherchent de tout leur cœur, et caché à ceux qui le fuient de tout leur cœur, il tempère sa connaissance, en sorte qu'il a donné des marques de soi visibles à ceux qui le cherchent, et non à ceux qui ne le cherchent pas.*

'*Il y a assez de lumière pour ceux qui ne désirent que de voir et assez d'obscurité pour ceux qui ont une disposition contraire*' ».

On ne reviendra plus, à présent, sur la *démarche paradoxale* du raisonnement (qui a déjà été suffisamment soulignée dans son rapport avec l'expression discontinue). Ce qui est essentiel, c'est que ce paradoxe reste ouvert *pour qui n'a pas le point de vue de la totalité*[23] : c'est bien par là que la pensée paradoxale «mime» en fait la situation de l'homme coupé du sens et dès lors placé dans une *misère* dont cependant son exigence du sens (sa *grandeur*) lui apprend le caractère insupportable. Dès qu'il advient à lui-même, c'est-à-dire à la conscience de soi[24] en sa précarité, dès qu'il se sait, l'homme ne peut plus vivre l'indifférencié[25]. Celui-ci est pourtant sa seule condition possible, puisque le savoir humain est, de toute manière, ontologiquement limité. Comment se réconcilier avec cette incontournable nécessité de d'indifférencié? Selon Pascal, tout d'abord en acceptant l'incompatibilité de l'existence et de la conscience[26]. Ensuite — mais on est contraint de décomposer ici ce qui est un mouvement dialectique —, en s'offrant à l'exigence du sens[27] par un «don immaîtrisé» de soi. *Le sens ne devient visible en tant qu'invisible, présent en tant qu'absence, que par et dans cet acte (lui-même complètement paradoxal) de l'exiger*:

1. Il n'est pas *immanent* [«c'est en vain, ô hommes, *que vous cherchez dans vous-mêmes* le remède à vos misères (...)]. Au contraire, sa définition (indésignable) comprend la nécessité de sa transcendance: il est *ailleurs*; *il est ici ce qui manque*. Mais c'est en fonction de la reconnaissance de ce manque (avec l'insupportabilité qui en résulte) qu'il peut être envisagé comme «positivité négative», donc comme ce qui *motive* l'effort de signifier, le refus du non-sens, l'attitude, le projet, le pari qui veut que la signification soit au moins possible comme principe éthique (comme conduite de vie).

2. Il ne peut être *promis*, donc *a fortiori* systématisé comme étant déjà potentiellement là, par aucune philosophie positive («Les philosophes vous l'ont promis, et ils n'ont pu le faire»)[28].

3. Car il est ce qui nous est *soustrait*, mais dont nous nions l'absence dans l'idéologie de ceux qui savent (pour nous) ce qu'il faut en faire (de cette absence) pour qu'elle se change en solution globale (les «lendemains qui chantent»).

4. En effet, il n'est concevable qu'à partir d'un point de visée *dont nous avons besoin et qui pourtant nous est hors d'atteinte*: celui de la totalité (de Dieu pour Pascal, de la Science ou de la Nature pour le rationalisme mécaniste moderne, de l'Histoire pour Hegel) — «Car je voudrais savoir *d'où* cet animal, qui se reconnaît si faible, a le droit *de mesurer* la miséricorde de Dieu (...) *Il sait si peu ce que c'est que Dieu* (...)».

5. Cependant, une fois que nous sommes pris dans le *symbolique* (ce qui est inévitable dans le devenir-homme), *il s'unit à nous*, il fait partie de notre conscience déchirée entre la contrainte *et* l'insupportabilité de l'indifférencié premier.

Non seulement le processus réflexif pascalien est paradoxal, mais encore il est *multiparadoxal* : à chaque paradoxe vient « répondre » (négativement, déceptivement) un autre. Pascal lui-même nomme cette procédure le « renversement continuel du pour et du contre » (Fr. Br. 328). C'est parce que je sais ce que je suis que je m'ignore. C'est parce que je m'ignore que je veux savoir. C'est parce que je veux savoir que je cherche. C'est parce que je cherche que je trouve l'exigence du sens comme *la nécessité incompatible avec ce que je suis, ce que je sais, ce que j'ignore, ce que je cherche*. Puisqu'aussi bien : seul le sens est « ce qui sait », « là où cela se sait » ; et, dans l'attente même où je suis, il m'est interdit [« (...) ne sachant de nous-mêmes qui nous sommes, nous ne pouvons l'apprendre que de Dieu »]. De toute façon — et ceci est fondamental —, celui qui est dans cette attente (en termes pascaliens : *celui qui cherche de tout son cœur*[29]) n'a lui-même qu'une conception particulière, limitée et insystématisable de ce qu'il en est quant au sens (« Je ne prétends pas aussi vous rendre raison de toutes choses »)[30]. Ce n'est donc ni la maladie, ni la mort qui ont empêché Pascal de faire des *Pensées* un système ou un traité ; et peu nous importe, à cet égard, *ce qu'il en aurait fait*. C'est un faux problème car, soit il y aurait poussé plus loin encore la discontinuité et la fragmentation (ce qui nous paraît improbable dans les conditions esthétiques générales du classicisme) ; soit il en aurait modifié plus ou moins complètement la signification profonde, en les transformant en vue d'une systématisation abstraite (il y aurait alors eu *une régression de la radicalité* par rapport aux positions de ± 1657-1662).

En tout cas, du « plan » de 1658 nous n'avons qu'un résumé non authentique[31]. Nous disposons d'un manuscrit de la main de Pascal constitué de fragments, qui étaient d'abord en *liasses*, collés sur de grandes feuilles. Mais l'ordre et le découpage en ont été modifiés par les éditeurs de Port-Royal (1670), qui, au demeurant, ont fait subir au texte (pour toute une série de raisons dans lesquelles on n'entre pas ici) des atténuations, des corrections, des suppressions. Par la suite il y eut d'autres éditions[32], toujours «retravaillées», le statut fragmentaire du texte permettant des manipulations idéologiques et systématisantes. D'autre part, nous avons aussi une *copie* des fragments, faite immédiatement après la mort de Pascal, qui respecte *peut-être* le classement voulu par celui-ci *à un moment donné*, et qui suit l'ordre des liasses. Enfin, il y a quelques fragments non classés. Trois grands axes de lecture des *Pensées* sont dès lors au moins envisageables: en suivant le «manuscrit», en suivant la «copie», en suivant un *ordre de fait*[33] (qui ne peut de toute manière accéder à l'*ordre de droit*). Mais, si l'on veut bien accorder crédit *à la fois* à la forme *et* à la signification des *Pensées* (à leur *forme significative*, à leur *signification formelle*), il faut s'autoriser à une lecture «polyphonique» n'enfermant pas l'œuvre dans une «conception monodique»[34] qui lui est tout à fait étrangère et s'efforçant — dans un *pari herméneutique* qui renvoie au pari même de la discontinuité — d'y percevoir non l'ordre d'un système (pas plus que la confusion d'un désordre), mais ce qui en est peut-être le *dessein*[35]:

«J'écrirai ici mes pensées sans ordre et non pas peut-être dans une confusion sans dessein. C'est le véritable ordre qui marquera mon objet par le désordre même»[36].

«La dernière chose qu'on trouve en faisant un ouvrage, est de savoir celle qu'il faut mettre la première».

«- Ordre. — Pourquoi prendrai-je plutôt à diviser ma morale en quatre qu'en six? Pourquoi établirai-je plutôt la vertu en quatre, en deux, en un? Pourquoi en abstine et sustine *plutôt qu'en «suivre nature», ou «faire ses affaires particulières sans injustice», comme Platon, ou autre chose? — Mais voilà, direz-vous, tout renfermé en un mot. — Oui, mais cela est inutile, si on ne l'explique; et quand on vient à l'expliquer, dès qu'on ouvre ce précepte qui contient tous les autres, ils en sortent en la première confusion que vous vouliez éviter (...)».*

« - Qu'on ne dise pas que je n'ai rien dit de nouveau : la disposition des matières est nouvelle; quand on joue à la paume, c'est une même balle dont joue l'un et l'autre, mais l'un la place mieux (...) ».

« - Les mots diversement rangés font un divers sens et les sens diversement rangés font différents effets ».

Il faut croire malgré : tout. Aucune foi ne s'obtient valablement hors l'usage même que l'on fait de ce credo. Aucun moyen de croire ne provient d'une «négligence» quant à la *fin*[37] :

« Je porte envie à ceux que je vois dans la foi vivre avec tant de négligence, et qui usent si mal d'un don duquel il me semble que je ferais un usage si différent ».

Les *Pensées* sont un acte de recherche (d'où la «proximité» de Pascal, sa «solidarité agonistique» avec les athées «qui cherchent») : le «Mémorial» fixe un impératif où se dit ce qu'il faut faire, où se phantasme que cela a été fait (à savoir : de *se livrer* au sens). Mais il ne donne aucune instruction quant aux moyens. Pascal va d'abord tenter de combattre le mal dans le monde : l'utilisation instrumentale de la religion par les jésuites, qui d'ailleurs sont au fond *déjà* des rationalistes modernes relativisant l'éthique et la transformant en *morale provisoire* (fermant par là toute question du sens...)[38]. Mais il se situe, dans ce cas, lui-même sur le «terrain» de l'adversaire et sur un plan de rationalité abstraite qui lui paraît bientôt intenable. Les *Pensées* sont issues de ce *retrait* qui est aussi une ouverture au déchirement de la contradiction et au désarroi de la raison raisonnante. La «joie» du «Mémorial» n'est peut-être accessible, précisément sur le mode d'une *rationalité supérieure* (la «raison du cœur»), que par le passage obligé à travers les «contrariétés» et l'«ennui», pour parler le langage du temps.

Malgré : tout. Malgré l'immense désassurance surgissant du *deuil* de la totalité (*Dieu est caché* et «nous sommes quelque chose, et ne sommes pas tout; ce que nous avons d'être nous dérobe la connaissance des premiers principes, qui naissent du néant; et le peu que nous avons d'être nous cache la vue de l'infini »[39]). Malgré que les « preuves » de ne pas croire semblent l'emporter sur l'existence, maintenue de plus en plus isolément devant l'hégémonie de la raison moderne (cartésienne), d'un sens qui ne peut être *que* transcendant. En effet, nous n'avons « aucun rapport » avec le sens (« Il n'y a nul rapport de moi à Dieu », Fr. Br. 553 sur le « mystère de Jésus »); et une telle *lacune* doit être pensée du point de vue même d'un rationalisme que Pascal connaît « de l'intérieur », pour l'avoir pratiqué dans les sciences — et avec génie[40]. « Ainsi on peut bien connaître, écrit ce *savant* de la physique et des mathématiques nouvelles, qu'il y a un Dieu sans savoir ce qu'il est »[41]. *On peut connaître qu'il y a du sens en tant que nécessité sans savoir ce qu'est le sens*[42] :

« (...) S'il y a un Dieu, il est infiniment incompréhensible, puisque, n'ayant ni parties ni bornes, il n'a nul rapport à nous. Nous sommes donc incapables de connaître ni ce qu'il est, ni s'il est. Cela étant, qui osera entreprendre de résoudre cette question? Ce n'est pas nous, qui n'avons aucun rapport à lui (...) ». (a)

« (...) La raison n'y peut rien déterminer : il y a un chaos infini qui nous sépare (...) ». (b)

Car du sens, point de *démonstration* (causaliste, ou positiviste, ou dialectique positive)[43] :

« - Préface de la seconde partie : Parler de ceux qui ont traité de cette matière.

J'admire avec quelle hardiesse ces personnes entreprennent de parler de Dieu. En adressant leurs discours aux impies, leur premier chapitre est de prouver la Divinité par les ouvrages de la nature. Je ne m'étonnerais pas de leur entreprise s'ils adressaient leurs discours aux fidèles, car il est certain [que ceux] qui ont la foi vive dedans le cœur voient incontinent que tout ce qui est n'est autre chose que l'ouvrage du Dieu qu'ils adorent. Mais pour ceux en qui cette lumière s'est éteinte, et dans lesquels on a dessein de la faire revivre, ces personnes destituées de foi et de grâce, qui, recherchant de toute leur lumière tout ce qu'ils voient dans la nature qui peut les mener à cette connaissance, ne trouvent qu'obscurité et ténèbres; dire à ceux-là qu'ils n'ont qu'à voir la moindre des choses qui les environnent, et qu'ils y verront Dieu à découvert, et leur donner, pour toute preuve de ce grand et important sujet, le cours de la lune et des planètes, et prétendre avoir achevé sa preuve avec un tel discours, c'est leur donner sujet de croire que les preuves de notre religion sont bien faibles; et je vois par raison et par expérience que rien n'est plus propre à leur en faire naître le mépris (...) ».

C'est de cette incapacité démonstrative même que se réclame à la fois la seule improbable certitude du sens *et* la conscience lucide de son absence, de sa «positivité négative»[44] :

« - S'il n'y avait point d'obscurité, l'homme ne sentirait point sa corruption; s'il n'y avait point de lumière, l'homme n'espérerait point de remède. Ainsi, il est non seulement juste, mais utile pour nous que Dieu soit caché en partie, et découvert en partie, puisqu'il est également dangereux à l'homme de connaître Dieu sans connaître sa misère, et de connaître sa misère sans connaître Dieu».

On saisit dès lors, d'une façon non restrictivement religieuse, l'importance du Christ dans la foi pascalienne : *celui-ci a en fait incarné le malgré tout*. Le fragment 553 sur «Le mystère de Jésus» nous l'indique, avec un *pathos* d'une maîtrise extrême ... Jésus a vécu la condition misérable de l'homme abandonné par un Dieu *cependant présent*. Il a «réalisé» cette condition de la rupture avec le sens; il a souffert cette peine et cet abandon dans «l'horreur de la nuit»; il a été «dans l'ennui»; il a connu «l'agonie» et «les plus grandes peines» ... Mais il a en même temps *conservé (pour les hommes) la capacité d'atteindre le sens dans l'exigence de sa question ouverte*. Et cela, contre toute évidence parfois; et à l'encontre de tous les obstacles[45] :

«Jésus cherche quelque consolation au moins dans ses trois plus chers amis et ils dorment; il les prie de soutenir un peu avec lui, et ils le laissent avec une négligence entière, ayant si peu de compassion qu'elle ne pouvait seulement les empêcher de dormir un moment. Et ainsi Jésus était délaissé seul à la colère de Dieu.

Jésus est seul *dans la terre*, non seulement qui ressente et partage sa peine, mais qui la sache : *le ciel et lui son seuls dans cette connaissance.*

Jésus est dans un jardin, non de délices *comme le premier Adam, où il se perdit et tout le genre humain*, mais dans un des supplices, où il s'est sauvé *et tout le genre humain.*

Il souffre cette peine et cet abandon dans l'horreur de la nuit

Je crois que Jésus ne s'est jamais plaint que cette seule fois; mais alors il se plaint comme s'il n'eût plus pu contenir sa douleur excessive : « Mon âme est triste jusqu'à la mort ».

Jésus cherche de la compagnie et du soulagement de la part des hommes. Cela est unique en toute sa vie, ce me semble. Mais il n'en reçoit point, car ses disciples dorment.

Jésus sera en agonie jusqu'à la fin du monde : il ne faut pas dormir pendant ce temps-là.

Jésus au milieu de ce délaissement universel et de ses amis choisis pour veiller avec lui, les trouvant dormant, s'en fâche à cause du péril où ils exposent, non lui, mais eux-mêmes, et les avertit de leur propre salut *et de leur bien avec une tendresse cordiale pour eux* pendant leur ingratitude, *et les avertit que l'esprit est prompt et la chair infirme.*

Jésus, les trouvant encore dormant, sans que ni sa considération, ni la leur les en eût retenus, il a la bonté de ne pas les éveiller, *et les laisse dans leur repos.*

Jésus prie dans l'incertitude de la volonté du Père, *et craint la mort; mais l'ayant connue, il va au-devant s'offrir à elle : Eamus. Processit (Joannes).*

Jésus a prié les hommes, et n'en a pas été exaucé.

Jésus, pendant que ses disciples dormaient, a opéré leur salut. Il l'a fait à chacun des justes pendant qu'ils dormaient, et dans le néant avant leur naissance, et dans les péchés depuis leur naissance.

Il ne prie qu'une fois que le calice passe et encore avec soumission, et deux fois qu'il vienne s'il le faut.

Jésus dans l'ennui.

Jésus, voyant tous ses amis endormis et tous ses ennemis vigilants, se remet tout entier à son Père.

Jésus ne regarde pas dans Judas son inimitié, mais l'ordre de Dieu qu'il aime, et l'avoue, puisqu'il l'appelle ami.

Jésus s'arrache d'avec ses disciples pour entrer dans l'agonie; il faut s'arracher de ses plus proches et des plus intimes pour l'imiter.

Jésus étant dans l'agonie et dans les plus grandes peines, prions plus longtemps.
(...) »

La méditation pascalienne, en sa discontinuité même, nous interroge *radicalement sur la portée de sa propre «réponse»: comment fonder l'éthique; comment «réparer» la dérision; comment échapper à l'irrationalisme; comment vivre la triple dialectique du divertissement, du narcissisme et du désir; comment enfin ne pas savoir où aller?* C'est par rapport à un tel questionnement que nous allons, en passant «du côté» du rationalisme critique, envisager *Jacques le Fataliste* de Diderot.

NOTES

[1] La *vivance* est la conscience lucide du vécu.
[2] Encore faut-il tenir compte, sur un plan strictement stylistique, par exemple, des divers aspects de l'esthétique littéraire du temps; et, sur un plan conceptuel, de l'ensemble de l'histoire des idées.
[3] Cf. D. Anzieu, «Naissance du concept de *vide* chez Pascal», in *Nouvelle revue de psychanalyse*, II, 1975.
[4] Ce propos, ici excessivement schématisé, concerne de très vastes problèmes à la fois théoriques (la validité d'une psycho-pathologique, la «logique de

l'exclusion» — que l'on retrouvera, différemment modalisée, aussi chez Hölderlin —) et «empiriques» (l'ensemble des relations intellectuelles et littéraires dans lequel vient s'insérer l'œuvre de Pascal) qu'il n'est pas possible de développer dans les limites du présent ouvrage.

[5] La maladie paraît donc le quitter durant le moment d'intégration mondaine. Quelle que soit l'analyse du phénomène et l'interprétation qu'on en propose, il n'en reste pas moins éminemment *significatif* : Pascal n'a pas maintenu (volontairement ou non: c'est une autre histoire ...) son espèce de *guérison mondaine* (la «logique» de l'insertion, de l'accommodement).

[6] Cf. le Fr. Br. 144, déjà cité.

[7] Il faut comprendre «communion et entente» avec autrui, avec les autres hommes (cf. L. Brunschvicg, *Blaise Pascal*).

[8] «J'ai été trompé: il y en a encore moins qui l'étudient [= l'homme] que la géométrie». Bien entendu, il peut s'agir là de ce qu'on appelle, en psychanalyse, une *compulsion vérificatoire* (on «vérifie» inconsciemment ce qu'on «savait» déjà). Mais cela ne change rien aux *données internes* du problème (ni à sa compréhension *immanente*). On n'aborde pas ici, pour le moment, l'explication critique (externe) du phénomène.

[9] On ne reprend ici que *certains éléments* de la biographie de Pascal. Celle-ci est donc fortement schématisée. Pour plus de détails, voir J. Mesnard, *Pascal, l'homme et l'œuvre*. Paris, Boivin, 1951 (Attention: notre conception à la fois de la biographie de l'auteur et des *Pensées* s'oppose sur plusieurs points à la thèse qui sous-tend cette monographie).

[10] Dans une très abondante bibliographie (dont les travaux classiques sur la littérature religieuse du XVIIe siècle de H. Bremond, H. Busson, J. Calvet, etc.): G. Delassault, *La pensée janséniste en dehors de Pascal*.

[11] Cf. le «Mémorial», cité.

[12] Qui correspond aussi à un *retrait* par rapport aux positions de *combat* dans le monde (les *Provinciales*).

[13] Rappelons que pour Pascal la foi se confond avec la capacité éthique (et réciproquement): de même qu'il rejette la religion sociologique, il ne peut admettre une quelconque «morale provisoire».

[14] Fr. Br. 131. Nous soulignons. Chaque terme compte, qui désigne, avec une précision aiguë, l'un des aspects de la «misère de l'homme sans Dieu» mais aussi de la dépression abandonnique (sentiment de *néant*, d'*abandon*, etc.) et de sa «réponse» névrotique (*ennui, noirceur, tristesse*, etc.).

[15] Voir plus haut.

[16] En psychanalyse: d'avoir été traumatiquement arraché à la fusion primitive ou d'avoir été trop précocement dans le manque à l'égard de toute actualisation possible d'une telle fusion. Cf. notamment G. Guex, *La névrose d'abandon*. Paris, PUF, 1950.

[17] Fr. Br. 205 et 206.

[18] Encore faut-il le secours de la *grâce*...

[19] Cf. Nicolas Pavillon (Lettre à Antoine Arnauld): «Que si nous espérons, c'est contre l'espérance».

[20] On pourrait, pragmatiquement, illustrer cette notion de «malgré tout» par un propos de Simone Veil qui disait *en substance* ceci, au sujet de son expérience concentrationnaire sous le nazisme: «Qui aurait pu croire, au bout de la misère,

dans l'absence de toute information vérifiable, à l'éventualité, pour nous, juifs confrontés au seul horizon de la mort dans des conditons de sauvagerie bestiale, à l'avènement d'un Etat qui serait le nôtre, et qui fut fondé, quelques mois plus tard, en 1947...». Il n'y avait aucune raison raisonnable de croire cela, *ou quoi que ce soit de cet ordre* d'une positivité possible.

[21] Il s'agit d'une question controversée et complexe dans le détail de laquelle on n'entrera pas ici.

[22] Fr. Br. 416, 430 (A.P.R. = A Port-Royal). Nous soulignons.

[23] Comparer avec Hegel, où chaque paradoxe apparent n'est qu'un moment de sa résolution dans le dépassement de la synthèse. En fait le paradoxe n'y a pas d'existence «efficace».

[24] ... celle du «roseau pensant».

[25] Voir plus haut: Ehrenzweig.

[26] Voir plus loin les trois dialectiques du divertissement, du narcissisme et du désir.

[27] Le sens pour Pascal ne pouvait être que Dieu (ne serait-ce que dans les conditions historico-idéelles où s'élabore sa pensée). Ceci pour deux raisons au moins. Tout d'abord 1°, dans la culture qui est la sienne (spécifiquement et généralement), antérieure à la mort de Dieu, seul celui-ci peut «représenter» ce qu'on appelle ici le sens (dans une acception moderne, postérieure à la mort de Dieu). On a déjà vu que pour Adorno c'est *une certaine vision de l'art* (non l'art «en soi») qui effectue cette «représentation» de l'indésignable. Dans la perspective où l'on se situe ici (et qui n'est pas celle de l'histoire de ces «représentations»), ce qui importe n'est pas le «nom du sens» mais, d'une part, l'exigence de celui-ci comme étant irréductible à tous les discours «censés savoir»; d'autre part, le caractère nécessairement transcendant de la «position» du sens. Cette transcendance procède évidemment *pour nous* de l'attitude, du projet et du pari qui la *motive*. Elle ne présente donc *aucune connotation spiritualiste* (au contraire, elle renvoie le spiritualisme à un discours fermé de la «réponse»). Ensuite 2°, Pascal voit dans l'avènement du rationalisme cartésien la *liquidation* de la question du sens (de Dieu) — ou du moins le risque de celle-ci qui s'annonce. Il est, de ce fait même, porté à «défendre» l'existence de Dieu avec plus de rigueur et de *pathos* encore ... On y revient par la suite.

[28] Cf. Fr. Br. 4: «(...) Se moquer de la philosophie, c'est vraiment philosopher».

[29] Celui qui s'offre dans le «don immaîtrisé de soi».

[30] Cf., dans le premier chapitre, la réflexion à partir de Heine et de Voltaire sur celui qui veut «rendre compte de tout».

[31] Voir la préface d'Etienne Périer, fils de Gilberte et neveu de Blaise, qui fut publiée en tête de l'édition de Port-Royal (1670).

[32] Condorcet (1776), Bossut (1779), puis de nombreuses éditions plus rigoureusement philologiques au XIXe siècle.

[33] On dispose d'une édition moderne «sur la copie» confrontée au manuscrit, par Ph. Sellier (1976). Les deux grandes éditions modernes «classiques» sont celles de Lafuma et de Brunschvicg. La première suit celle de Z. Tourneur, «sur la copie». La seconde présente un classement raisonné en treize sections. On utilise généralement la numérotation de celle-ci.

[34] Voir chapitre II, *Deuxième partie*: Ehrenzweig.

[35] Fr. Br. 19, 20, 22, 23.

[36] Comparer cette réflexion (qui pourrait être ... d'Adorno!) avec le jugement d'E. Périer (qui figure en tête de la plupart des éditions) où il est, précisément, question de la «confusion» des *Pensées*...
[37] Fr. Br. 229.
[38] Cf. les *Provinciales*.
[39] Fr. Br. 72. Cf. aussi Fr. Br. 194: «(...) Mais puisqu'elle [= la religion chrétienne] dit, au contraire, que les hommes sont dans les ténèbres et dans l'éloignement de Dieu, qu'il est caché à leur connaissance, que c'est même le nom qu'il se donne dans les Ecritures, *Deus absconditus* (...)».
[40] Fr. Br. 556:
«(...) Et c'est pourquoi je n'entreprendrai pas ici de prouver par des raisons naturelles, ou l'existence de Dieu, ou la Trinité, ou l'immortalité de l'âme, ni aucune des choses de cette nature; *non seulement parce que je ne me sentirais pas assez fort pour trouver dans la nature de quoi convaincre des athées endurcis*, mais encore parce que cette connaissance, sans Jésus-Christ, est inutile et stérile. Quand un homme serait persuadé que les proportions des nombres sont des vérités immatérielles, éternelles et dépendantes d'une première vérité en qui elles subsistent, et qu'on appelle Dieu, je ne le trouverais pas beaucoup avancé pour son salut (...)».
[41] Fr. Br. 233.
[42] *Idem*.
[43] Fr. Br. 242.
[44] Fr. Br. 586.
[45] Fr. Br. 553. Nous soulignons.

Chapitre 2
L'ironie de la liberté comme utopie

Ce que Pascal entend préserver, c'est un espace irréductible et spécifique : celui de la foi, de la valeur, de l'éthique — où se dramatise la question du sens. Ce qu'il entend contester, c'est la prétendue omniscience d'une raison raisonnante qui rendrait compte de tout, liquiderait le tragique par une déontologie de la réponse (du progrès), fonderait *le positif acquis* de la situation existentielle de l'homme : une *ratio* optimiste et heureuse *par principe*, figée et fermée en système. De cette entreprise on a proposé ici une lecture non croyante; ou plutôt un mode d'adoption possible de l'*enjeu pascalien* qui ne soit pas fidéiste. Une telle interprétation est au moins concevable pour trois raisons :

1. elle *médiatise* les *Pensées* par la dialectique négative (Adorno) qui *reformule* la recherche pascalienne dans une «inquiétude» rigoureusement athée[1];

2. elle *s'incrit dans le signifiant* des *Pensées* dont la *discontinuité ne mène évidemment vers aucune fin prédéterminée* (la foi n'est est pas l'ultime aboutissement : nous n'y sommes pas nécessairement conduits à sa révélation finale);

3. *elle permet de recevoir ce signifiant* (de ne pas le nier, le refouler, etc.) *dans son rapport avec la médiation dialectique négative à laquelle il a été fait recours* (cf. 1.): c'est parce que le *credo* pascalien n'est pas le message obligatoirement terminal des *Pensées* que l'on peut, à la fois, respecter la discontinuité de celles-ci *et* les adopter d'un point de vue *non nécessairement* chrétien[2].

Comprenons bien: c'est parce que, *d'une certaine façon*, Pascal *est* cartésien[3] qu'il s'oppose à Descartes[4]. Et c'est parce que, *d'une certaine façon*, il *est* rationaliste, qu'il fait le procès du rationalisme. Car de celui-ci il ne peut admettre, mais alors *en aucune façon*, la pragmatisation de l'éthique. Et il est vrai que celle-ci est à ce point incompatible avec le rationalisme abstrait que Descartes ne parvient pas à concevoir une morale autre que provisoire (relative, sociologique, déterminée, localisée)[5]. *Pour vivre*, pour le sens de la vie, c'est-à-dire pour que celle-ci ne soit pas condamnée à l'enregistrement du *ce qui est doit être* (éventuellemnt améliorable par le progrès, la science, le travail, etc.)[6], «Descartes (est) inutile et incertain»[7].

Lorsque Diderot entreprend d'écrire *Jacques le Fataliste*, c'est pour «compenser» son désir de rédiger un *traité de morale*: une forme romanesque déceptive va remplacer l'impossible système[8]. Cet anti-roman problématise une question qui nous renvoie à nouveau au sens et à la valeur: *comment «sauver» la liberté lorsqu'on est déterministe*? Il n'est point donné de réponse définitive quelconque à cette interrogation. *La seule solution proposée réside dans une certaine formalisation, négative et discontinue, d'un questionnement dont la signification est l'immanence même et qui, dès lors, ne sera pas fermé.* Chez Pascal aussi point de «discours» moral systématisé: un lieu est irréductiblement circonscrit pour accueillir l'éthique — mais *c'est le lieu de son principe, de son impératif et de sa revendication*; non celui de son exposition doxologique ordonnée. On a vu que cette réflexion pascalienne est auto-réflexive : l'auteur des *Pensées* critique les conséquences (quant au sens) de son propre rationalisme (qu'il n'abandonne pas *en tant que tel*, mais dont il veut fixer les limitations ontologiques[9]). Diderot est matérialiste athée (après avoir été déiste, puis sceptique), et, dans *Jacques,* il réagit notamment contre les *effets de systématisation* de sa propre position philosophique (celle de la *Lettre sur les aveugles* — quant à l'athéisme —, celle du *Rêve de d'Alembert* — quant au matérialisme biologique et au déterminisme[10]). Plus précisément : *il tente d'ouvrir le champ problématique d'une réfutation* (qu'il a déjà faite *en règle*[11], dans une période qui comprend l'élaboration de *Jacques*, en critiquant l'ouvrage posthume d'Helvétius[12] intitulé *L'homme*, qui théorise systématiquement une explication absolument déterministe du destin humain). Pour l'auteur du *Neveu de Rameau*, l'éthique est mise en péril par l'excès d'une systématisation déterministe dont il s'agit de «restreindre»[13] l'hégémonie. Bien plus[14], celle-ci met en cause la relation de l'individu avec la communauté et justifie le despotisme éclairé (de ceux qui ont prétendument accès au *point de visée de la totalité*, d'où ils se donnent le droit d'«ordonner» le monde) :

«- Rien de meilleur, dit le roi de Prusse dans un discours prononcé à l'Académie de Berlin, que le gouvernement arbitraire sous des princes justes, humains et vertueux.

Et c'est vous, Helvétius, qui citez en éloge cette maxime d'un tyran ! Le gouvernement arbitraire d'un prince juste et éclairé est toujours mauvais. Ses vertus sont la plus dangereuse et la plus sûre des séductions : elles accoutument insensiblement un peuple à aimer, à respecter, à servir son successeur quel qu'il soit, méchant et stupide. Il enlève au peuple le droit de délibérer, de vouloir ou ne vouloir pas, de s'opposer même à sa volonté, lorsqu'il ordonne le bien; cependant ce droit d'opposition, tout insensé qu'il est, est sacré : sans quoi les sujets ressemblent à un troupeau dont on méprise la réclamation, sous prétexte qu'on le conduit dans de gras pâturages. En gouvernant selon son bon plaisir, le tyran commet le plus grand des forfaits. Qu'est-ce qui caractérise le despote ? est-ce la bonté ou la méchanceté ? Nullement; ces deux notions n'entrent pas seulement dans sa définition. C'est l'étendue et non l'usage de l'autorité qu'il s'arroge. Un des plus grands malheurs qui pût arriver à une nation, ce seraient deux ou trois règnes d'une puissance juste, douce, éclairée, mais arbitraire : les peuples seraient conduits par le bonheur à l'oubli complet de leurs privilège, au plus parfait esclavage. Je ne sais si jamais un tyran et ses enfants se sont avisés de cette redoutable politique; mais je ne doute aucunement qu'elle ne leur eût réussi. Malheur aux sujets en qui l'on anéantit tout ombrage sur leur liberté, même par les voies les plus louables en apparence. Ces voies n'en sont que plus funestes pour l'avenir. C'est ainsi que l'on tombe dans un sommeil fort doux, mais dans un sommeil de mort, pendant lequel le sentiment patriotique s'éteint, et l'on devient étranger au gouvernement de l'Etat. Supposez aux Anglais trois Elisabeth de suite, et les Anglais seront les derniers esclaves de l'Europe» [15].

Nous sommes donc, cette fois, avec Diderot, « du côté » d'un rationalisme moderne complet : la question du sens y est *déplacée* par le philosophe des Lumières; mais on remarque qu'elle est, à nouveau, maintenue ouverte contre le systémisme — et formalisée dans une discontinuité qui défait celui-ci. C'est que l'auteur de *Jacques* distingue la *rationalité expérimentale*[16] (que Pascal n'a jamais mise en doute et qu'il a « pratiquée ») de la *ratio* abstraite au nom de laquelle on organiserait une axiomatique. Il défend la première sur le plan de l'épistémologie; *mais, par là, il en relativise nettement la portée, et il en limite a priori l'idéologisation.* Cependant, cette relativisation et cette limitation ne doivent pas empêcher le déploiement d'un dessein[17] — à condition de savoir celui-ci condamné à être un jour, tôt ou tard, *ruiné*; et il ne s'agit pas d'échanger l'esprit de système contre un empirisme myope[18] :

«*Recueillir et lier les faits, ce sont deux occupations bien pénibles; aussi les philosophes les ont-ils partagées entre eux. Les uns passent leur vie à rassembler des matériaux, manœuvres utiles et laborieux; les autres, orgueilleux architectes, s'empressent à les mettre en œuvre. Mais le temps a renversé jusqu'aujourd'hui presque tous les édifices de la philosophie rationnelle. Le manœuvre poudreux apporte tôt ou tard, des souterrains où il creuse en aveugle, le morceau fatal à cette architecture élevée à force de tête; elle s'écroule; et il ne reste que des matériaux confondus pêle-mêle, jusqu'à ce qu'un autre génie téméraire* en entreprenne une combinaison nouvelle. *Heureux le philosophe systématique à qui la nature aura donné, comme autrefois à Epicure, à Lucrèce, à Aristote, à Platon, une imagination forte, une grande éloquence, l'art de présenter ses idées sous des images frappantes et sublimes! L'édifice qu'il a construit pourra tomber un jour; mais sa statue restera debout au milieu des ruines; et la pierre qui se détachera de la montagne ne la brisera point, parce que les pieds n'en sont pas d'argile ».*

« *Nous avons distingué deux sortes de philosophies, l'expérimentale et la rationnelle. L'une a les yeux bandés, marche toujours en tâtonnant, saisit tout ce qui lui tombe sous les mains, et rencontre à la fin des choses précieuses. L'autre recueille ces matières précieuses, et tâche de s'en former un flambeau; mais ce flambeau prétendu lui a, jusqu'à présent, moins servi que le tâtonnement à sa rivale, et cela devait être. L'expérience multiplie ses mouvements à l'infini; elle est sans cesse en action; elle met à chercher des phénomènes tout le temps que la raison emploie à chercher des analogies.* La philosophie expérimentale ne sait ni ce qui lui viendra, ni ce qui ne lui viendra pas de son travail; *mais elle travaille sans relâche. Au contraire, la philosophie rationnelle pèse les possibilités, prononce et s'arrête tout court. Elle dit hardiment:* on ne peut décomposer la lumière: *la philosophie expérimentale l'écoute, et se tait devant elle pendant des siècles entiers; puis tout à coup elle montre le prisme, et dit:* la lumière se décompose »[19].

Dieu est mort et, avec lui, la *représentation imaginaire du sens*[20]: pour Diderot « la foi est un principe chimérique ». Ce que Pascal craignait s'est déroulé (de Descartes aux Lumières *via* l'empirisme anglais ...) mais ne s'est pas effectué dans le *fatum* de ses conséquences. Car, paradoxe fondamental, *ce que Pascal pressentait est* **aussi** *ce que Diderot, de l'intérieur même du rationalisme, combat: la suppression de la question du sens.* Celle-ci est apparemment *détranscendantalisée* et offerte à la responsabilité de l'homme, devenant le problème de sa liberté. *Mais un tel déplacement* — Diderot en a conscience — *risque de la faire disparaître, soit par effondrement dans la contingence de la subjectivité, soit par enfermement dans la logique totalisante d'une positivation absolue.* Pour Pascal, comme d'ailleurs pour Adorno, la *cohérence* est l'idée régulatrice essentielle de la pensée et de l'expression. Mais ce ne peut être qu'une cohérence *autre* que celle de l'*a priori* et du planifié: une cohérence de la *différence*, donc potentialisée par l'attitude qui la cherche, le projet (le dessein) qui l'exige et le pari qui seul en autorise la recherche et l'exigence :

> *« (...) Donc toutes choses étant causées et causantes, aidées et aidantes, médiates et immédiates, et toutes s'entretenant par un lien naturel et insensible qui lie les plus éloignées et les plus différentes, je tiens impossible de connaître les parties sans connaître le tout, non plus que de connaître le tout sans connaître particulièrement les parties (...) »*[21].

> *« (...)* Cette harmonie esthétique est, par rapport à ses éléments, quelque chose de négatif; *elle « dissonne » par rapport à eux : il advient à ceux-ci quelque chose de semblable à ce qui arrivait jadis en musique aux sons isolés dans la pure consonance, à l'accord parfait. C'est ainsi que l'harmonie esthétique se qualifie elle-même comme moment. L'esthétique traditionnelle se trompe en ce qu'elle exagère ce moment, la relation du tout aux parties,* au tout absolu, en l'érigeant en totalité. *Par cette confusion, l'harmonie devient le triomphe sur l'hétérogène et* l'emblème d'une positivité illusoire. L'idéologie philosophico-culturelle pour qui le clos, le sens, et la positivité *sont synonymes, se réduit régulièrement à une* laudatio temporis acti. *Autrefois, dans les sociétés closes, chaque œuvre dit-on, avait sa place, sa fonction et sa légitimation; on l'appréciait pour sa clôture. Tandis qu'aujourd'hui, l'on construit* dans le vide, *condamnant l'œuvre* à l'échec, *même en soi. La teneur de telles considérations, qui se tiennent à une trop sûre distance de l'art et se croient à tort supérieures aux nécessités intra-esthétiques, est si évidente qu'il est préférable de les ramener à leur juste signification plutôt que de les supprimer abstraitement à cause de leur rôle et, du fait qu'on n'y souscrit pas, de les conserver dans la mesure du possible. L'œuvre d'art n'a aucunement besoin d'un ordre* a priori *dans lequel elle serait reçue, protégée et acceptée.*
> Si de nos jours rien n'est plus cohérence, c'est parce que jadis la cohérence était une fausse cohérence *(...) »*[22].

Pour Diderot aussi, « sans l'idée de tout, plus de philosophie »[23]. *Mais ce tout ne s'accorde pas totalement*; et même, il se laisse seulement deviner énigmatiquement comme la finalité indéterminée des œuvres brisées et fragmentaires (pensées, dialogues, entretiens, fictions philosophiques ...) que Diderot écrit à l'encontre de la logicité dissertative. « Impossible de connaître les parties sans connaître le tout », et réciproquement : or nous savons bien que, chez Pascal, la théorie des deux infinis d'une part, et la thèse du *Dieu caché*, d'autre part, interdisent à l'homme l'accès à cette totalité. Et, dans l'esthétique d'Adorno, l'art actualise précisément cet interdit en même temps qu'il est incompréhensible sans l'harmonie qu'il appelle et qui s'y dérobe. Le problème central de Diderot (comme celui de Pascal) n'est donc pas le fameux : si Dieu est mort, tout est-il permis ? — puisque, de toute manière, la totalité n'est pas de l'ordre d'une antériorité concevable; mais bien : *sur quoi parier pour qu'il y ait du sens comme possiblement vivable, hors toute prétention à savoir du sens autre chose que la nécessité de sa question*. C'est celle-ci que Diderot pose au traité d'Helvétius, c'est-à-dire (comme dans le cas de Pascal) *à une part de lui-même* : par là il *discontinue* le mouvement de sa propre réflexion — ce dont *Jacques* témoigne dans la forme d'un pari «malgré tout» sur la liberté. Par là, l'œuvre de Diderot *détrompe* celle de Pascal, mais en ressaisissant de celle-ci toute la pertinence. En effet, elle situe en son *centre insituable* une notion «asystématique par essence» — la liberté. Et, de ce fait même, elle rejoint «non pas l'évidence univoque de Descartes, mais plutôt l'évidence équivoque de Pascal, celle qui est évidence simultanée des contraires». Le rapport de *Jacques* aux *Pensées* est donc à la fois une relation (formelle et significative) de *déplacement* et de *reconversion*. La positivité infondable (hors le pari) de Dieu est reformulée sur le mode de la liberté à propos de laquelle (comme au sujet du *Deus absconditus*) «une assertion simple n'est jamais que moment dans une dialectique oscillante qui alternativement nous renvoie du Contre au Pour, puis du Pour au Contre »[24]. Une négativité radicale — celle qui n'admet pas *ce qui est* et qui en récuse la *raison d'être* — est paradoxalement, déceptivement et ironiquement la seule positivité envisageable : par exemple, Diderot est confronté avec cette assurance qu'il s'agit de *déjouer*, que «c'est toujours le déterministe qui paraît avoir raison», selon une formule de Bergson *(La pensée et le mouvant)*. Le seul horizon de cette négativité positive (positivité négative), dans les deux cas (Pascal, Diderot), est l'*exigence de la valeur*, qui «sauve» la question du sens. Celle-ci demeure ouverte en tant que *protestation de l'imprévisible*: c'est bien ce que «démontre» *Jacques le Fataliste* (le déterministe a toujours raison, seulement c'est *après coup*).

«Que l'homme, étant revenu à soi, considère ce qu'il est au prix de ce qu'il est; qu'il se regarde comme égaré dans ce canton détourné de la nature; et que, de ce petit cachot où il se trouve logé: j'entends l'univers, il apprenne à estimer la terre, les royaumes, les villes et soi-même son juste prix. Qu'est-ce qu'un homme dans l'infini?» (Fr. Br. 72). La perspective de l'incommensurable ouvre sur l'infinitude de la *dérision* humaine: c'est bien l'incontournable conclusion où mène la négativité. Tout le problème (qui devient *alors seulement* la question du sens) est de savoir comment *prendre position* (et *à quel acte symbolique* recourir) par rapport à cette «misère»: quelle «critique de la dérision» pouvons-nous opérer qui soit susceptible d'en *contre-effectuer* l'inéluctable fatalité? Ce n'est évidemment pas l'aspect métaphysique et psycho-existentiel d'une telle interrogation qui nous requiert ici, et nous n'avons pas à nous préoccuper de la recevabilité, de la «validité» relative des différentes résolutions proposées à cet égard (des promesses téléologiques aux thérapies du deuil des illusions, des commandements de l'ascétisme moral aux hédonismes de la vanité sceptique ...). Nous intéresse la relation d'une formalisation discontinue de la pensée et de l'expression *avec la négativité assumée comme nécessité de la limite* (celle-ci confrontant l'homme avec l'infini). En effet, par la disruption du finalisme[25], la discontinuité actualise le problème de la dérision en question du sens[26]:

> «*Car enfin, qu'est-ce que l'homme dans la nature? Un néant à l'égard de l'infini, un tout à l'égard du néant, un milieu entre rien et tout.*

Infiniment éloigné de comprendre les extrêmes, la fin des choses et leur principe sont pour lui invinciblement cachés dans un secret impénétrable, également incapable de voir le néant d'où il est tiré, et l'infini où il est englouti » [27].

Pascal détruit le roman de l'existence qui se raconte dans et par le divertissement [28]. C'est le *roman comme genre* qui fait notamment l'objet du travail de la déceptivité dans *Jacques*. Dans le premier cas, l'effet de la dérision provoque l'impossibilité du traité ou du système. Dans le second, cette impossibilité « ayant déjà eu lieu », s'étant déjà imposée (*à la fois* parce que l'éthique ne peut advenir dans la systématisation d'un rationalisme abstrait [28] *et* parce que l'auteur, quoique rationaliste au sens moderne cette fois, récuse *en même temps* l'hégémonie d'une telle systématisation [29]), c'est le signifiant romanesque (comme « système » imaginaire du divertissement) qui est livré au travail du négatif. De toute manière, « la réalité de l'être » demeure une énigme : celle de son sens. Pour Pascal, comme pour Diderot, celle-ci pourrait se formuler schématiquement de la façon suivante : que devient la valeur si tout dépend du primat d'une raison raisonnante censée refléter la détermination de ce qui est ? Certes, il y a entre les deux penseurs une différence capitale. Le premier, en « un combat retardateur, (lutte) contre l'axiomatisation du domaine humain par l'intellectualisme moderne triomphant » [30]. Le second a intégré et assumé l'ensemble du rationalisme, tel qu'il peut se concevoir en son temps, et c'est *à l'intérieur de celui-ci*, cette fois, qu'il situe l'énigme : que devient la liberté humaine si le monde est régi par un déterminisme que *cependant* il faut bien, sur le plan de la rationalité abstraite, accepter comme étant l'identité de ce monde ? Comment, à nouveau, *réagir* à la dérision qui procède de la conscience d'une telle identité (par exemple : le bien et le mal ne sont-ils que pure illusion ? ... [31]) ; ou encore : comment défaire l'évidence de ce déjà-là, en surmonter la fatalité, afin de libérer le « contenu de vérité » d'un possible humain non condamné par avance à la vanité de ce qui est ? Pascal réagit par le pari sur Dieu, dont il ne s'agit pas de récupérer le geste par un « intérêt » quelconque : il va sans dire que Dieu n'en serait évidemment pas dupe et que, par ailleurs, rien quant à la valeur ne serait « sauvé » de la raison raisonnante (bien au contraire ...). Ce pari catégorique du « malgré tout », est déplacé (et replacé) *dans le rationalisme* par Diderot (pour qui l'univers est vide, assurément, de tout Dieu). C'est précisément celui d'une liberté indémontrable même si elle présente beaucoup de « signes » empiriques.

> *« D'après ce système, on pourrait imaginer que Jacques ne se réjouissait, ne s'affligeait de rien; cela n'était pourtant pas vrai. Il se conduisait à peu près comme vous et moi. Il remerciait son bienfaiteur, pour qu'il lui fît encore du bien. Il se mettait en colère contre l'homme injuste; et quand on lui objectait qu'il ressemblait alors au chien qui mord la pierre qui l'a frappé : 'Nenni, disait-il, la pierre mordue par le chien ne se corrige pas; l'homme injuste est modifié par le bâton'. Souvent il était inconséquent comme vous et moi, et sujet à oublier ses principes, excepté dans quelques circonstances où sa philosophie le dominait évidemment... »* [33].

Le philosophe des Lumières critique d'ailleurs l'interprétation *utilitariste* du pari de Pascal. Cependant, puisqu'il a opté pour le rationalisme (comme seul horizon épistémique envisageable dans le monde moderne), il ne peut en comprendre la signification profonde, alors même que celle-ci est en fait beaucoup plus proche de sa propre position éthico-existentielle qu'on ne pourrait le croire à première vue. En effet, le *credo* pascalien, qui suppose la grâce, ne peut nullement l'accorder : et rien n'est joué dans l'acte de foi quant à une immanence de la certitude (Dieu ne nous en est pas redevable). C'est même ce paradoxe qui fonde le pari en valeur *et dès lors crée de la valeur*. Or pour Diderot, il s'agit de concevoir celle-ci quand bien même, cette fois, *il y a une « certitude »* immanente (qui est la condition de notre *« incertitude »* essentielle) — celle, précisément, que Dieu n'existe pas (ou que son existence est sans importance en ce qui conerne le devenir humain), *et qu'il n'y a rien à attendre*:

« (...)
>
> *La maréchale*
> *Que gagnez-vous donc à ne pas croire?*
>
> *Diderot*
> *Rien du tout, madame la maréchale. Est-ce qu'on croit, parce qu'il y a quelque chose à gagner?*
>
> *La maréchale*
> *Je ne sais; mais la raison d'intérêt ne gâte rien aux affaires de ce monde ni de l'autre.*
>
> *Diderot*
> *J'en suis un peu fâché pour notre pauvre espèce humaine. Nous ne valons pas mieux.*
>
> *La maréchale*
> *Mais quoi! vous ne volez point?*
>
> *Diderot*
> *Non, d'honneur.*
>
> *La maréchale*
> *Si vous n'êtes ni voleur ni assassin, convenez du moins que vous n'êtes pas conséquent.*
>
> *Diderot*
> *Pourquoi donc?*
>
> *La maréchale*
> *C'est qu'il me semble que si je n'avais rien à espérer ni à craindre, quand je n'y serai plus, il y a bien de petites douceurs dont je ne me priverais pas, à présent que j'y suis. J'avoue que je prête à Dieu à la petite semaine.*
>
> *Diderot*
> *Vous l'imaginez.*
>
> *La maréchale*
> *Ce n'est point une imagination, c'est un fait.*
>
> *Diderot*
> *Et pourrait-on vous demander quelles sont ces choses que vous vous permettriez, si vous étiez incrédule?*
>
> *La maréchale*
> *Non pas, s'il vous plaît; c'est un article de ma confession.*
>
> *Diderot*
> *Pour moi, je mets à fonds perdu.*

> *La maréchale*
> C'est la ressource des gueux.
> *Diderot*
> M'aimeriez-vous mieux usurier?
> *La maréchale*
> Mais oui; on peut faire l'usure avec Dieu tant qu'on veut: on ne le ruine pas. Je sais bien que cela n'est pas délicat, mais qu'importe? Comme le point est d'attraper le ciel, d'adresse ou de force, il faut tout porter en ligne de compte, ne négliger aucun profit. Hélas! nous aurons beau faire, notre mise sera toujours bien mesquine en comparaison de la rentrée que nous attendons. Et vous n'attendez rien, vous?
> *Diderot*
> Rien.
>
> (...) »[34]

« La science des choses extérieures ne me consolera pas de l'ignorance de la morale, au temps d'affliction; mais la science des mœurs me consolera toujours de l'ignorance des sciences extérieures »[35]. Pascal, pour qui « toute notre dignité consiste donc en la pensée (...) », n'est point irrationaliste en ce qu'il ne rejette pas la validité spécifique de « la science des choses extérieures » qu'il pratique lui-même. Ce qu'il affirme, c'est que celle-ci n'offre pas de modèle de raisonnement (ni formel, ni significatif) pour une « science des mœurs » qui, elle-même, ne peut être ordonnée que du point de vue d'une totalité, ontologiquement hors d'atteinte, et n'est donc saisissable qu'en tant que *recherche de la valeur absente et pourtant exigée dans sa présence* (ce qui revient à poser la question du sens):

« *Deux excès: exclure la raison, n'admettre que la raison* ». (Fr. Br. 253).

Certes le sens acquiert chez Pascal la « représentation » de Dieu, et on pourrait situer les *Pensées* entre l'antériorité obscurcie de celui-ci et sa découverte dans l'émerveillement lumineux d'une foi enfin « positive ». Pourtant ce n'est pas le cas, et le signifiant discontinu de l'œuvre nous le prouve *formellement*. Tout d'abord, c'est *déjà* par un acte d'intellection qui suppose le pari en attente que Pascal

« reconnaît » Dieu dans le moment d'extase fixé par le « Mémorial » et dont nous avons proposé une réception « externe », non fidéiste, recourant au structuralisme génétique[36]. Mais, d'autre part, cet acte d'intellection lui-même, dramatisé lors de la crise de 1654, présente une efficace significative qui ne s'effectue dès lors pas dans la « réponse », *mais dans le fait de répondre malgré la non-réponse d'un déjà-là extérieur, comme seule positivité négative (négativité positive) concevable par la « raison du cœur ».* C'est pourquoi Pascal s'oppose *tout autant* à l'« imagination »[37] :

« Imagination. — C'est cette partie décevante dans l'homme, cette maîtresse d'erreur et de fausseté, et d'autant plus fourbe qu'elle ne l'est pas toujours; car elle serait règle infaillible de vérité, si elle l'était infailliblement du mensonge. Mais, étant le plus souvent fausse, elle ne donne aucune marque de sa qualité, marquant du même caractère le vrai et le faux.

Je ne parle pas des fous, je parle des plus sages; et c'est parmi eux que l'imagination a le grand don de persuader les hommes. La raison a beau crier, elle ne peut mettre le prix aux choses.

Cette superbe puissance, ennemie de la raison, qui se plaît à la contrôler et à la dominer, pour montrer combien elle peut en toutes choses, a établi dans l'homme une seconde nature. Elle a ses heureux, ses malheureux, ses sains, ses malades, ses riches, ses pauvres; elle fait croire, douter, nier la raison; elle suspend les sens, elle les fait sentir; elle a ses fous et ses sages: et rien ne nous dépite davantage que de voir qu'elle remplit ses hôtes d'une satisfaction bien autrement pleine et entière que la raison. Les habiles par imagination se plaisent tout autrement à eux-mêmes que les prudents ne se peuvent raisonnablement plaire. Ils regardent les gens avec empire; ils disputent avec hardiesse et confiance; les autres, avec crainte et défiance: et cette gaîté de visage leur donne souvent l'avantage dans l'opinion des écoutants, tant les sages imaginaires ont de faveur auprès des juges de même nature. Elle ne peut rendre sages les fous; mais elle les rend heureux, à l'envi de la raison qui ne peut rendre ses amis que misérables, l'une les couvrant de gloire, l'autre de honte ».

(...)

« Le plus grand philosophe du monde, sur une planche plus large qu'il ne faut, s'il y a au-dessus un précipice, quoique sa raison le convainque de sa sûreté, son imagination prévaudra. Plusieurs n'en sauraient soutenir la pensée sans pâlir et suer (...) ».

Une telle mise au point est d'autant plus importante que la discontinuité peut, bien entendu, devenir la *forme symptomale* d'un véritable irrationalisme à tendance mystique : dans les *« Aphorismes sprirituels et sentences rimées »* (1675) d'Angelus Silesius (Johannes Scheffer), par exemple ; dans certains aspects de l'*illuminisme*[38] (les 1137 fragments qui composent *Mon portrait historique et philosophique* par Saint-Martin[39], les aphorismes de Karl von Eckhartshausen[40], etc.); chez les «Naturphilosophen»[41] du XVIIIe siècle allemand ...; et souvent dans le romantisme en général[42]. Pourquoi parler de «forme symptomale»? Parce que la discontinuité ne s'y appréhende qu'en tant que *réaction* contre l'impérialisme triomphant de la rationalité abstraite, comme une option esthético-philosophique qui renvoie à la situation d'impossibilité — de clôture, de blocage — dans laquelle se trouve enfermée et bientôt condamnée au refoulement et à l'oubli, par rapport à une telle hégémonie *réalisée*, la question du sens. Il ne reste alors à celle-ci que la formulation discontinue d'un irrationalisme dont la paradoxale rationalité «supérieure» (celle que l'on disait provenir, à l'époque, du «sentiment»[43]) réside dans *le moment de protestation*, de «plainte» qu'elle exprime, *mais qui n'atteint pas à une actualisation de la positivité négative* (celle-ci n'étant dès lors qu'un horizon d'attente ...). Il convient ici de mesurer aussi, simultanément, combien, à l'ère de l'*Aufklärung* (et sans doute jusqu'à nos jours ...), ce qui fondait le pari pascalien s'est limitativement obscurci en une vraisemblance idéologique (souvent sur la défensive, comme dans le *Dictionnaire* de Nonnotte), en un discours de propagande (par exemple chez la comtesse de Genlis), ou en un catalogue dogmatique (le *Traité* de Duguet), reprochant à la science moderne ses inévitables incertitudes contingentes et profitant de celles-ci pour tenter de maintenir une foi devenue profondément «mensongère» (dans l'acception d'Adorno) et complètement *mondaine* (comme chez l'abbé Du Préaux) : c'est la démarche du *pyrrhonien raisonnable*, ou celle de Lefranc de Pompignan. Et combien la «réponse» rationaliste à cette attitude idéelle dégradée s'est elle-même confondue de plus en plus souvent avec la condamnation sans perspective d'une prétendue «imposture» (on songe évidemment au fameux *Traité des trois imposteurs...*). Au *Dictionnaire philosophique* de Voltaire répond le *Catéchisme philosophique* de F.X. de Feller; des *Pensées* de Pascal on passe au *Traité de la vérité de la religion chrétienne* de Jacques Abbadie, pour qui la religion se suffit d'une seule assurance: «elle se fait sentir aussitôt qu'elle se fait connaître»; et aux «lueurs sombres d'une raison si faible», on oppose les «lumières pures de la foi» (J. Croiset). Dans le même temps, la joie pascalienne devient une *utilité sociale*: «la tristesse ne fut jamais une vertu (...)», écrit Ambroise de Lombez dans un *Traité* dont le chapitre II s'intitule ... «La joie est utile» (à la vertu, aux affaires, à la société) ... On est décidément loin des admirables *Elévations* de Bossuet, et l'on comprend, de ce point de vue, le pessimisme *prospectif* de Pascal quant à l'avenir d'une authentique exigence chrétienne (de sens) à l'époque du triomphe de la raison instrumentale [44].

C'est en tant qu'il est rationaliste, matérialiste et déterministe que Diderot écrit, contre certains de ses alliés idéels dans le matérialisme, *Jacques le Fataliste*: non cette fois pour contester l'omniscience au moins potentielle de la raison, mais pour interdire qu'à partir de celle-ci on puisse «rendre compte de tout» (l'amour, l'amitié, l'esthétique, la liberté — l'ensemble des valeurs). La raison du cœur fait entendre chez le philosophe des Lumières un écho pascalien [45]; et elle revendique aussi ses droits [46]:

« Si je crois que je vous aime librement, je me trompe. Il n'en est rien. O le beau système pour les ingrats! J'enrage d'être empêtré d'une diable de philosophie que mon esprit ne peut s'empêcher d'approuver ni mon cœur de démentir ».

Il ne s'agit évidemment pas pour Diderot de *renoncer* à l'explication rationaliste des phénomènes (y compris psycho-existentiels) sous prétexte qu'une telle investigation pourrait conduire à la suppression du sens. Pour Pascal non plus; mais on a suffisamment montré que le problème se pose différemment dans les *Pensées*. D'une part, Diderot *engage la recherche humaine dans le monde*[47], que Pascal considère comme voué à la dégradation de plus en plus avancée d'une telle quête, dès lors inutile. Mais cette recherche ne se fonde pas sur une *prévisibilité donnée* qui résoudrait (et abolirait) la question du sens : elle la déplace, la reformule, la soumet sans trêve au mouvement du paradoxe, la « relance » contre sa propre attente afin d'en maintenir l'exigence « par devant soi »[48]. D'autre part, c'est la *résistance* de ce qu'elle rencontre qui empêche la pensée de s'effondrer dans la contingence d'un pragmatisme sans inquiétude : par exemple, la liberté humaine, si elle doit être défendue comme *principe*, est d'abord ce qui met le déterminisme en question, donc lui permet *aussi* de se redéfinir. Mais le pragmatisme et le volontarisme (individuel et social) n'en sont pas pour autant niés : en pariant sur la liberté, Diderot renverse aussi le « malgré tout » de Pascal. Car même si, *à la limite*, le monde est le lieu d'une part toujours renaissante d'infâmie, et même si le progrès n'est pas *promis*, c'est précisément *pour cela* qu'il faut parier *sur la capacité inventive de l'homme à créer de la valeur*. Autrement dit, Diderot répond à la triple dialectique négative du divertissement, du narcissisme et du désir qui, chez Pascal, ne peut déboucher que sur le désarroi et la conscience de la dérision, non, bien entendu, par l'optimisme d'un parti-pris rationaliste abstrait, mais par le *retournement* suivant : puisqu'il en est ainsi (puisque la loi de l'identité est incontournable), nous avons le « devoir » éthique (qui suppose la liberté) d'essayer d'être heureux *et* lucide *malgré tout* ce qui nous dit que ce n'est pas possible, mais sans croire qu'il nous soit *annoncé* que cela le soit, *et* tout en conservant à l'égard de ce qui est (dont l'injustice et le mal[49]) le regard le plus critiquement négatif.

Chez Pascal, le *divertissement* est la condition du bonheur (opposé à la «joie» du *Mémorial*); *donc tout bonheur est illusoire, faux*. Au caractère idéologique du bonheur humain, il n'y a, hors le pari et le *credo, rien* à opposer:

«(...) Il n'en faut pas davantage. L'homme, quelque plein de tristesse qu'il soit, si on peut gagner sur lui de le faire entrer en quelque divertissement, le voilà heureux pendant ce temps-là; et l'homme, quelque heureux qu'il soit, s'il n'est diverti et occupé par quelque passion ou quelque amusement qui empêche l'ennui de se répandre, sera bientôt chagrin et malheureux. Sans divertissement, il n'y a point de joie; avec le divertissement, il n'y a point de tristesse. Et c'est aussi ce qui forme le bonheur des personnes de grande condition, qu'ils ont un nombre de personnes qui les divertissent, et qu'ils ont le pouvoir de se maintenir en cet état (...)». (Fr. Br. 139).

Le divertissement s'origine dans le narcissisme qui est l'incapacité à s'admettre tel qu'on est afin de se faire aimer (point d'autre moyen de l'être dans le monde de la dégradation et du faux-semblant). Cet «amour-propre» est lui-même à la fois complètement *pernicieux* et pourtant insurmontablement *nécessaire*, comme l'indique le fragment 115 sur l'éducation des enfants («— La gloire — L'admiration gâte tout dès l'enfance: Oh! que cela est bien fait! Qu'il est sage! etc. Les enfants de Port-Royal, auxquels on ne donne point cet aiguillon d'envie et de gloire, tombent dans la nonchalance»)[50]:

«— Amour-propre. — La nature de l'amour-propre et de ce moi humain est de n'aimer que soi et de ne considérer que soi. Mais que fera-t-il? Il ne saurait empêcher que cet objet qu'il aime ne soit plein de défauts et de misères: il veut être grand, il se voit petit; il veut être heureux, et il se voit misérable; il veut être parfait, et il se voit plein d'imperfections; il veut être l'objet de l'amour et de l'estime des hommes, et il voit que ses défauts ne méritent que leur aversion et leur mépris. Cet embarras où il se trouve produit en lui la plus injuste et la plus criminelle passion qu'il soit possible de s'imaginer; car il conçoit une haine mortelle contre cette vérité qui le reprend, et qui le convainc de ses défauts. Il désirerait de l'anéantir, et, ne pouvant la détruire en elle-même il la détruit, autant

qu'il peut, dans sa connaissance et dans celle des autres; c'est-à-dire qu'il met tout son soin à couvrir ses défauts et aux autres et à soi-même, et qu'il ne peut souffrir qu'on les lui fasse voir ni qu'on les voie.

C'est sans doute un mal que d'être plein de défauts; mais c'est encore un plus grand mal que d'en être plein et de ne les vouloir pas reconnaître, puisque c'est y ajouter encore celui d'une illusion volontaire. Nous ne voulons pas que les autres nous trompent; nous ne trouvons pas juste qu'ils veuillent être estimés de nous plus qu'ils ne méritent : il n'est donc pas juste aussi que nous les trompions et que nous voulions qu'ils nous estiment plus que nous ne méritons.

Ainsi, lorsqu'ils ne découvrent que des imperfections et des vices que nous avons en effet, il est visible qu'ils ne nous font point de tort, puisque ce ne sont pas eux qui en sont cause, et qu'ils nous font un bien, puisqu'ils nous aident à nous délivrer d'un mal, qui est l'ignorance de ces imperfections. Nous ne devons pas être fâchés qu'ils les connaissent, et qu'ils nous méprisent : étant juste et qu'ils nous connaissent pour ce que nous sommes, et qu'ils nous méprisent, si nous sommes méprisables.

Voilà les sentiments qui naîtraient d'un cœur qui serait plein d'équité et de justice. Que devons-nous donc dire du nôtre, en y voyant une disposition toute contraire? Car n'est-il pas vrai que nous haïssons la vérité et ceux qui nous la disent, et que nous aimons qu'ils se trompent à notre avantage, et que nous voulons être estimés d'eux autres que nous ne sommes en effet? (...) ».

Aussi « la vie humaine n'est qu'une illusion perpétuelle » (et c'est bien ce que nous livre la clinique psychanalytique des pathologies du « narcissisme de mort ») :

« (...) Ce malheur est sans doute plus grand et plus ordinaire dans les plus grandes fortunes; mais les moindres n'en sont pas exemptes, parce qu'il y a toujours quelque intérêt à se faire aimer des hommes. Ainsi la vie humaine n'est qu'une illusion perpétuelle; on ne fait que s'entre-tromper et s'entre-flatter. Personne ne parle de nous en notre présence comme il en parle en notre absence. L'union qui est entre les hommes n'est fondée que sur cette mutuelle tromperie; et peu d'amitiés subsisteraient, si chacun savait ce que son ami dit de lui lorsqu'il n'y est pas, quoiqu'il en parle alors sincèrement et sans passion.

L'homme n'est donc que déguisement, que mensonge et hypocrisie, et en soi-même et à l'égard des autres. Il ne veut donc pas qu'on lui dise la vérité. Il évite de la dire aux autres; et toutes ces dispositons, si éloignées de la justice et de la raison, ont une racine naturelle dans son cœur (...) ».

L'état de *manque quant au sens* que camoufle le divertissement et que *répare phantasmatiquement le narcissisme* (... qui rend dès lors le divertissement lui-même inéluctable), provoque la *compulsion aveugle du désir*:

> « *La nature nous rendant toujours malheureux en tous états, nos désirs nous figurent un état heureux, parce qu'ils joignent à l'état où nous sommes les plaisirs de l'état où nous ne sommes pas; et, quand nous arriverions à ces plaisirs, nous ne serions pas heureux pour cela, parce que nous aurions d'autres désirs conformes à ce nouvel état* ». (Fr. Br. 109 bis)

Un tel désir est à son tour voué à l'échec, puisqu'il ne peut que se tromper d'objet et ... s'enfermer dans le narcissisme ... et le divertissement! Divertissement, narcissisme et désir sont donc indispensables au *faux* bonheur de la condition humaine. Pourquoi? Parce que le bonheur authentique ne pourrait être que de l'ordre de l'attitude, du projet et du pari, *puisque*, d'une part, «Nous ne nous contentons pas de la vie que nous avons et de notre propre être: nous voulons vivre dans l'idée des autres une vie imaginaire, et nous nous efforçons pour cela de paraître (...)» (Fr. Br. 147); et, d'autre part, *le bonheur souverain de soi-même* a été perdu (conséquence du péché originel que nous interprétons comme la rupture d'avec le sens) et ne peut plus être «reconquis» («reconnu») qu'en tant qu'idée hors d'atteinte *impliquant la maladie de vivre*:

> «*(...)* Qu'est-ce qui crie en nous cette avidité et cette impuissance, sinon qu'il y a eu autrefois dans l'homme un véritable bonheur, dont il ne lui reste maintenant que la marque et la trace toute vide, et qu'il essaie inutilement de remplir dans tout ce qui l'environne *(...)*» *(Nous soulignons). (Fr. Br. 425)*

C'est pourquoi, chez Pascal comme chez Diderot, *on ne sait pas où l'on va*. Mais, pour le premier, cette errance constitue le sort effroyablement tragique de la condition humaine, et c'est à l'encontre de ce *fatum* imposé qu'il faut parier sur le sens et édifier son salut (se réapproprier la *signification destinale*). C'est là, en effet, la *seule et impro-*

bablement certaine possibilité de «(re)savoir où aller» qui nous est pourtant complètement énigmatique et que nous devons accepter, recevoir, adopter, par un «don» de nous-même, dans son incompréhensibilité fondamentale :

«*(...) Comme je ne sais pas d'où je viens, aussi je ne sais où je vais (...)*»[51].

«*L'homme ne sait à quel rang se mettre. Il est visiblement égaré, et tombé de son vrai lieu sans le pouvoir retrouver. Il le cherche partout avec inquiétude et sans succès dans des ténèbres impénétrables*»[52].

Tandis que l'*incipit* de *Jacques*, déjà cité, *libère la signification destinale à la fois de tout savoir programmé (comme chez Pascal)*, **mais aussi** *de la fatalité de l'inutile* (telle qu'elle se conclut de la triple dialectique négative pascalienne[53]). Non pas que le divertissement, le narcissisme et le désir soient soudainement *positivés* (ou qu'on en puisse faire l'économie *comme si* de rien n'était!). *Au contraire, c'est parce qu'elle s'admet jusqu'en sa vanité fatale que la condition humaine peut espérer conserver la puissance du négatif*[54]. Celle-ci suppose que si la dérision *déjà existe*, tenter de vivre *à la fois* lucidement et éthiquement, ce n'est pas la nier — dans le discours de l'optimisme prometteur, le faux bonheur de l'ignorance divertie, ou le prétendu savoir d'un avenir déjà lisible —; mais apprendre simultanément à en limiter pragmatiquement[55] les effets *et* à en combattre par une «positivité négative», insatisfaite, relative, dynamique, *l'irrecevable, l'inadmissible* tragédie[56]. L'énigme est donc déplacée; mais pour paraphraser Pascal, *elle ne laisse pas d'être*.

Dans la *Dialectique de la Raison* (1944)[57], Max Horkheimer et Theodor W. Adorno s'efforcent de mettre à jour une hypostase de la rationalité abstraite qui se serait produite à l'époque des Lumières et dont l'évolution se serait poursuivie jusqu'au vingtième siècle, en s'accentuant d'autant plus qu'elle se serait complètement *implicitée*. Ils utilisent à cet égard (bien avant la récente et parisienne «nouvelle philosophie »!...) l'expression de « raison totalitaire »[58], et voient *dans le phénomène d'hégémonie du rationalisme moderne l'origine de l'aliénation humaine* par le « système » ainsi que l'organisation de plus en plus avancée de celle-ci (sous la forme de la *réification*) par la « société administrée »[59]. En fait, d'une certaine manière[60], ils poussent jusqu'en ses conséquences ultimes le rejet pascalien de la raison raisonnante motivé par la sauvegarde de l'éthique (et ils inversent complètement l'appréciation « progressiste » usuelle et la réception « courante » du XVIIIe siècle). Or ce point de vue « pascalien » leur fait constituer l'Aufklärung en *phantasme*. Car, s'il est vrai que leur jugement peut, à la rigueur[61], s'appliquer à l'évolution positiviste de l'Aufklärung, sa fécondité herméneutique doit être, en tout cas, *radicalement relativisée*. Lors même qu'Adorno théorise la discontinuité et le fragment, *il semble ignorer combien Diderot, par exemple, lui « répond », significativement et formellement, de l'intérieur même du rationalisme des Lumières*. Il n'en reste pas moins que ce que dénoncent les auteurs de la *Dialectique de la Raison*, *c'est précisément ce que nous avons vu que Diderot entend combattre « par avance »*[62]: la suppression du sens par la logique abstraite et absolutisée d'un rationalisme déterministe qu'aucun pari ne vient critiquer en ses effets, contester en ses conséquences[63]. Mais *Jacques le Fataliste* ne constitue pas *seulement* une critique imaginaire et formelle de celles-ci. Il ne s'agit pas, restrictivement, d'une opération défensive — repli et rejet. C'est au contraire (comme dans les *Pensées*) un projet qui informe le texte: celui d'une *revendication du sens*. Le systémisme, à cet égard, n'est pas uniquement ironisé quant à ses effets; il est frappé d'impossibilité *par principe*, par exigence. Le finalisme déterministe et le rationalisme abstrait sont convaincus, *de l'intérieur*, d'incapacité fondamentale à être systématisables: ils ne peuvent que conduire au mensonge du système, à la dédialectisation absolue, à l'idéologie souveraine. Paradoxalement, la « vérité » — la signification relative et tendanciellement cohérente [64] — du rationalisme abstrait moderne sera non dans la déconstruction (qui est le projet, l'attitude et le pari d'une positivité négative) mais dans la sérialité contingente, le désordre figé en ordre de fait, la pensée *qui a perdu le fil*. C'est bien ce qui distingue l'effort de Diderot, qui réalise formellement dans le discontinu *le penser critique* de la modernité, des réflexions fragmentaires d'un Valéry qui symptomatisent celle-ci devenue l'évident non-sens d'une sémiotisation de surface. Pour le philosophe des Lumières, la rationalité doit maintenir l'espace d'un espoir qui n'a pas de raison (la liberté comme utopie), tandis que pour «le penseur rationaliste le plus cohérent du XXᵉ siècle» (Goldmann *dixit*), «seules, d'obscures formules permettent l'espoir, dans les troubles, quand tout ce qui est clair est terrible ou nul»[65]. La discontinuité, chez Diderot, est de l'ordre du *recours*. Elle devient, chez Valéry, *la forme nécessaire d'une impossibilité admise*.

Entendons-nous : il ne s'agit pas de discuter ici et maintenant l'ensemble des présupposés d'Adorno et d'Horkheimer, ni d'ailleurs (bien au contraire) d'en rejeter d'un seul tenant les conclusions «programmatiques»; mais plutôt de montrer que ce qui se joue dans certains aspects de la réflexion et de l'esthétique expressive des Lumières (et plus particulièrement de Diderot) leur donne à la fois raison (dans le principe) et tort (dans l'application empirique de celui-ci à la connaissance de l'histoire effective des idées et des formes) — *ceci non sans effet sur l'opérativité de l'ensemble de leur démonstration* ... Une fois encore, il convient de se méfier des mots. Car ce qu'Adorno et Horkheimer tentent d'évaluer, c'est le processus par lequel la raison, en *instrumentalisant* de plus en plus le rapport de l'homme au sens, a vidé celui-ci de toute effectivité et a mené, en fait ... au triomphe d'un irrationalisme aveugle et de plus en plus menaçant pour tout avenir *qualitativement* concevable :

> « L'aporie à laquelle nous nous trouvâmes confrontés durant notre travail se révéla être ainsi le premier objet que nous devions examiner: l'autodestruction de la Raison. Nous n'avons pas le moindre doute — et c'est là notre pétition de principe — que la liberté dans la société est inséparable du penser éclairant. *Mais nous croyons avoir tout aussi nettement reconnu que la notion même de ce penser, non moins que les formes historiques concrètes, les institutions de la société dans lesquelles il est imbriqué, contiennent déjà le germe de cette régression qui se vérifie partout de nos jours. Si la Raison n'entreprend pas un travail de réflexion sur ce moment de régression, elle scellera son propre destin* ».

Or la protestation pascalienne est du même ordre; ainsi que celle de Diderot, même si, comme on vient de le voir, la portée en est substantiellement différente. Il n'empêche que, dans les trois cas, le rationalisme est en quelque sorte convoqué au procès dialectique de sa relativisation: *ce qui est mis en cause, c'est sa prétention de parler «au nom» d'une totalité dont il n'est qu'un «moment»* (pour reprendre le langage de Hegel).

Comment les deux représentants de l'Ecole de Francfort articulent-ils leur démonstration?[66].

1. L'avènement, puis l'hégémonie du rationalisme moderne, s'est accompagné d'une *régression de la raison*, c'est-à-dire d'une perte de plus en plus importante de sa *conscience réflexive* («penser le penser»):

> « *La Raison elle-même (a été) paralysée par la crainte que lui inspire la vérité* »[67].

2. L'une des conséquences capitales de ce mouvement régressif a été que

> « *Sur la voie qui les conduit vers la science moderne*, les hommes renoncent au sens (...) et procèdent à l'élimination de l'incommensurable (...)[68] ».

3. Dès lors *fétichisée* («idolisée»),

> « (...) la Raison est (devenue) plus totalitaire que n'importe quel système. Pour elle, tout processus est déterminé au départ: c'est en cela qu'elle est mensongère »[69].

4. De ce fait, le rationalisme a perdu toute potentialité inventive et il est devenu l'idéologie dominante du principe d'identité :

« Le fait a le dernier mot, *la connaissance se contente de sa répétition, le penser se réduit à une simple tautologie.* Plus la machinerie intellectuelle se soumet à ce qui existe, *plus elle se contente de la reproduire aveuglément* »[70].

De nombreux textes de Diderot, et *Jacques le Fataliste* en particulier, opèrent jusque dans leur signifiant[71] une très nette distanciation ironique à l'égard de l'instrumentalisation du sens par la raison abstraite. Bien plus, *cette mise à distance se réalise à partir d'un point de visée insaisissablement présent dans son absence même.* Par la disruption, l'empêchement du *sérieux*, l'irruption de l'incongru (de l'*original*[72]), la résistance têtue du fait à sa surinterprétation, ..., la discontinuité permet de surmonter, *formellement*, la régression, le renoncement, le finalisme, l'identité qui font dès lors l'objet du processus critique de l'*autoréflexion anatreptique*[73] :

« Jacques, un peu rassuré par les interprétations diverses qu'il avait trouvées au pronostic du cheval, dit :

Quand j'entrai au régiment, il y avait deux officiers à peu près égaux d'âge, de naissance, de service et de mérite. Mon capitaine était l'un des deux. La seule différence qu'il y eût entre eux, c'est que l'un était riche et que l'autre ne l'était pas. Mon capitaine était le riche. Cette conformité devait produire ou la sympathie, ou l'antipathie la plus forte : elle produisit l'une et l'autre...

Ici Jacques s'arrêta, et cela lui arriva plusieurs fois dans le cours de son récit, à chaque mouvement de tête que son cheval faisait de droite et de gauche. Alors, pour continuer, il reprenait sa dernière phrase, comme s'il avait eu le hoquet.

... Elle produisit l'une et l'autre. Il y avait des jours où ils étaient les meilleurs amis du monde, et d'autres où ils étaient ennemis mortels. Les jours d'amitié ils se cherchaient, ils se fêtaient, ils s'embrassaient, ils se communiquaient leurs peines, leurs plaisirs, leurs besoins ; ils se consultaient sur leurs affaires les plus secrètes, sur leurs intérêts domestiques, sur leurs espérances, sur leurs craintes, sur leurs projets d'avancement. Le lendemain, se rencontraient-ils ? ils passaient l'un à côté de

l'autre sans se regarder, ou ils se regardaient fièrement, ils s'appelaient Monsieur, ils s'adressaient des mots durs, ils mettaient l'épée à la main et se battaient. S'il arrivait que l'un des deux fût blessé, l'autre se précipitait sur son camarade, pleurait, se désespérait, l'accompagnait chez lui et s'établissait à côté de son lit jusqu'à ce qu'il fût guéri. Huit jours, quinze jours, un mois après, c'était à recommencer, et l'on voyait, d'un instant à un autre, deux braves gens ... deux braves gens, deux amis sincères, exposés à périr par la main l'un de l'autre, et le mort n'aurait certainement pas été le plus à plaindre des deux. On leur avait parlé plusieurs fois de la bizarrerie de leur conduite; moi-même, à qui mon capitaine avait permis de parler, je lui disais : « Mais, Monsieur, s'il vous arrivait de le tuer ? » A c'est mots il se mettait à pleurer et se couvrait les yeux de ses mains; il courait dans son appartement comme un fou. Deux heures après, ou son camarade le ramenait chez lui blessé, ou il rendait le même service à son camarade. Ni mes remontrances ... ni mes remontrances, ni celles des autres n'y faisaient rien; on n'y trouva de remède qu'à les séparer. Le ministre de la guerre fut instruit d'une persévérance si singulière dans des extrémités si opposées, et mon capitaine nommé à un commandement de place, avec injonction expresse de se rendre sur-le-champ à son poste, et défense de s'en éloigner; une autre défense fixa son camarade au régiment ... Je crois que ce maudit cheval me fera devenir fou ... A peine les ordres du ministre furent-ils arrivés, que mon capitaine, sous prétexte d'aller remercier de la faveur qu'il venait d'obtenir, partit pour la cour, représenta qu'il était riche et que son camarade indigent avait le même droit aux grâces du roi; que le poste qu'on venait de lui accorder récompenserait les services de son ami, suppléerait à son peu de fortune, et qu'il en serait, lui, comblé de joie. Comme le ministre n'avait eu d'autre intention que de séparer ces deux hommes bizarres, et que les procédés généreux touchent toujours, il fut arrêté ... Maudite bête, tiendras-tu ta tête droite ? ... Il fut arrêté que mon capitaine resterait au régiment, et que son camarade irait occuper le commandement de place.

A peine furent-ils séparés, qu'ils sentirent le besoin qu'ils avaient l'un de l'autre; ils tombèrent dans une mélancolie profonde. Mon capitaine demanda un congé de semestre pour aller prendre l'air natal; mais à deux lieues de la garnison, il vend son cheval, se déguise en paysan et s'achemine vers la place que son ami commandait. Il paraît que c'était une démarche concertée entre eux. Il arrive ... Va donc où tu voudras ! Y a-t-il encore là quelque gibet qu'il te plaise de visiter ? ... Riez bien, monsieur; cela est en effet très plaisant ... Il arrive; mais il était écrit là-haut que, quelques précautions qu'ils prissent pour cacher la satisfaction qu'ils avaient de se revoir et ne s'aborder qu'avec les marques extérieures de la subordination d'un paysan à un commandant de place, des soldats, quelques officiers qui se rencontreraient par hasard à leur entrevue et qui seraient instruits de leur aventure, prendraient des soupçons et iraient prévenir le major de la place.

Celui-ci, homme prudent, sourit de l'avis, mais ne laissa pas d'y attacher toute l'importance qu'il méritait. Il mit des espions autour du commandant. Leur premier rapport fut que le commandant sortait peu, et que le paysan ne sortait point du tout. Il était impossible que ces deux hommes vécussent ensemble huit jours de suite, sans que leur étrange manie les reprît; ce qui ne manqua pas d'arriver.

Vous voyez, lecteur, combien je suis obligeant; il ne tiendrait qu'à moi de donner un coup de fouet aux chevaux qui traînent le carrosse drapé de noir, d'assembler, à la porte du gîte prochain, Jacques, son maître, les gardes des Fermes ou les cavaliers de maréchaussée avec le reste de leur cortège; d'interrompre l'histoire du capitaine de Jacques et de vous impatienter à mon aise; mais pour cela il faudrait mentir, et je n'aime pas le mensonge, à moins qu'il ne soit utile et forcé. Le fait est que Jacques et son maître ne virent plus le carrosse drapé, et que Jacques, toujours inquiet de l'allure de son cheval, continua son récit:

Un jour, les espions, rapportèrent au major qu'il y avait eu une contestation fort vive entre le commandant et le paysan; qu'ensuite, ils étaient sortis, le paysan marchant le premier, le commandant ne le suivant qu'à regret, et qu'ils étaient entrés chez un banquier de la ville, où ils étaient encore.

On apprit dans la suite que, n'espérant plus de se revoir, ils avaient résolu de se battre à toute outrance, et que, sensible aux devoirs de la plus tendre amitié, au moment même de la férocité la plus inouïe, mon capitaine qui était riche, comme je vous l'ai dit ... mon capitaine, qui était riche, avait exigé de son camarade qu'il acceptât une lettre de change de vingt-quatre mille livres, qui lui assurât de quoi vivre chez l'étranger, au cas qu'il fût tué, celui-ci protestant qu'il ne se battrait point sans ce préalable; l'autre répondant à cette offre: «Est-ce que tu crois, mon ami, que si je te tue, je te survivrai? ...» J'espère, monsieur, que vous ne me condamnerez pas à finir notre voyage sur ce bizarre animal...

Ils sortaient de chez le banquier, et ils s'acheminaient vers les portes de la ville, lorsqu'ils se virent entourés du major et de quelques officiers. Quoique cette rencontre eût l'air d'un incident fortuit, nos deux amis, nos deux ennemis, comme il vous plaira de les appeler, ne s'y méprirent pas. Le paysan se laissa reconnaître pour ce qu'il était. On alla passer la nuit dans une maison écartée. Le lendemain, dès la pointe du jour, mon capitaine, après avoir embrassé plusieurs fois son camarade, s'en

sépara pour ne plus le revoir. A peine fut-il arrivé dans son pays, qu'il mourut.
Le maître
Et qui est-ce qui t'a dit qu'il était mort?
Jacques
Et ce cercueil? et ce carrosse à ses armes? Mon pauvre capitaine est mort, je n'en doute pas.
Le maître
Et ce prêtre les mains liées sur le dos; et ces gens les mains liées sur le dos; et ces gardes de la Ferme ou ces cavaliers de maréchaussée; et ce retour du convoi vers la ville? Ton capitaine est vivant, je n'en doute pas; mais ne sais-tu rien de son camarade?
Jacques
L'histoire de son camarade est une belle ligne du grand rouleau ou de ce qui est écrit là-haut.
Le maître
J'espère...

Le cheval de Jacques ne permit pas à son maître d'achever; il part comme un éclair, ne s'écartant ni à droite ni à gauche, suivant la grande route. On ne vit plus Jacques; et son maître, persuadé que le chemin aboutissait à des fourches patibulaires, se tenait les côtes de rire. Et puisque Jacques et son maître ne sont bons qu'ensemble et ne valent rien séparés non plus que Don Quichotte sans Sancho et Richardet sans Ferragus, ce que le continuateur de Cervantes et l'imitateur de l'Arioste, monsignor Forti-Guerra, n'ont pas assez compris, lecteur, causons ensemble jusqu'à ce qu'ils se soient rejoints.

Vous allez prendre l'histoire du capitaine de Jacques pour un conte, et vous avez tort. Je vous proteste que telle qu'il l'a racontée à son maître, tel fut le récit que j'en avais entendu faire aux Invalides, je ne sais en quelle année, le jour de Saint-Louis, à table chez un monsieur de Saint-Etienne, major de l'hôtel; et l'historien qui parlait en présence de plusieurs autres officiers de la maison, qui avaient connaissance du fait, était un personnage grave qui n'avait point du tout l'air d'un badin. Je vous le répète donc pour ce moment et pour la suite: soyez circonspect si vous ne voulez pas prendre dans cet entretien de Jacques et de son maître le vrai pour le faux, le faux pour le vrai. Vous voilà bien averti, et je m'en lave les mains. — Voilà, me direz-vous deux hommes bien extraordinaires! — Et c'est là ce qui vous met en défiance? Premièrement, la nature est si variée, surtout dans les instincts et les caractères, qu'il n'y a rien de si bizarre dans l'imagination d'un poète dont l'expérience et l'observation ne vous offrissent le modèle dans la nature. Moi, qui vous parle, j'ai rencontré le pendant du Médecin malgré lui, *que j'avais regardé jusque-là comme la plus folle et la plus gaie des fictions. — Quoi! le pendant du mari à qui sa femme dit: J'ai trois enfants sur les bras; et qui lui répond: Mets-les à terre ... Ils me demandent du pain: donne-leur le fouet! — Précisément. Voici son entretien avec ma femme.*

«Vous voilà, monsieur Gousse?
— Non, madame, je ne suis pas un autre.
— D'où venez-vous?
— D'où j'étais allé.
— Qu'avez-vous fait là?
— J'ai raccommodé un moulin qui allait mal.
— A qui appartenait ce moulin?
— Je n'en sais rien; je n'étais pas allé pour raccommoder le meunier.
— Vous êtes fort bien vêtu contre votre usage; pourquoi sous cet habit, qui est très propre, une chemise sale?
— C'est que je n'en ai qu'une.
— Et pourquoi n'en avez-vous qu'une?
— C'est que je n'ai qu'un corps à la fois.
— Mon mari n'y est pas, mais cela ne vous empêchera pas de dîner ici.
— Non, puisque je ne lui ai confié ni mon estomac ni mon appétit.
— Comment se porte votre femme?
— Comme il lui plaît; c'est son affaire.
— Et vos enfants?
— A merveille.
— Et celui qui a de si beaux yeux, un si bel embonpoint, une si belle peau?
— Beaucoup mieux que les autres; il est mort.
— Leur apprenez-vous quelque chose?
— Non, madame.
— Quoi! ni à lire, ni à écrire, ni le catéchisme?
— Ni à lire, ni à écrire, ni le catéchisme.
— Et pourquoi cela?
— C'est qu'on ne m'a rien appris, et que je n'en suis pas plus ignorant. S'ils ont de l'esprit, ils feront comme moi; s'ils sont sots, ce que je leur apprendrais ne les rendrait que plus sots...».

Ce qui rassure ne réside donc point dans la monovalence d'une interprétation donnée mais dans la possibilité d'interpréter qui demeure ouverte en sa diversité, son pluralisme contradictoire. Personne n'a de façon privilégiée accès au sens, mais on peut tenter de formuler du sens, de «faire sens». Une telle attitude permet de rendre compte de la multidiscursivité qui constitue le monde pour la conscience, sans que celui-ci ne sombre dans la nécessité d'une histoire dite par un idiot. L'idiotie du monde est plutôt la nécessité de sa contingence. Mais, afin que l'énonciation de cette attitude évite l'idéologisation d'une logicité qui la rendrait tout aussi mondainement mensongère que l'unicité d'une prétendue «vérité» acquise (*déjà là* ou en attente d'être *déjà là*) qu'elle conteste, il faut en briser, en discontinuer le développement qui n'aura jamais le statut d'un quelconque bon droit. Cette discontinuation est notamment opérée par :

- la dénonciation de l'omniscience narratrice révélant la «position» du sujet;

- la distanciation à la fois ironique et auto-ironique, se moquant en quelque sorte d'elle-même (par exemple: le rythme des mouvements de tête du cheval rompt celui du propos rapporté et mime par-là, au second degré, la contradiction référée);

- le recours à l'étrangeté énigmatique (le carrosse drapé de noir, etc.), laquelle vient précisément opposer sa résistance ... à toute monovalence assertive et formalise *l'assurance désassurée* d'une capacité interprétative du monde et du destin humain qui soit à la fois volontariste et relativiste;

- l'effondrement des logicités dissertatives et des ordonnancements abstraits dans la dérision assumée que médiatise la figure de l'original (Gousse).

Il est d'autant plus remarquable qu'Adorno n'ait pas accordé d'attention *aux ressources signifiantes* de cette œuvre (pourtant perçues depuis longtemps de façon intuitive, par Goethe, Schlegel ou le musicien K.F. Zelter)[74], alors qu'il considère que c'est précisément *dans la forme* que l'idéologie identitaire de la totalisation fermée peut être *au moins tendanciellement* déconstruite:

« L'œuvre d'art achevée adopte le point de vue de l'identité du sujet et de l'objet. Dans sa désintégration, l'identité se révèle comme apparence,

et le droit de la connaissance qui met en opposition sujet et objet, comme droit supérieur, moral. La nouvelle musique (il s'agit bien sûr de celle de l'Ecole de Vienne) absorbe dans sa propre conscience et dans sa propre configuration la contradiction qui l'oppose à la réalité... C'est seulement en mesurant la contradiction à la possibilité de l'aplanir, que cette contradiction n'est pas seulement enregistrée, mais reconnue. Dans l'acte de connaissance que l'art accomplit, la forme de ce dernier représente une critique de la contradiction en montrant la possibilité de la dépasser et donc ce qu'il y a de contingent, de surmontable, de non absolu dans la contradiction. Il est vrai que, par là, la forme devient en même temps le moment où la connaissance s'arrête. En tant que réalisation du possible, l'art a toujours nié ainsi la réalité de la contradiction à laquelle il se référait. Mais son caractère de connaissance devient radical dès l'instant où l'art ne s'en contente plus. C'est là le seuil de l'art moderne. Celui-ci saisit si profondément ses propres contradictions qu'elles ne se laissent plus aplanir. Il tend à tel point l'idée de la forme que ce qui est esthétiquement réalisé est obligé de se déclarer insolvable devant lui. L'art moderne ne résout pas la contradiction et met à nu l'aride rocher primitif de ses catégories de jugement, à savoir la forme. Il rejette la dignité de juge et reprend l'attitude du plaignant que la réalité seule peut consoler. C'est seulement dans l'œuvre fragmentaire, renonçant à elle-même, que se libère son contenu critique».

La déconstruction ne fait évidemment pas place à la théorisation positive en système de ce qui l'informe : point de «théorie» de la liberté dans *Jacques*, sinon *par éléments épars*, eux-mêmes souvent contradictoires, brisés, constellés dans une discursivité sans cesse rompue et à laquelle l'ironie n'accorde pas de trêve. C'est que vouloir l'utopie — le lieu de liberté — c'est d'abord refuser d'en faire un objet : c'est la rendre envisageable uniquement par la négation de ce qui est, et qui est le règne de la nécessité. Or une telle formalisation, qui conditionne l'anti-roman de Diderot, est fort proche de la démarche que préconise Adorno[75] :

« (...) Cette démarche est la plus simple parce que la situation actuelle en appelle impérieusement à cette sorte de connaissance, parce que la négativité totale renvoie, une fois qu'elle a été entièrement envisagée, à l'image spéculative de son contraire. Mais cette démarche relève aussi de la totale impossibilité parce qu'elle présuppose un lieu éloigné, si peu que ce soit, de la sphère de l'existence. Pour pouvoir se réaliser,

elle doit nécessairement être arrachée à «ce qui est» et ainsi elle est frappée de cette même falsification et de cette même pauvreté auxquelles elle désirait échapper. Plus la pensée se sépare passionnément de ce qui la conditionne pour pouvoir atteindre l'inconditionnel, plus inconsciemment et ainsi irrémédiablement, elle retombe sous l'emprise du monde. Pour vouloir le possible, elle doit d'abord comprendre sa propre impossibilité (...)».

Ce que l'on pourrait appeler *l'ironie de la liberté comme utopie* agit dans l'œuvre de Diderot tout au long de son élaboration. En 1749, il aborde le problème dans une lettre à Voltaire :

«*(...) [Les athées] disent que tout est nécessité; selon eux, un homme qui les offense ne les offense pas plus librement qu'une tuile qui se détache et qui leur tombe sur la tête; mais ils ne confondent point ces causes; et jamais ils ne s'indignent contre la tuile (...)».*

C'est que «le mot *liberté* est un mot vide de sens (...)»[76], *et cependant ce n'est qu'en faisant recours à l'exigence de son signifié indésignable que l'on peut arracher le sens à son intrumentalisation:*

«*Regardez-y de près, et vous verrez que le mot liberté est un mot vide de sens; qu'il n'y a point et qu'il ne peut y avoir d'êtres libres; que nous ne sommes que ce qui convient à l'ordre général, à l'éducation et à la chaîne des événements. Voilà ce qui dispose de nous invinciblement. On ne conçoit non plus qu'un être agisse sans motif, qu'un des bras d'une balance agisse sans l'action d'un poids, et le motif nous est toujours extérieur, étranger, attaché ou par une nature ou par une cause quelconque, qui n'est pas nous. Ce qui nous trompe, c'est la prodigieuse variété de nos actions, jointe à l'habitude que nous avons prise tout en naissant de confondre le volontaire avec le libre. Nous avons tant loué, tant repris, nous l'avons été tant de fois, que c'est un préjugé bien vieux que celui de croire que nous et les autres voulons, agissons librement. Mais s'il n'y a point de liberté, il n'y a point d'action qui mérite la louange ou le blâme; il n'y a ni vice ni vertu, rien dont il faille récompenser ou châtier. Qu'est-ce qui distingue donc les hommes? la bienfaisance et la malfaisance. Le malfaisant est un homme qu'il faut détruire, et non punir; la bienfaisance est une bonne fortune, et non une vertu. Mais, quoique l'homme bien ou malfaisant ne soit pas libre, l'homme n'en est pas moins un être qu'on modifie; c'est par cette raison qu'il faut détruire le malfaisant sur une place publique. De là les bons effets de l'exemple, des discours, de l'éducation, du plaisir, de la douleur, des grandeurs, de la misère, etc.; de là une sorte de philosophie pleine de commisération, qui attache fortement aux bons, qui n'irrite non plus contre le méchant que contre un ouragan qui nous remplit les yeux de poussière. Il n'y a qu'une sorte de cause, à proprement parler: ce sont les causes physiques. Il n'y a qu'une sorte de nécessité: c'est la même pour tous les êtres, quelque distinction qu'il nous plaise d'établir entre eux, ou qui y soit réellement. Voilà ce qui me réconcilie avec le genre humain».*

Certes, Diderot tente de remplacer la valeur par une appréciation de la morale sociologique (bienfaisance *vs* malfaisance); et c'est bien ce que lui reprocherait Pascal (sans parler d'Adorno!). *Mais ce transfert est limité à la sphère de l'activité pragmatique[77]; et il ne résout pas la question posée*, la laissant ouverte pour le traitement tout à fait singulier qu'elle va subir dans *Jacques*. C'est bien pourquoi celui-ci s'oppose dialectiquement aux conceptions mêmes de l'auteur dans *Le rêve de d'Alembert*, où ce sociologisme est repris par Bordeu[78]:

«*(...) BORDEU. — Je ne vous dirai de la liberté qu'un mot, c'est que la dernière de nos actions est l'effet nécessaire d'une cause une: nous, très compliquée, mais une.*
Mlle de L'ESPINASSE. — Nécessaire?
BORDEU. — Sans doute. Tâchez de concevoir la production d'une autre action, en supposant que l'être agissant soit le même.
Mlle de L'ESPINASSE. — Il a raison. Puisque j'agis ainsi, celui qui peut agir autrement n'est plus moi; et assurer qu'au moment où je fais ou dis une chose j'en puis dire ou faire une autre, c'est assurer que je suis moi et que je suis un autre. Mais, docteur, et le vice et la vertu? La vertu, ce mot si saint dans toutes les langues, cette idée si sacrée chez toutes les nations!
BORDEU. — Il faut le transformer en celui de bienfaisance, et son opposé en celui de malfaisance. On est heureusement ou malheureusement né; on est irrésistiblement entraîné par le torrent général qui conduit l'un à la gloire, l'autre à l'ignominie.
Mlle de L'ESPINASSE. — Et l'estime de soi, et la honte, et le remords?
BORDEU. — Puérilité fondée sur l'ignorance et la vanité d'un être qui s'impute à lui-même le mérite ou le démérite d'un instant nécessaire (...)».

En effet, ce sociologisme ne résiste pas au *cynisme du mal*, et c'est toute la problématique du *Neveu de Rameau* où, dans une discontinuité incessante, Diderot moraliste s'entretient avec Diderot sociologue [79] :

« (...) LUI. — Mais je crois que vous vous moquez de moi. Monsieur le philosophe, vous ne savez pas à qui vous vous jouez; vous ne vous doutez pas que dans ce moment je représente la partie la plus importante de la ville et de la cour. Nos opulents dans tous les états ou se sont dit à eux-mêmes ou ne se sont pas dit les mêmes choses que je vous ai confiées; mais le fait est que la vie que je mènerais à leur place est exactement la leur. Voilà où vous en êtes, vous autres, vous croyez que le même bonheur est fait pour tous. Quelle étrange vision! Le vôtre suppose un certain tour d'esprit romanesque que nous n'avons pas, une âme singulière, un goût particulier. Vous décorez cette bizarrerie du nom de vertu, vous l'appelez philosophie; mais la vertu, la philosophie sont-elles faites pour tout le monde? En a qui peut, en conserve qui peut. Imaginez l'univers sage et philosophe; convenez qu'il serait diablement triste. Tenez, vive la philosophie, vive la sagesse de Salomon: boire du bon vin, se gorger de mets délicats, se rouler sur de jolies femmes, se reposer dans des lits bien mollets; excepté cela, le reste n'est que vanité.

MOI. — Quoi! défendre sa patrie?

LUI. — Vanité! Il n'y a plus de patrie; je ne vois d'un pôle à l'autre que des tyrans et des esclaves.

MOI. — Servir ses amis?

LUI. — Vanité! Est-ce qu'on a des amis? Quand on en aurait, faudrait-il en faire des ingrats? Regardez-y bien, et vous verrez que c'est presque toujours là ce qu'on recueille des services rendus. La reconnaissance est un fardeau, et tout fardeau est fait pour être secoué.

MOI. — Avoir un état dans la société et en remplir les devoirs?

LUI. — Vanité! Qu'importe qu'on ait un état ou non, pourvu qu'on soit riche, puisqu'on ne prend un état que pour le devenir. Remplir ses devoirs, à quoi cela mène-t-il? A la jalousie, au trouble, à la persécution. Est-ce ainsi qu'on s'avance? Faire sa cour, morbleu! faire sa cour, voir les grands, étudier leurs goûts, se prêter à leurs fantaisies, servir leurs vices, approuver leurs injustices: voilà le secret.

MOI. — Veiller à l'éducation de ses enfants?

LUI. — Vanité! C'est l'affaire d'un précepteur.

MOI. — Mais si ce précepteur, pénétré de vos principes, néglige ses devoirs, qui est-ce qui en sera châtié?

LUI. — *Ma foi, ce ne sera pas moi, mais peut-être un jour le mari de ma fille ou la femme de mon fils.*
MOI. — *Mais si l'un et l'autre se précipitent dans la débauche et les vices?*
LUI. — *Cela est de leur état.*
MOI. — *S'ils se déshonorent?*
LUI. — *Quoi qu'on fasse, on ne peut se déshonorer quand on est riche.*
MOI. — *S'ils se ruinent?*
LUI. — *Tant pis pour eux.*
MOI. — *Je vois que, si vous vous dispensez de veiller à la conduite de votre femme, de vos enfants, de vos domestiques, vous pourriez aisément négliger vos affaires.*
LUI. — *Pardonnez-moi, il est quelquefois difficile de trouver de l'argent, et il est prudent de s'y prendre de loin.*
MOI. — *Vous donnerez peu de soin à votre femme?*
LUI. — *Aucun, s'il vous plaît. Le meilleur procédé, je crois, qu'on puisse avoir avec sa chère moitié, c'est de faire ce qui lui convient. A votre avis, la société ne serait-elle pas fort amusante, si chacun y était à sa chose? (...) »*

C'est dire que la morale sociologique elle-même (le «réformisme») dépend d'une attitude, d'un projet et d'un pari qui la soumettent à l'irréductibilité du sens:

« *(...) LUI. — Vous êtes des êtres bien singuliers!*
MOI. — *Vous êtes des êtres bien à plaindre, si vous n'imaginez pas qu'on s'est élevé au-dessus du sort, et qu'il est impossible d'être malheureux à l'abri de deux belles actions telles que celle-ci.*
LUI. — *Voilà une espèce de félicité avec laquelle j'aurai de la peine à me familiariser, car on la rencontre rarement. Mais, à votre compte, il faudrait donc être d'honnêtes gens?*
MOI. — *Pour être heureux? Assurément (...)* ».

«Pour être heureux? Assurément.»: quelle preuve formelle en avons-nous? *Bien entendu, aucune sauf celle qui surgit de la négativité.* L'inacceptabilité du monde *tel qu'il est* est un impératif catégorique qui lui-même n'advient qu'une fois le sens perçu comme *manquant*. En même temps, *c'est parce que le sens manque dans le monde* (ce dont le Neveu ne se soucie nullement) que je puis ressentir et conceptualiser le manque du sens. Et cette conscience existentielle me renvoie à la nécessité du « malgré tout » : *il faut parier pour être heureux autrement que dans l'identité* (et dans le divertissement qui la recouvre et la justifie illusoirement). Ce pari (comme celui de Pascal) suppose cela même qu'il vise et par là le « démontre » même si c'est incompréhensible : *je suis libre de parier sur la liberté* — et par là je sauve *éthiquement* mon bonheur[80]. *Jacques le Fataliste* « répond » donc à la question du sens en formulant négativement celle-ci et en faisant de ce questionnement même la matrice de sa production signifiante. Pour reprendre Adorno : voulant le possible, Diderot en réalise formellement l'impossibilité. La discontinuité qu'implique une telle démarche réflexive conduit à la *découverte* de la divergence fondamentale entre déterminisme et prévisibilité, qui livre un espace imaginaire au pari sur la liberté (et à l'histoire). Comprenons bien qu'il n'y a rien à attendre d'un tel pari (sinon ce n'en serait point un), si ce n'est qu'il crée la capacité d'inventer de la valeur. En fait, Diderot « dépasse » ici (et « intègre » imaginairement) un hégélianisme qui forcément n'existe pas encore ; il est en avance sur ce qu'il met en cause. En effet, il nous autorise à penser que ce n'est pas parce que nous en ignorons nécessairement le sens que l'histoire et le destin humain n'ont pas de sens. Une telle position ne pouvait se théoriser que par le recours et le détour de l'imaginaire et de la fiction : ce avec quoi elle dialogue n'est pas encore advenu. Mais il y a plus : loin de liquider abstraitement et métaphysiquement la téléologie hégélienne (ce qu'un Adorno fait en partie dans la *camera obscura* de l'idéologie qui investit sa propre négativité critique ... et ce que l'anti-hégélianisme superficiel aujourd'hui à la mode accomplit totalement), Diderot en dégage par avance le contenu de vérité possiblement impossible. A savoir : la maîtrise destinale de la *praxis* humaine dépend d'un *vouloir la liberté de vouloir*.

« Comment s'étaient-ils rencontrés ? Par hasard, comme tout le monde. Comment s'appelaient-ils ? Que vous importe ? D'où venaient-ils ? Du lieu le plus prochain. Où allaient-ils ? Est-ce que l'on sait où l'on va ? Que disaient-ils ? Le maître ne disait rien; et Jacques disait que son capitaine disait que tout ce qui nous arrive de bien et de mal ici-bas était écrit là-haut ».

Dès l'ouverture de *Jacques le Fataliste*, dans son jeu de questions/réponses marqué au plus haut point par la *déceptivité*, s'inscrit à la fois *la critique littéraire de l'illusion romanesque, la critique philosophique de la téléologie, l'affirmation* (non sans une ironie qui dès le prime abord la problématise) *du principe déterministe*. Ces trois instances thématiques sont très solidairement intriquées, et cette intrication même sera par la suite l'un des régimes directeurs dominants du texte, l'un des éléments constitutifs et constituants de sa structure significative — celle-ci ne se ramenant donc à aucun de ces thèmes en particulier mais résultant d'une certaine organisation de leur solidarité. Il convient toutefois de remarquer immédiatement que la réfutation du finalisme :

1. est *implicite* (pour la mettre en lumière, il faut accorder une valeur absolue et une importance capitale à la phrase au demeurant, et en apparence, très banale : « Est-ce que l'on sait où l'on va ? »);

2. ne prend sens que pour qui place sous ce signe la lecture (à venir) de l'ensemble du roman (donc constitue, à partir d'un tel *a priori*, un *balisage* de cette lecture en même temps qu'elle en déroute nécessairement la programmation ordonnée — par un effet de contradiction interne);

3. entre en contradiction (externe, cette fois) avec l'assertion « fataliste » (dans l'acception du XVIIIe siècle), c'est-à-dire : affecte à ce déterminisme même un statut relatif, puisqu'il n'autorise en rien la *prévisibilité* fondée sur l'éventualité de sa maîtrise connaissante;

4. effectue de ce fait une médiation ambiguë (opaque) entre la mise en cause du roman et la thèse déterministe (le roman, en effet, en son fondement ontologique, suppose *au moins le savoir inconscient d'où l'on va*, savoir ici nié, et repose sur une prédétermination du devenir ici paradoxalement accréditée).

Convenons donc de considérer cet *incipit* comme un lieu de condensation idéologico-significative. L'implicitation, la double articulation contradictoire (interne/externe), le statut paradoxal participent, en effet, de ce que nous désignons par «nécessité significative» (quelque chose tente de se dire, une parole s'efforce d'advenir), tandis que l'opacité ambiguë et la tendance *monitrice* de la lecture révèlent l'enjeu idéologique, manipulatoire (un *message* se code, une *dictée* s'impose).

Or *Jacques le Fataliste* — rappelons-le — fut écrit par Diderot pour remplacer/compenser un impossible *Traité de morale*. Sans en développer ici toutes les conséquences, on peut émettre l'hypothèse que sa forme discontinue (dès à présent annoncée par un *incipit* qui en proclame par avance la justification) résulte, en partie du moins, de cette impossibilité de rédiger un traité, ou plutôt de le mettre en œuvre autrement que dans cette opération «anti-romanesque» qui emprunte à Sterne seulement son prétexte. Car il s'agit, pour Diderot, de concilier dialectiquement deux exigences opposées (du moins si on les conçoit dans leur immédiateté phénoménale, dans leur évidence donnée) : celle de la *scientificité moderne* (qui implique, à cette date, le recours au déterminisme matérialiste); celle de *l'éthique* (et pas seulement de la «morale provisoire» selon Descartes, ou de l'espèce de morale sociologique qui préoccupe Voltaire ...), laquelle ne peut s'envisager sans *théorie de la liberté* (à l'horizon épistémique des Lumières — rationalisme, individualisme, Etat de droit ...). Une telle conciliation, forcément très problématique, est proposée dans la suite du texte (avec, notamment, la liberté comme espace d'indétermination du point de vue du sujet empirique, le hasard comme détermination ignorée, ...). Quant à la forme, remarquons:

1. que l'*appel* au roman procède d'une volonté cognitive lors même que pour s'écrire le roman en appelle à la théorie (l'insuffisance théorique provoque donc le recours à la fiction; et celle-ci va intégrer et dénoncer simultanément le «manque» dont elle provient et où elle s'origine);

2. que le roman se détruit (se dénigre, s'auto-ironise) par cela même qui concourt à sa formation: en s'efforçant de «répondre» à la question du rapport déterminisme/liberté, il perd sa propre assise déterminale — «Il est bien évident que je ne fais pas un roman, puisque je néglige ce qu'un romancier ne manquerait pas d'employer», nous dit le texte un peu plus loin;

3. que le roman s'édifie lui-même sur un fondement ontologique qui lui est à la fois nécessaire et tout à fait insuffisant, puisqu'il a besoin de la *caution théorique* (idéologisée) qu'il va précisément tenter d'intégrer (ici, le rejet du finalisme s'opère dans le même temps où se préfixe une lecture déterminée du texte — par exemple, et on ne s'en privera pas ..., comme «roman picaresque» des hasards, des aventures aléatoires, des péripéties fortuites et des rencontres imprévisibles);

4. que la mise en acte romanesque concrétise dans l'imaginaire et représente dans la fiction une *conceptualité abstraite* que, par ailleurs, elle découvre, dévoile, dénomme, dans un processus complexe où se rencontrent la théorie autoréflexive (et autodéceptive) du roman, et le roman d'une théorie fondatrice (dans ce cas: le discours «rationaliste» de la liberté irréductible).

Ni la critique du finalisme, ni celle de l'illusion romanesque n'est, en tant que telle, particulièrement originale[81] —

même si chacune est menée ici avec une radicalité particulière. Ce qui fait la spécificité de *Jacques, c'est la relation de solidarité établie entre les deux*. Roman et téléologie renvoient l'un à l'autre comme «*machines*» *idéologiques pour savoir où l'on va*. Ce savoir nié, le déterminisme cependant demeure : *mais il n'accorde pas de prévisibilité*. Il n'y a pas de sujet «censé savoir» de l'Histoire en général; et personne ne connaît *à ma place* le cours de mon histoire subjective. Le sens ultime du déterminisme se confond avec celui de la totalité : il faudrait avoir la prétention d'être Dieu (l'Esprit) pour pouvoir s'en réclamer. On comprendra que, affirmant *à la fois* déterminisme *et* liberté[82], dans le principe même de leur contradiction et dans un signifiant qui «mime» celle-ci, cette œuvre (qui s'inscrit dans l'ensemble d'une production littéraire, philosophique, scientifique et esthétique marquée par la discontinuité et le fragmentaire) ait été, pendant longtemps, très problématiquement reçue[83]. Une réception aussi difficile confirme ce qu'Adorno nommerait *la résistance de la forme*. Le texte, à sa parution en France, est souvent apparu comme tout à fait illisible (et il a été, jusqu'à ces dernières années, dénigré par toute une partie de la critique) :

«*Une conversation qui finit par faire mal à la tête*» (Décade philosophique, 1796);

«*Un ouvrage élémentaire pour les écoles communales*» (L'Historien, 1796);

«*Une mauvaise singerie de* Candide» (Journal littéraire, 1796).

Jacques correspond parfaitement au mouvement même de la démarche intellectuelle de Diderot, qui, d'une part, laisse travailler l'inconscient, et, d'autre part, en ne résolvant pas abstraitement les contradictions, *accorde à leur formalisation un pouvoir d'intellection singulier*[84] :

«(...) *Lorsque j'ai pris mon parti, je pense chez moi le jour, la nuit, en société, dans les rues, à la promenade; ma besogne me poursuit. J'ai sur mon bureau un grand panier, sur lequel je jette un mot de réclame de mes pensées, sans ordre, en tumulte, comme elles viennent.*

Lorsque ma tête est épuisée, je me repose, je donne le temps aux idées de repousser; c'est ce que j'ai appelé quelquefois ma recoupe, *métaphore empruntée à l'un des travaux de la campagne.*
Cela fait, je reprends ces réclames d'idées tumultueuses et décousues, et je les ordonne, quelquefois en les chiffrant.
Quand j'en suis venu là, je dis que mon ouvrage est achevé (...) ».

Mais surtout, cet anti-roman (qui comprend des séquences effectivement romanesques plus ou moins longues et plus ou moins homogènes[85]) constitue *un dispositif formel où le signifiant joue le rôle de la « thèse » telle qu'elle s'impose généralement dans l'abstraction du système* mais sans qu'ici elle puisse se faire discursive et sans qu'il lui soit possible d'accéder au point de visée d'une cohérence par avance obtenue. Par là il correspond à nouveau à ce qu'Adorno exige de l'art :

«   *Le maître*
Cela se pourrait.
Et les voilà embarqués dans une querelle interminable sur les femmes; l'un prétendant qu'elles étaient bonnes, l'autre méchantes : et ils avaient tous deux raison; l'un sottes, l'autre pleines d'esprit : et ils avaient tous deux raison; l'un fausses, l'autre vraies : et ils avaient tous deux raison; l'un avares, l'autre libérales : et ils avaient tous deux raison; l'un belles, l'autre laides : et ils avaient tous deux raison; l'un bavardes, l'autre discrètes; l'un franches, l'autre dissimulées; l'un ignorantes, l'autre éclairées; l'un sages, l'autre libertines; l'un folles, l'autre sensées, l'un grandes, l'autre petites : et ils avaient tous deux raison.
En suivant cette dispute sur laquelle ils auraient pu faire le tour du globe sans déparler un moment et sans s'accorder, ils furent accueillis par un orage qui les contraignit de s'acheminer ... — Où ? — Où ? lecteur, vous êtes d'une curiosité bien incommode ! Et que diable cela vous fait-il ? Quand je vous aurai dit que c'est à Pontoise ou à Saint-Germain, à Notre-Dame de Lorette ou à Saint-Jacques de Compostelle, en serez-vous plus avancé ? Si vous insistez, je vous dirai qu'ils s'acheminèrent vers ... oui; pourquoi pas ? ... vers un château immense, au frontispice duquel on lisait : « Je n'appartiens à personne et j'appartiens à tout le monde. Vous y étiez avant que d'y entrer, et vous y serez encore quand vous en sortirez ». — Entrèrent-ils dans ce château ? — Non, car l'inscription était fausse, ou ils y étaient avant que d'y entrer. — Mais du moins ils en sortirent ? — Non, car l'inscription était fausse, ou ils y étaient

encore quand ils en furent sortis. — Et que firent-ils là? — Jacques disait ce qui était écrit là-haut; son maître, ce qu'il voulut: et ils avaient tous deux raison. — Quelles compagnie y trouvèrent-ils? — Mêlée. — Qu'y disait-on? — Quelques vérités, et beaucoup de mensonges. — Y avait-il des gens d'esprit? — Où n'y en a-t-il pas? et de maudits questionneurs qu'on fuyait comme la peste. Ce qui choqua le plus Jacques et son maître pendant tout le temps qu'ils s'y promenèrent ... — On s'y promenait donc? — On ne faisait que cela, quand on n'était pas assis ou couché ... Ce qui choqua le plus Jacques et son maître, ce fut d'y trouver une vingtaine d'audacieux, qui s'étaient emparés des plus superbes appartements, où ils se trouvaient presque toujours à l'étroit; qui prétendaient, contre le droit commun et le vrai sens de l'inscription, que le château leur avait été légué en toute propriété; et qui, à l'aide d'un certain nombre de vauriens à leurs gages, l'avaient persuadé à un grand nombre d'autres vauriens à leurs gages, tout prêts pour une petite pièce de monnaie à pendre ou assassiner le premier qui aurait osé les contredire: cependant au temps de Jacques et de son maître, on l'osait quelquefois. — Impunément? — C'est selon.

Vous allez dire que je m'amuse, et que, ne sachant plus que faire de mes voyageurs, je me jette dans l'allégorie, la ressource ordinaire des esprits stériles. Je vous sacrifierai mon allégorie et toutes les richesses que j'en pouvais tirer; je conviendrai de tout ce qu'il vous plaira, mais à condition que vous ne me tracasserez point sur ce dernier gîte de Jacques et de son maître; soit qu'ils aient atteint une grande ville et qu'ils aient couché chez des filles; qu'ils aient passé la nuit chez un vieil ami qui les fêta de son mieux; qu'ils se soient réfugiés chez des moines mendiants, où qu'ils furent mal logés et mal repus pour l'amour de Dieu; qu'ils aient été accueillis dans la maison d'un grand, où ils manquèrent de tout ce qui est nécessaire, au milieu de tout ce qui est superflu; qu'ils soient sortis le matin d'une grande auberge, où on leur fit payer très chèrement un mauvais souper servi dans des plats d'argent, et une nuit passée entre des rideaux de damas et des draps humides et repliés; qu'ils aient reçu l'hospitalité chez un curé de village à portion congrue, qui courut mettre à contribution les basses-cours de ses paroissiens, pour avoir une omelette et une fricassée de poulets; ou qu'ils se soient enivrés d'excellents vins, aient fait grande chère et pris une indigestion bien conditionnée dans une riche abbaye de Bernardins; car, quoique tout cela vous paraisse également possible, Jacques n'était pas de cet avis: il n'y avait réellement de possible que la chose qui était écrite en haut. Ce qu'il y a de vrai, c'est que, de quelque endroit qu'il vous plaise de les mettre en route, ils n'eurent pas fait vingt pas que le maître dit à Jacques, après avoir toutefois, selon son usage, pris sa prise de tabac: «Eh bien! Jacques, l'histoire de tes amours?»

Au lieu de répondre, Jacques s'écria: Au diable l'histoire de mes amours! Ne voilà-t-il pas que j'ai laissé ... (...)»

Peu importe, pour le point de vue ici retenu, le contenu ponctuel du passage cité. Ce qui fait à la fois sens et problème est assurément *d'abord* la répétition du «et ils avaient tous deux raison»; *puis* la rupture introduite par l'orage qui met fin à la discussion; *ensuite* l'ironie reprise à l'égard de l'illusion référentielle; *par après* le gommage de la «solution» rhétorique du château et son remplacement par la critique sociale; *à nouveau* la déceptivité à l'égard du romanesque; *enfin* la reprise du *leitmotiv* des amours de Jacques, etc. *En effet, Diderot nie de cette façon par l'absurde l'autorité du narrateur sur le récit*[86]:

«*En chaque point de la ligne suivie par le roman, l'avenir est entièrement ouvert, imprévisible, comme il va de soi s'il est vrai que le destin est contingent. Cette conception du futur comme lieu des possibles interdit toute prévision certaine, et le possible sur lequel le maître aimerait compter est tout aussi improbable que celui dont le lecteur attend sans cesse la réalisation. La loi de la nature ne peut pas servir à justifier la prétention à l'éternité de l'ordre établi, dès lors qu'elle est comprise comme un destin contingent. Le gouvernement arbitraire des personnages par l'auteur a pris fin de la même manière que celui du valet par le maître*».

La signification de *Jacques* repose donc sur un «système des paradoxes» accentué encore par la rupture des contrats de lecture, la disjonction des enchaînements, l'altération des coordonnées temporelles et spatiales, le changement des codes narratifs. *Mais ce système lui-même n'en est pas un: il s'ouvre à sa propre négation, toujours recommencée, qui est comme la pulsion insystématisable d'une liberté impossible à fonder dans l'antériorité de son affirmation malgré tout*[87].

NOTES

[1] Il existe au demeurant de nombreuses lectures athéistes de Pascal (dont celle de L. Goldmann, *op. cit.*, ou celle d'Henri Lefebvre).
[2] Celui-ci pouvant, bien entendu, *aussi* être reçu!
[3] A un point tel que certains spécialistes de Descartes et de Pascal ont parfois voulu «cartésianiser» complètement celui-ci (J. Laporte, G. Rodis-Lewis, etc.).
[4] Cf. Fr. Br. 76, 77, 79:
«*Ecrire contre ceux qui approfondissent trop les sciences. Descartes.*»
«*Je ne puis pardonner à Descartes; il aurait bien voulu, dans toute sa philosophie, pouvoir se passer de Dieu; mais il n'a pu s'empêcher de lui faire donner une chiquenaude, pour mettre le monde en mouvement; après cela, il n'a plus que faire de Dieu.*»
«Descartes. — *Il faut dire en gros:* '*Cela se fait par figure et mouvement*', *car cela est vrai. Mais de dire quels, et composer la machine, cela est ridicule. Car cela est inutile et incertain et pénible. Et quand cela serait vrai, nous n'estimons pas que toute la philosophie vaille une heure de peine.*»
[5] *Vaste question*: on n'y répondra évidemment pas ici dans sa généralité. Seulement quelques points d'articulation. Il n'existe pas d'éthique rationaliste abstraite. L'impératif kantien nécessite la transcendance de la valeur, de la communauté et de l'univers (en ce sens, et pour le formuler d'une manière extrêmement schématique, Kant reprend et laïcise Pascal). Certes il y a des morales pratiques rationalistes: Nietzsche a bien montré qu'elles n'étaient jamais qu'un compromis entre une espèce de sociologisme et la loi chrétienne «moins» Dieu ...
[6] Descartes pensait par exemple que le progrès scientifique ferait disparaître la mort. Il n'est évidemment pas dans notre propos d'examiner le problème de la morale chez l'auteur du *Discours de la méthode*. Retenons cependant que l'effort cartésien tente de répondre *positivement* aux questions ultimes sans y parvenir (cf. correspondance avec Christine de Suède); et que, *dès lors*, il «se replie» sur la morale provisoire. Par ailleurs, Descartes tente de soustraire la condition humaine au tragique de la *limite* (le mal, la souffrance, la mort ...) par une pragmatique volontariste. Pour une description analytique, deux références de base parmi des dizaines d'autres: F. Alquié, *La découverte métaphysique de l'homme chez Descartes*; G. Rodis-Lewis, *La morale de Descartes*.
[7] Fr. Br. 78. Selon Pascal, toute morale localisée doit *d'abord* être fondée en *éthique générale*. C'est pourquoi il rejette *à la fois* le *cynisme politique* (Machiavel, Hobbes ...) *et* le sociologisme moral. Cf. Fr. Br. 291, 293, 294:
«*Dans la lettre* De l'injustice *peut venir la plaisanterie des aînés qui ont tout.* «*Mon ami, vous êtes né de ce côté de la montagne; il est donc juste que votre aîné ait tout.*»
'*Pourquoi me tuez-vous?*'»
«'*Pourquoi me tuez-vous? — Eh quoi! ne demeurez-vous pas de l'autre côté de l'eau? Mon ami, si vous demeuriez de ce côté, je serais un assassin et cela serait injuste de vous tuer, je suis un brave, et cela est juste.*'»

«*... Sur quoi la fondera-t-il, l'économie du monde qu'il veut gouverner? Sera-ce sur le caprice de chaque particulier? Quelle confusion! Sera-ce sur la justice? il l'ignore. Certainement, s'il la connaissait, il n'aurait pas établi cette maxime, la plus générale de toutes celles qui sont parmi les hommes, que chacun suive les mœurs de son pays; l'éclat de la véritable équité aurait assujetti tous les peuples, et les législateurs n'auraient pas pris pour modèle, au lieu de cette justice constante, les fantaisies et les caprices des Perses et Allemands. On la verrait plantée par tous les Etats du monde et dans tous les temps, au* *lieu qu'on ne voit rien de juste ou d'injuste qui ne change de qualité en changeant de climat. Trois degrés d'élévation du pôle renversent toute la jurisprudence; un méridien décide de la vérité; en peu d'années de possession, les lois fondamentales changent; le droit a ses époques, l'entrée de Saturne au Lion nous marque l'origine d'un tel crime. Plaisante justice qu'une rivière borne! Vérité au-deçà des Pyrénées, erreur au-delà. (...) »*

[8] En septembre 1771, le père de Meister écrit de Paris à Bodmer (critique littéraire suisse allemand de la deuxième moitié du XVIIIe siècle, célèbre dans le monde germanique): «Diderot n'a pas encore commencé son Traité *de vita bona et beata*, mais il a écrit une charmante histoire, *Jacques le Fataliste* ».

[9] Pascal *continue* son activité scientifique pendant la période 1657-1662.

[10] 1749; 1769. On n'envisage évidemment pas ici toute l'évolution de la pensée de Diderot à ce sujet.

[11] Mais d'une façon elle-même *déjà* discontinue à de nombreux égards.

[12] Ouvrage auquel il reconnaît *cependant* des mérites: «J'ai lu trois fois le posthume d'Helvétius. C'est ma foi un excellent ouvrage plein de réflexions fines qu'il n'est pas donné à tout le monde de trouver, et d'inconséquences que tout le monde corrigerait d'un trait de plume» (à Mme d'Epinay).

[13] C'est le mot de Diderot.

[14] Point important, sur lequel on reviendra lors de l'examen de *Jacques*.

[15] *Réfutation de l'ouvrage d'Helvétius* ... Ce texte illustre un aspect capital de la négativité de *Jacques*: personne n'a le droit d'occuper le point de vue de la totalité parce que celui-ci nous échappe *en fait*; et il peut être comparé avec les fragments politico-moraux de Pascal.

[16] Sur le rôle de l'empirisme en général dans la philosophie du XVIIIe siècle, lire Roland Mortier, *Ombres et clartés du siècle des Lumières*. Cf. aussi A. Vartanian, *Diderot and Descartes*; R.A. Watson, *The downfall of cartesianism*.

[17] Cf. Pascal.

[18] *De l'interprétation de la nature* (1753).

[19] Nous soulignons.

[20] Ainsi que son *incarnation* mythique (le Christ).

[21] Pascal, *Pensées*, Fr. Br. 72.

[22] Adorno, *Théorie esthétique*; nous soulignons.

[23] *Interprétation de la Nature*.

[24] V. Jankélévitch, «La volonté de vouloir», in *Le Je-ne-sais-quoi et le Presquerien*, pp. 199 sv. Tout le chapitre III de l'ouvrage de Jankélévitch constitue une espèce de raisonnement systématisant sur la *problématique «imaginaire»* que Diderot, pour en conserver précisément la *possibilité* (au sens goldmannien), la *«disponibilité» significative*, entend maintenir dans l'insystématisable (Jankélévitch, étrangement, ne cite d'ailleurs jamais *Jacques le Fataliste* ...).

[25] Voir chapitre I, *Première parite*.

[26] Voir plus loin le *«savoir où aller»*.

[27] Fr. Br. 72.

[28] D'une façon elle-même «dialectique négative». Voir plus loin.

[29] Et c'est ici la «voix» de Pascal que l'on entend ... Cf. la critique par Diderot, qui a abandonné le projet d'un «système» de morale, du traité *De l'homme* d'Helvétius.

[30] G. Gusdorf, *Fondements* (...), *op. cit.*

[31] C'est aussi la question centrale du *Neveu de Rameau*.

³² Interprétation «vulgaire» fréquente du pari de Pascal: puisqu'on ne sait rien quant à Dieu, autant y croire, etc.
³³ *Jacques le Fataliste.*
³⁴ *Entretien d'un philosophe avec la maréchale de XXX (1774).*
³⁵ Fr. Br. 67. Cf. aussi Fr. Br. 68: «On n'apprend pas aux hommes à être honnêtes, et on leur apprend tout le reste (...)».
³⁶ Voir le précédent chapitre.
³⁷ Fr. Br. 82.
³⁸ Examiner cette question de l'illuminisme nous mènerait loin au-delà des limites de ce livre.
³⁹ 1743-1803.
⁴⁰ 1752-1803.
⁴¹ Joachim Ritter, Heinrich Steffer, etc.
⁴² Cf. la critique du romantisme chez Adorno.
⁴³ Voir la synthèse d'A. Montandon, «Laurence Sterne et le développement de l'*Empfindsamkeit* en Allemagne» (Actes du IXᵉ colloque de l'A.I.L.C.).
⁴⁴ Références: Cf. A. Nonnotte, *Dictionnaire philosophique de la religion*; Comtesse de Genlis, *La religion considérée comme l'unique base du bonheur et de la véritable philosophie*; J.J. Duguet, *Traité des principes de la foi chrétienne*; Du Préaux, *Le chrétien parfait honnête-homme ou l'art d'allier la piété avec la politesse, et les autres devoirs de la vie civile*; [Comte d'Autrey], *Le pyrrhonien raisonnable, ou méthode nouvelle proposée aux incrédules par l'abbé de ****; Lefranc de Pompignan, *La religion vengée de l'incrédulité par l'incrédulité elle-même*; F.X. de Feller, *Catéchisme philosophique ou recueil d'observations propres à défendre la religion chrétienne contre ses ennemis*; J. Abbadie, *Traité de la vérité de la religion chrétienne où l'on établit la religion chrétienne par ses propres caractères*; J. Croiset, *Parallèle des mœurs de ce siècle et de la morale de Jésus-Christ*; A. de Lombez, *Traité de la joie de l'âme chrétienne*; Bossuet, *Elévations à Dieu sur tous les mystères de la religion chrétienne.*
⁴⁵ Rappelons que notre perspective n'est pas historiographique: on n'envisage pas ici la question des influences et des sources. Sur le matérialisme de Diderot, lire U. Winter, *Der Materialismus bei Diderot.*
⁴⁶ A Mme de Meaux, 1769.
⁴⁷ Il n'est évidemment pas concevable, dans l'économie de ce livre, d'exposer l'ensemble de cet engagement, au demeurant multiple et complexe.
⁴⁸ D'où, notamment, le caractère tout à fait *spécifique* du dialogue chez Diderot: cf. R. Mortier, «Diderot et le dialogue philosophique», in *Liber amicorum L. Flam.*
⁴⁹ Cf. *Le Neveu de Rameau.*
⁵⁰ Fr. Br. 100.
⁵¹ Fr. Br. 194.
⁵² Fr. Br. 427.
⁵³ Voir note 50.
⁵⁴ On verra que l'Ecole de Francfort récuse cette capacité du rationalisme critique des Lumières...
⁵⁵ Par une espèce de «réformisme» relativement contractuel et «transactionnel» qui ne peut être *ni absolutisé* (fermé), *ni inscrit dans le finalisme d'une philosophie de l'histoire*...

⁵⁶ Chez Pascal, il faut, au contraire, vivre la tragédie (*intérieurement*).
⁵⁷ Trad. fr. 1974.
⁵⁸ *Dialectique de la Raison*: «La raison est totalitaire».
⁵⁹ Une référence de base: P. Connerton, *The tragedy of enlightenment*.
⁶⁰ Il faudrait dialectiser cette assertion. Mais ce n'est pas ici le propos.
⁶¹ Une discussion d'ensemble de la thèse n'a pas sa place ici. Faisons seulement remarquer son caractère nettement «idéaliste» (surévaluation du rôle du «penser» dans la *constitution* même de la société administrée, etc.).
⁶² Mais, peut-être, pour l'Ecole de Francfort, est-il déjà, à ce moment-là, *trop tard*...
⁶³ En fait, Diderot tente de surmonter l'antinomie rationalisme-empirisme par le recours à ce qu'on nomme ici la question du sens. Pour un examen d'ensemble de cette problématique, lire: E.B. Potulicki, *La modernité de la pensée de Diderot dans les œuvres philosophiques*. La discussion de cet ouvrage n'a pas sa place ici. Sur le statut du fragment chez Diderot, voir notamment: M. Duchet, *Diderot et l'Histoire des Deux Indes, ou l'écriture fragmentaire*.
⁶⁴ Se reporter à notre ouvrage *Littérature, idéologie et signification* (*op. cit*).
⁶⁵ «Penser? ... Penser! c'est perdre le fil.»; «L'homme n'est l'homme qu'à la surface», etc. P. Valéry, *Cahier B 1910* (*Tel quel*), in *Œuvres*, t. II, pp. 571 sv.
⁶⁶ On schématise ici à l'extrême une argumentation complexe et qui, de plus, ne se livre que fragmentairement (la *Dialectique de la Raison* est, en grande partie, un ouvrage lui-même placé sous le signe de la discontinuité — ce qui ne nous étonnera pas).
⁶⁷ *D.R.* Cf. ce qui a déjà été dit sur le «contenu de vérité».
⁶⁸ *Idem*. On aura reconnu ce qui a été désigné ici comme point de vue pascalien. Nous soulignons.
⁶⁹ *Ibidem*. Nous soulignons. C'est exactement ce qui est envisagé dans *Jacques* comme refus de la *prévisibilité acquise*.
⁷⁰ *ibidem*. Nous soulignons.
⁷¹ Voir plus loin.
⁷² Voir Roland Mortier, *L'originalité. Une nouvelle catégorie esthétique au siècle des Lumières* (Diderot: 153-162).
⁷³ *Jacques le Fataliste*.
⁷⁴ Sur Goethe, Schlegel et Zelter, voir R. Mortier, *Diderot en Allemagne, op. cit.*, pp. 220-238. Les conséquences de cette erreur d'appréciation (de cette *phantasmatisation monolithique*) d'un des aspects essentiels de la philosophie des Lumières sont nombreuses et importantes dans la réflexion philosophique, politique et sociologique d'Adorno. Ce livre n'étant pas consacré à l'examen critique de celle-ci, on se contentera d'en noter quelques-unes, dont la *surestimation* d'une identité *dès lors absolument* régnante, la non-relativisation du pragmatisme (qui risque d'en conforter objectivement l'absolution), la fermeture du principe éthique de l'alternative nécessaire (qui condamne *a priori* l'invention des possibles), etc. Pour résumer très schématiquement: *le moindre des paradoxes n'est peut-être pas que la théorie critique s'auto-limite partiellement en «réfléchissant» la société administrée qu'elle condamne* ... En intertexte, lire le beau livre de V. Jankélévitch, *L'alternative*.
⁷⁵ *Minima Moralia*.
⁷⁶ Lettre à Landois, 1756. Nous soulignons.

[77] Cf. la conclusion du chapitre précédent.
[78] Nous soulignons.
[79] Il s'agit là d'une image. Cette œuvre très complexe ne s'y résume évidemment pas. Dans une très abondante bibliographie, on peut lire les *Entretiens sur «Le Neveu de Rameau»* de M. Duchet et M. Launay.
[80] Pour une contextualisation historique de la pensée de Diderot à l'égard de la liberté, voir notamment P. Vernière, *Spinoza et la pensée française avant la Révolution* (Diderot: pp. 555-561).
[81] Voir l'introduction de S. Lecointre et J. Le Galliot à l'édition des T.L.F. Même si elle est importante, la problématisation du romanesque ne peut être considérée comme la dimension centrale privilégiée de *Jacques* (thèse de R. Mauzi, «La parodie romanesque dans *Jacques le Fataliste*»).
[82] On ne suit donc pas l'interprétation *dualiste* de L. Crocker (*The Embattled Philosopher*, ainsi que l'étude sur *Jacques* dans *Diderot Studies*, III).
[83] *Jacques le Fataliste* date de ± 1773, mais le début (et/ou le premier jet) est de 1771 et Diderot a fait, par la suite, de nouveaux ajouts. La première édition (posthume) est de 1796, Nous n'en avons pas le texte original. Des copies en ont circulé auparavant (*Correspondance littéraire*, 1778, 1780), mais l'œuvre n'était connue que d'un public restreint. Pour l'histoire du texte, la référence de base est: R. Mortier, *Diderot en Allemagne* (pp. 220-238). Pour une histoire résumée de sa réception: J. Proust, *Lectures de Diderot*.
[84] Même démarche créatrice chez Pascal et Hölderlin...
[85] On les a parfois détachés de l'ensemble pour en faire des «morceaux séparés», ce qui est un véritable non-sens...
[86] E. Köhler, «*Est-ce que l'on sait où l'on va?* Zur strukturellen Einheit von Diderots Jacques le Fataliste et son Maître» (trad. J. Proust).
[87] On est donc ici très éloigné de l'interprétation de F. Pruner (*L'unité secrète de Jacques le Fataliste*).

Chapitre 3
Tragédie, folie, fragment

Pour Pascal, *ne pas savoir où aller* est la condition tragique de l'homme séparé du sens. Chez Diderot, dans *Jacques*, cette imprévisibilité devient le signe énigmatique de la liberté[1]. *Le sens est «par devant» nous, parce que l'on ne sait où l'on va.* Dans la poésie de Hölderlin, *il faudra passer par des chemins qui ne mènent plus nulle part[2], pour pouvoir advenir à la question du sens.* Car celle-ci s'est *déjà* opacifiée : c'est sa nouvelle situation (dont Hölderlin prend une conscience aiguë dès la genèse d'*Hyperion*, vers 1794-1795). Les dieux ont quitté le monde, sans espoir de retour. Tous les dieux. La voie est libre, mais le chemin ne mène plus nulle part. S'il faut «avancer», ce sera cette fois *malgré tout* et *parce que*. Il n'y a, en effet, plus rien à attendre : rien ne nous est plus promis, même pas la capacité de vivre sans aucune promesse (comme chez Diderot). Il n'y a plus de patrie, même lointainement antérieure, dont nous proviendrait une lumière *efficace* (comme on dit de la grâce); et toute *communauté* entre les êtres vivants est hors d'atteinte comme certitude. «Abandonnés par l'homme, les sentiers sont ombre et les arbres désespèrent» (*Patmos*,

II). Dans le premier cas, la «misère» est l'irréparable moment de l'existence : celle-ci ne peut y échapper, car elle est enfermée dans les trois dialectiques du divertissement, du narcissisme et du désir. Seule sa «relativisation absolue» par rapport au sens (à Dieu) permet, par l'inguérissable maladie de vivre, d'entrevoir ce que pourrait être, dans un instant de joie *surhumaine*, l'«immanence du sens à la vie»[3] qui est à jamais perdue. Dans le second, cette relativisation se formalise comme signifiant du destin. Dans la mesure où l'espace d'une action, d'un pragmatisme et d'un volontarisme, est concevable[4] dans le pari même sur la liberté, une discontinuité «heureuse» *apprivoise*, dans la sérénité critique, le désarroi humain en ses innombrables conséquences. Dans le troisième, après la rupture (catastrophique) d'avec Dieu (Pascal), la mort (déproblématisée) de celui-ci (Diderot), voici venu le temps de la *modernité* : le *négatif* sera non pas le moteur d'un questionnement encore ouvert, *mais l'ultime recours pour que l'interrogation demeure dans un monde vécu comme totalement exilé même de la nostalgie (Pascal) ou de l'utopie (Diderot) du sens. Parier sur la négativité* pour qu'en provienne peut-être *la souveraineté d'une paix joyeuse* et la «réconciliation» avec l'insupportabilité de la prose mondaine comme *ignorance de celle-ci à un point tel qu'elle disparaisse de l'horizon*, libérant la capacité du mythe et la parole «enfantine» des premières évidences (une «nouvelle aurore», pour reprendre la formule de Nietzsche, qui fut l'un des premiers à saisir l'importance significative de la poésie de Hölderlin) : tel est le «programme» (bien entendu ici très abstraitement reconstitué) de la *pensée imaginaire* du poète.

Pour celui-ci, l'expérience essentielle est la communication avec l'*immédiateté*; et celle-ci fuit toujours. L'immédiat seul importe; il est indicible; j'y suis, et j'en suis séparé. C'est bien pourquoi la poésie, ainsi conçue et vécue, est, d'une part, une mise en cause (elle-même philosophique[5]) de toute philosophie systématique en tant que celle-ci est incapable de rendre compte de l'«épiphanie joyeuse de l'instant»; et, d'autre part, une négation de toute discursivité abstraite «à propos de ...». *L'énigme de l'instant* hante l'œuvre de Hölderlin. Pour parvenir à l'atteindre (évidemment pas à la résoudre), il s'agit d'abord, pour le poète, de traverser les médiations, les commentaires, les idéologies: le mensonge de ce qui parle *à la place de l'autre, de ce qu'il n'est pas — toute la vraisemblance de l'être-là.* Cela seul nous laisserait déjà entendre combien la pensée poétique d'Hölderlin convoque la discontinuité, et ceci au moins pour deux raisons, l'une «externe» et l'autre «interne»:

1. parce que la difficulté «technique» qui résulte de cet effort pour fixer l'instant fait du poème la *trace* d'une telle tentative[6] et de sa problématicité — «moment formel» fragmentaire arraché à l'impossibilité ontologique;

2. parce que cette fragmentation même figure et matérialise l'instantanéité absente, toujours déjà *en allée*[7].

D'où le recours par le poète à l'expression formulaire, à la syntaxe syncopée et à ce qu'on appelle à sa suite le *ton fondamental* qui réalise la «simplicité première». Cette entreprise consiste à *extraire le vers, la poésie même, de la contingence déguisée en nécessité de l'identique.*

La pensée de Hölderlin — véritable métaphysicien de l'imaginaire — s'efforce dès lors, pour surmonter la médiation, de *s'actualiser dans la concrétude symbolique de l'image* — par exemple, celle du fleuve, actualisation mythique de l'*illimité*, qui est, avec l'*instabilité*, la *contradiction* et le *doute*, l'une des catégories centrales de la vision du monde du poète[8]:

> «(...)
> *Comme les fleuves glissent dans la vaste mer,*
> *Ainsi les temps se précipitent vers toi*

*Dans le sein des anciennes éternités,
Dans les profondeurs du chaos tu demeures (...) ».
« (...)
De joie, nous sortons où le Fleuve te célèbre, nous dévoilons,
ô Bien-aimé,
Nos poitrines brûlantes à ton souffle d'amour, et nous plongeons
Dans le Fleuve, et nous joignant à son allégresse, nous te
nommons Frère (...) ».*

*« (...)
Sans souci de ma sagesse
Les eaux grondent, et pourtant
J'aime à les entendre, et souvent elles me remuent
Et m'arment le cœur, les Puissantes;
Ma voie, non, mais tout droit
Elles suivent et descendent la voie vers la mer (...) »*[9].

Le fondement de cette pensée n'est pas donné *a priori*; et même il se dérobe sans cesse. *Car ce qui nous interpelle est la recherche éperdue et souffrante de la synthèse manquante qui serait précisément le fondement du «penser» de «la» vie*[10]. *Et celle-ci ne s'appréhende que dans et par ce manque qui la constitue donc négativement*:

«Toute clairvoyance est refusée au désir,
*Et les plus aveugles sont encore
Les fils des dieux (...)
(...) à ceux-là fut donné ce défaut
Dans leur âme toute naïve
De ne savoir où ils s'en vont
Enigme, ce qui naît d'un jaillissement pur! (...) »*[11]

Le *fleuve, fils des dieux*, est un *enfant* qui vient de naître. Sa signification est sa condition même de ne pas savoir où aller. C'est une énigme où se rejoue la dialectique «ironique» (déjà étudiée chez Diderot) du déterminisme et de la liberté:

*« Mais devant la destinée
Toute clairvoyance est refusée au désir (...)
(...)*

> *Mais un être qui sache*
> *Demeurer dans sa liberté*
> *Tout au long de sa vie, et soi-même*
> *Exaucer les vœux de son propre cœur*
> *Comme le Rhin, où donc le découvrir, (...)* ».

Il s'agit de demeurer libre dans son destin, lucide dans l'opacité d'une nécessité ignorée : impératif catégorique « imagé » par le fleuve (le fils des dieux, l'enfant). Cette exigence de l'esprit (la raison du cœur) ne dispose d'aucun moyen et ne répond à aucune promesse. Une espérance demeure cependant à celui qui a cherché « toujours une autre voie » et qui a « sondé depuis longtemps tous les chemins »; *une espérance qui provient de cette première désespérance absolue de l'abandon radical*, mais qui se manifeste seulement par un *signe*. Celui-ci, pur signifiant d'un « autre chose » indésignable, justifie encore que, jusque dans l'errance et l'ignorance quant au sens, l'idée de « fêter » la communauté et l'univers soit concevable — mais sans qu'on puisse, par contre, concevoir en quels termes et à quelle fin... Cette espérance si particulière est le *devoir* catégorique d'espérer; *la « non-réponse » du qui perd gagne au désarroi et à la dérision* :

> « *(...) C'est à nous qu'il appartient*
> *De rester debout, tête nue, ô poètes,*
> *Sous les orages de Dieu, de saisir de notre propre main*
> *Le rayon du Père, l'éclair*
> *Lui-même, et de tendre aux foules, sous son voile*
> *De chant, le don du ciel (...)* ».

L'homme sans Dieu erre dans la misère du non-sens, solitaire et désespéré. La complaisance « moderne » avec cette misère est rejetée. Il faut certes renoncer à guérir, mais une « espérance » demeure, « tenace »; un signe est exigé dans la volonté d'une attente qui désire la « fête ». C'est le pari sur la communauté et l'univers (« les âmes en un seul chant jointes » / « Chanter avec d'autres »); à savoir sur la négativité même puisque ces idées sont complètement obscurcies. L'amour «représente» ce signe, en tant qu'il signifie (voir *Première partie*). Il revivifie «l'enfantine paix heureuse» et signale «un temps meilleurs» — celui de la proximité avec le sens («le dieu tout proche»). Mais l'amour est devenu *inactuel*. Son seul écho présent est la névrose d'abandon, la mélancolie dépressive. La joie est hors d'atteinte. Le ciel, vide. La seule possibilité de vivre la question du sens, c'est d'en vivre l'impossibilité et d'affirmer contre celle-ci un nouveau «possible» qui s'invente dans la fiction de son exigence («quand la fête s'anime et le flot de l'amour frémit»)[12] :

«
1
Chaque jour, je m'en vais, cherchant toujours une autre voie,
Et j'ai sondé depuis longtemps tous les chemins;
Là-haut je hante la fraîcheur des cimes, et les ombrages,
Et les sources; l'esprit erre de haut en bas
Cherchant la paix: tel le fauve blessé dans les forêts
Où l'abritait naguère l'ombre de midi;
Mais la tanière verte ne conforte plus son cœur,
Il gémit, sans sommeil, où l'aiguillon le traque;
Nul secours de la fraîche nuit, de la chaude lumière,
Et dans les eaux du fleuve il baigne en vain ses plaies.
Et de même qu'en vain la terre lui offre ses simples,
Que nul souffle n'apaise la cuisson du sang,
En ira-t-il ainsi de moi, bien-aimés, et personne
Qui de mon front écarte ce funeste rêve?

2
Certes, il ne sert à rien, dieux de la mort! quand une fois
Vous le tenez, l'homme dompté, entre vos griffes,
Quand vous l'avez, cruels, entraîné dans l'horrible nuit,
De chercher, de gémir ou de vous insulter;
Ni même d'endurer patiemment l'exil craintif
Et avec le sourire votre sobre chant!
S'il le faut, renonce à guérir, et dors plutôt sans bruit!
Pourtant demeure une espérance en moi, tenace,
Tu ne peux pas encore, ô mon âme, non, pas encore
Te résigner, tu rêves au plus froid du sommeil!
Nulle fête ... et pourtant je voudrais couronner mon front:
Ne suis-je donc pas seul? Il faut que de très loin
Me soit venu un signe, et je dois sourire, surpris,
De me sentir ainsi comblé dans la douleur.

3
Lumière de l'amour! éclaires-tu aussi les morts?
Signes d'un temps meilleur, brillez-vous dans ma nuit?
Soyez, gracieux jardins, et vous, montagnes empourprées,
Les bienvenus, et vous, muets chemins des bois,
Témoins d'un tel bonheur, et vous étoiles souveraines
Dont les regards alors m'ont tant de fois béni!
Et vous, amants aussi, ô beaux enfants du jour de mai,
Calmes roses, et vous, lys, que de fois je vous loue!
Sans doute les printemps s'en vont, une année chasse l'autre,
Alternant, combattant, ainsi le temps passe en orages
Au-dessus des mortels, mais non pour les yeux bienheureux,
Et aux amants une autre vie est accordée.
Car les jours, les ans des astres, tous étaient, Diotima!
Autour de nous éternellement réunis.

4
Mais nous, calmes ensemble, ainsi que les cygnes aimants
Qui se reposent sur le lac ou, s'y berçant,
Contemplent dans les eaux le reflet d'argent des nuages,
Et l'éther bleu roule au-dessous de leur étrave,
Ainsi cheminions-nous sur la terre. L'ennemi des amants,
Le vent plaintif du nord soufflait-il, et les feuilles
Tombaient-elles des branches entre les averses de pluie,
Nous demeurions sereins, sachant le dieu tout proche
Entre les mots confiants; les âmes en un seul chant jointes,
Seuls, accordés dans l'enfantine paix heureuse.
Maintenant la maison m'est un désert, et ils m'ont pris
Mes yeux, avec elle c'est moi que j'ai perdu.
C'est pourquoi j'erre ainsi, et sans doute devrai-je vivre
Telle une ombre, et plus rien pour moi n'a plus de sens.

5
Ah! je voudrais fêter, mais quoi? et chanter avec d'autres,
Car, ainsi solitaire, le divin nous faut.
Tel est, tel est mon crime, je le sais, voilà pourquoi
Je suis maudit, rompu à peine relevé,
Et je reste des jours muet comme un enfant, inerte,
A peine si je pleure encor de froides larmes
Et si les fleurs des champs me touchent, les cris des oiseaux
Qui sont aussi, avec la joie, hérauts du ciel;
Mais dans mon cœur glacé, le soleil qui donne la vie
S'éteint stérile, tels les rayons de la nuit,
Hélas! et vide, et nul comme murs de prison, le ciel
N'est plus sur mes épaules qu'un poids qui les voûte.

6
Toi que j'ai connue autre, ô Jeunesse, n'est-il prière
Qui te ramène, et sentier qui de toi rapproche?
En ira-t-il de moi comme de ces impies, jadis,
Qui, pour avoir siégé aux tables bienheureuses,
Les yeux brillants, convives ivres, bientôt saturés,
Se sont tus maintenant et sous le chant de l'air,
Sous la terre fleurie maintenant dorment, jusqu'au jour
Où ces enfouis, un prodige les contraindra
A revenir fouler encore une fois le sol vert?
Un divin souffle irrigue la figure claire
Quand la fête s'anime et le flot de l'amour frémit,
Quand, nourri par le ciel, le vivant fleuve gronde,
Qu'il tonne aux profondeurs et que la nuit rend ses trésors,
Et qu'au fond des torrents enseveli, l'or brille.

7
Mais toi qui me montrais au carrefour, alors déjà,
Consolante, quand je sombrai, beauté plus haute,
Toi qui m'appris, inspiratrice, à voir les choses grandes
Et, comme eux calme, à chanter plus gaiement les dieux,
Me reviens-tu, leur fille, m'accueilles-tu comme jadis,
M'enseignes-tu, comme jadis, leçon plus pure?
Vois! devant toi je ne sais que me plaindre, même si
Pensant à ces plus nobles jours, l'âme en a honte.
Si longtemps en effet sur les chemins las de la terre,
Trop bien habitué à toi, je t'ai cherchée,
Gardienne heureuse! mais en vain, et des années ont fui
Depuis ces soirs dont l'éclat portait notre attente.

8
Toi seule, ta lumière, ange! te garde en la lumière,
Et ta patience, ô héroïne, te préserve!
Tu n'es même pas seule: assez de compagnes te restent
Où tu reposes entre les roses de l'année;
Et le Père lui-même, en la douce haleine des Muses,
Te dispense pour berceuses de tendres airs.
C'est elle encore intacte! Je revois, silencieuse,
L'Athénienne venir à moi comme autrefois!
Et de même que ton rayon, jailli du front pensif,
Esprit propice, à coup sûr bénit les mortels,
Tu attestes, et me dis afin que j'aille le redire
Aux autres, car ils ne le croiraient pas non plus,
Que la joie est, plus que souci et colère, immortelle,
Et qu'un jour d'or couronne encore chaque jour?

9
Ainsi rendrai-je grâces, ô habitants du Ciel! Enfin
Le chanteur prie avec une âme plus légère.
Et comme au soleil des hauteurs, avec elle, jadis,
Un Dieu du fond du temple parle, et me rend vie.
Je vivrai donc! déjà le vert paraît! Telle une lyre,
Appellent les montagnes d'argent d'Apollon!
Viens! ce ne fut que rêve! et déjà les ailes blessées
Guérissent, et toutes les espérances renaissent.
Beaucoup de choses grandes nous attendent encore, et qui
Aima ainsi ne peut que monter vers les dieux.
Accompagnez-nous donc, ô heures consacrées, ô graves
Heures jeunes, restez, pressentiments divins,
Auprès de nous, pieuses prières, et vous ferveurs, et vous
Bons génies qui auprès des amants vous plaisez:
Restez-nous jusqu'au jour où, sur une terre commune,
Là où les Bienheureux sont prêts à redescendre,
Où sont les aigles, les étoiles, les messagers du Père,
Où sont les Muses, d'où héros et amants viennent,
Nous nous retrouverons, ou bien sur l'île de rosée
Où les nôtres enfin dans les jardins fleurissent,
Où les chants disent vrai, où la beauté des printemps dure,
Où pour notre âme une autre année encore s'ouvre.

L'étant formel du texte réalise organiquement ce volontarisme, par la réitération contrastive, la disjonction entre question et réponse, la non-vectorialité, la fragmentation du concept, la contradiction immanente, ... Il en «démontre» la force fragile par un «assemblage», une sérialité sémantique s'autorisant du seul geste poétique qui la promeut.

La «non-réponse» de la recherche négative s'inscrit dans la géographie imaginaire de découpages mythico-phantasmatiques: l'Orient (la Grèce hellénistique) est l'origine du monde, l'absence du temps, l'indifférencié premier, le règne de l'éternité; l'Occident localise la dégradation du temps en histoire; le Sud est livré à la destruction des limites par la passion violente; et dans le Nord prévaut la raison analytique et la dissociation critique. Le sujet — celui qui parle comme sujet dans les poèmes — sait ce qu'il en est de l'origine du monde, donc n'est plus lui-même originel; et, dans la conscience de cette déperdition, il découvre paradoxalement la lumière qui auparavant (dans le mythe qu'il reconstitue : celui de la *fusion primitive*) l'aveuglait de son évidence immédiate [13]. C'est pourquoi, plutôt que de « retour » à l'Antiquité, il faut ici parler d'*intégration singulière* et fonctionnelle (sur le plan symbolique) de celle-ci, d'ordre à la fois éthique et esthétique, et servant à penser poétiquement le présent. Celui-ci, à la limite, n'existe pas, n'a plus aucune efficace significative. Le recours « antique » consiste donc en une tentation d'« appropriation », d'adoption d'un présent tragiquement absent, c'est-à-dire pour lequel il n'y a plus de sujet historique visible, concevable. On ne peut mieux dire *que le sens est venu à manquer, et que par là seulement il peut à présent encore « exister »* dans le creux de la négation. L'univers a perdu toute *plénitude* et il s'illimite par-delà toute frontière pensable : l'antériorité du sens n'existe plus qu'en tant que *nostalgie mythique*, mais, en même temps, dans le même mouvement qui en opère la disparition effective, il n'y a plus non plus d'avenir envisageable qui soit la *promesse de l'aube*. Celle-ci peut seulement être revendiquée par l'exigence de valeur qui en alimente encore l'insatiable désir, lequel, aveuglement confronté au vide, « crée » *inutilement* dans l'infini. On songe à ces vers de Guillevic qui, dans la *nécessité* incontournable d'une modernité devenue le *système de la désillusion*, reformulent la célèbre pensée de Pascal :

> « *Mais tu n'as jamais cru*
> *Que crier pût servir*
> *Quand c'était dans l'espace*
> *Horriblement vacant* » [14].

Hölderlin naît à Lauffen, en Souabe, au bord du Neckar, en 1770 [15], dans un milieu petit-bourgeois dont les valeurs normatives, incarnées par sa mère, sont notamment : l'amour du pays réel, la piété sans mysticisme et le moralisme sociologique le plus conformiste, la «modestie» sociale, la gestion parcimonieuse du patrimoine, la confusion de l'équité et de la justice... Il fait des études religieuses au séminaire de Tübingen, où il est le condisciple et l'ami de Hegel et de Schelling. Dès son séjour au Stift, et alors même qu'il s'intéresse aux idées philosophiques et politiques françaises (Fénelon, Helvétius, Rousseau, ...) [16], il manifeste à l'encontre de la religion institutionnelle qui lui est enseignée, une nette hostilité. Elle lui paraît, en effet, incompatible avec la vraie foi en Jésus-Christ [17] :

« Très chère maman,
Votre bonté me confond. Il me reste fort à faire pour vous égaler dans le bien, et vous me donnez tant d'occasions de vous imiter! Pardonnez-moi, chère maman, si dans ma dernière lettre, j'ai laissé échapper des paroles contraires au respect filial. C'est très sérieusement que je renonce au voyage à Nürtingen. Je n'aurais guère pu vous voir en si peu de temps, et pour une plus longue durée je n'aurais pas obtenu de congé. Mais si c'est possible, je viendrai dans le courant de ce mois.
Voici le sermon que j'ai fait hier (c'est-à-dire dimanche). J'ai été cette fois un peu plus prolixe que la première fois. J'ai pris plaisir à développer un sujet dont la connaissance exacte et précise m'importe chaque jour davantage. Si l'on examine la question de près, est-il dit dans un certain passage, la foi en Jésus-Christ est la condition de toute religion, de toute certitude de l'existence de Dieu et de l'immortalité, et depuis un certain temps ce sujet me préoccupe plus qu'à l'ordinaire. Je crois qu'il y a beaucoup de bons chrétiens qui ne conçoivent pas toute l'ampleur de ce dogme; non pas qu'ils manquent de foi quand on le leur explique, mais il faudrait qu'ils soient placés dans des situations qui leur permettraient de reconnaître sous ce jour le caractère proprement indispensable de la religion chrétienne. Permettez-moi de vous dire, chère maman, comment je suis arrivé à cette conclusion. Les preuves de l'existence de Dieu et de ses qualités, révélées par la Nature, preuves que nous fournit la raison, ont fait, parmi les multiples matières philosophiques, l'objet de mes études; j'y ai apporté un intérêt dont je ne rougis point, bien que cela m'ait amené à des idées qui vous auraient peut-être inquiétée si vous en aviez eu connaissance. Je n'ai pas tardé à m'apercevoir, en effet, que ces preuves de l'existence de Dieu et de l'immortalité qui fournit la raison étaient si imparfaites qu'un adversaire résolu en réfuterait sans peine l'ensemble, ou du moins certaines parties

essentielles. C'est à ce moment que me sont tombés entre les mains des écrits de Spinoza, grand homme du siècle passé qui, bien qu'athée au sens strict du terme, ne manque pas de noblesse. J'ai constaté qu'en examinant les choses de près, la raison, la froide raison que le cœur délaisse, nous amène forcément à adopter ses idées, si l'on veut tout expliquer. Mais que faire alors de la foi de mon cœur, qu'anime de façon irrécusable le désir d'éternité, de Dieu? Mais n'est-ce pas précisément ce que nous désirons *qui nous inspire les plus grands doutes? (comme je le disais aussi dans mon sermon). Qui donc nous aidera à sortir de ce labyrinthe? Le* Christ. *Ses miracles nous prouvent qu'il est ce qu'il dit être, qu'il est Dieu. Il nous enseigne si clairement l'existence de la divinité, son amour, sa sagesse et sa toute-puissance. Il doit savoir qu'il y a un Dieu et ce qu'il est, étant intimement lié à la divinité. Etant Dieu même.*

Voilà, depuis un an, comment a évolué ma connaissance de la divinité » [18].

La *tension* intellectuelle que vit Hölderlin confronte cette exigence du sens [« Mais n'est-ce pas précisément ce que nous *désirons* qui nous inspire les plus grands doutes? (...) Qui donc nous aidera à sortir de ce labyrinthe? (...) »] avec les deux « réponses » du *fidéisme christique « pascalien »* et du *rationalisme critique des Lumières*, « inspirateur » (très indirect en fait, mais la question n'est pas là) des idées de la Révolution française qu'il admire et acclame. Une médiation lui est proposée par la pensée de Rousseau dont il lit avec ferveur tant le *Vicaire Savoyard* que le *Contrat social...* : rien là de bien original dans le contexte germanique de l'époque [19]. Mais cette tension va devenir chez lui tout à fait *singulière* et elle va dynamiser l'imaginaire : on verra par la suite de quelle façon. Refusant le pastorat, qui lui paraît être une profession mensongère par rapport à ses idées et incompatible avec sa vocation, le jeune Hölderlin est condamné au préceptorat [20]. Il obtient son premier poste auprès d'une amie de Schiller, Charlotte von Kalb, ce qui le place dans une situation psychanalytique très particulière. En effet, Hölderlin est littéralement fasciné par Schiller, non seulement parce que celui-ci est un écrivain déjà célèbre, « arrivé », mais surtout parce qu'il représente pour lui une *souveraineté complètement inaccessible* qui le renvoie à un *déficit narcissique profond*[21] :

«*J'aurais pu, d'après elle* [= Charlotte von Kalb], *avoir le bonheur de vivre quelques mois auprès de vous. Je ressens profondément* ce que je viens de manquer. *Je n'ai jamais autant* perdu par ma faute. *Laissez-moi cette croyance, noble et grand homme! Votre proximité* aurait opéré des miracles en moi. Pourquoi faut-il que je sois si pauvre et je porte tant d'intérêt à la richesse d'un esprit? Je ne serai jamais heureux. Cependant il faut de la volonté, *et j'en ai. J'ai celle de devenir un homme (...)*»

On remarquera, dans cette lettre, un *réseau thématique* qui peut se lire à plusieurs niveaux[22] :

1. *D'un point de vue strictement psychanalytique*, les signes sont réunis qui désignent la «fêlure» de Hölderlin (pour reprendre un terme de G. Deleuze) : *le ressenti lancinant d'un «défaut»*, à la fois manque et culpabilité, et d'une perte compulsive; *le besoin fusionnel d'une «proximité»* susceptible de réparer, de compenser, d'apaiser ce manque fondamental[23]; *la certitude dépressive du désarroi*; *l'absence de «possible»* («Je ne serai jamais heureux») et le *volontarisme abstrait*. Depuis longtemps Hölderlin est atteint d'un sentiment avancé d'*incomplétude* et il se sent dessaisi de sa maîtrise destinale[24].

2. *D'un point de vue plus spécifiquement psycho-existentiel*, il est difficile de ne pas voir dans ce «tableau» une évocation de ce que Pascal décrit phénoménologiquement comme étant la misère — advenue à sa conscience réflexive, lorsque se déchire le voile du divertissement — de l'homme sans Dieu, coupé du sens, empêtré dans la faute (le péché), en quête extasiée du miracle qui pourrait le sauver, complètement effondré dans sa «pauvreté en esprit», croyant encore en la force de sa volonté autonome, mais se sachant déjà condamné à l'échec et au malheur.

3. *D'un point de vue métaphysique*, enfin, nous voici devant ce qu'on a précédemment appelé *la «non-réponse» de la négativité*. En effet, *le pari volontariste ne se fait ici*

aucune illusion sur sa chance de réussite: la liberté est «inutile» car le sort est déjà joué («Je ne serai jamais heureux»), et la prévisibilité est certaine, qui n'annonce *que* le malheur. D'autre part, *aucune issue «transcendante» ne s'offre*: la négativité seule est dans le monde où le positif n'est que le mensonge à ce point sans consistance significative que son abstraction règne sans aucune «concession» à l'illusion de la valeur...

Certes, il est concevable, à partir de telles considérations, d'appréhender l'œuvre de Hölderlin comme un *«réponse névrotique»* bientôt fissurée par la *dépression* et sombrant par la suite dans la *psychose*[25]. Mais un tel *usage* (qu'il faudrait au demeurant discuter en ses principes méthodologiques) se heurte au moins à trois difficultés majeures[26]:

1. *Il fait l'économie de la souffrance et de la névrose comme signification*. Or, dans le monde tel que Hölderlin le vit et le pense (et que l'on peut interpréter comme étant celui de la «modernité» à son avènement), la souffrance est la *protestation* qui échappe, dans une mesure au moins relative, à l'accomplissement d'une réification de plus en plus avancée. Adorno écrit à ce propos:

«*Le besoin de donner la parole à la souffrance est la condition de toute vérité. Car la souffrance est l'objectivité même qui pèse sur le sujet; son expérience la plus subjective, l'expression de cette douleur, est transmise objectivement*»[27].

Plus exactement, la vérité de la souffrance est aussi la vérité de la névrose. Celle-ci constitue le «procès vécu» de *la liberté comme ironie*, telle qu'elle nous était apparue dans *Jacques le Fataliste*: ce «je» qui pouvait parier sur la liberté n'est pas «moi». Le sujet de l'action, du pragmatisme, du «réformisme» est un sujet abstrait, *déjà pris dans la nécessité*, emporté dans la régression de la raison, lors même qu'il se pare de la responsabilité de son possible destinal...:

«*(...) tout contenu de vérité des névroses provient de ce que celles-ci démontrent que le je est, au plus profond de lui-même, privé de liberté par quelque chose qui vient de l'extérieur*[28], *par le sentiment que ce n'est pas moi du tout*»[29].

2. *Il liquide abstraitement le problème formel*, à savoir la réalisation esthétique qui *formalise* la souffrance et l'empêche précisément de s'offrir à la compassion ou au dédain. Or cette formalisation peut aller jusqu'à inscrire la douleur *dans le processus de production du signifiant* (écrire, créer «avec de la douleur»). Dans cet accomplissement formel, d'une part la souffrance névrotique s'*objectalise*, et acquiert donc une «distance à soi» qui fait échec tout autant à la pitié qu'au désir thérapeutique de «normalisation»; et, d'autre part, elle résiste à sa banalisation, sa généralisation («ce n'est jamais qu'une névrose parmi d'autres», etc.): elle devient *spécifique*.

3. *Il ignore et censure la philosophie même qui est le «penser» lucide et conscient de la «vérité» névrotique*: celle que Pascal entrevoit déjà lorsqu'il développe sa triple dialectique négative du divertissement, du narcissisme et du désir. Or le «point de vue métaphysique»[30] ne renvoie pas seulement aux deux autres (psychanalytique, psycho-existentiel): il leur *«non-répond»*, si l'on ose dire. Ou si l'on préfère, *il les interprète négativement*: il refuse d'en admettre la loi (le «ce n'est que» *cela*, la réduction). *Car il fait de celle-ci à la fois l'infranchissable limite qui sépare l'homme du sens et le défi d'un malgré tout qui parie sur rien* («Je ne serai jamais heureux. Cependant il faut de la volonté, et j'en ai»):

«*On devient un homme grâce à une activité incessante, en s'efforçant d'agir par devoir, même si celui-ci n'apporte que peu de joie et paraît bien mesquin, pourvu que ce soit un devoir*».

Le second préceptorat de Hölderlin lui fait rencontrer Suzette Gontard (1796-1798). Celle-ci, idolâtrée, va devenir la *Diotima* d'*Hypérion*. Cependant, la figure féminine du roman était *déjà* esquissée dans un premier fragment, antérieur à la révélation amoureuse. Suzette Gontard va, en quelque sorte, *entrer* dans une schéma préconstruit. *Déclassé*, bientôt humilié par le mari de Suzette (qui, au cours d'une scène, ayant appris le caractère passionnel de la relation de sa femme avec le précepteur de ses enfants, traite celui-ci comme un domestique), Hölderlin se sent à nouveau *non reconnu*, rejeté, et contraint de donner son congé. Il trouvera d'abord une place en Suisse, puis, finalement, à Bordeaux chez le consul d'Allemagne. On ignore ce qui s'est passé durant son séjour en France. Toujours est-il qu'il quitte son poste soudainement, traverse tout le pays, probablement à pied, et réapparaît un jour en Allemagne, sur le pont de Nürtingen, hagard, prononçant des paroles incohérentes, en état de choc nerveux. Nous sommes en 1802 et à partir de ce moment, pour son entourage, Hölderlin est atteint d'une maladie mentale. De 1807 à 1843, le poète est définitivement considéré comme fou. On tentera de le «soigner» (1806), puis on le placera chez le menuisier Zimmer (1807 →), à Tübingen, où il finira ses jours.

Günter Mieth, dans son *Friedrich Hölderlin, Dichter der bürgerlich-demokratischer Revolution* (1978), a montré combien la folie du poète s'inscrit dans une contextualisation historico-sociale déterminée par l'échec de l'idéal révolutionnaire français et la réaction culturelle et politique en Allemagne. La schizophrénie serait une conséquence de l'incapacité de Hölderlin à concilier son idéalisme révolutionnaire avec la «réalité objective»: d'ou le rejet de l'action, l'impossible repli sur la poésie subjective, la mort inéluctable de l'enthousiasme des années 1789-1792. Cette thèse nous paraît à la fois fondamentale, insuffisante et partiellement idéologique. De fait, l'investissement philosophico-politique de Hölderlin dans l'idée de *communauté* est essentiel, et il participe certainement des déterminations historico-sociologiques envisagées par Mieth. Celles-ci ont effectivement été *singularisées* par Hölderlin en un processus sociogénétique. Nous reprenons ce point de vue dans notre perspective : il permet au demeurant d'expliquer la tragédicité de Pascal et la discontinuité «heureuse», mais inquiète, de Diderot — blocage «sur» la catastrophe d'une part, déplacement des possibles d'autre part, avant que l'ultime relance de l'attente ne s'effondre (individuellement, historiquement) dans Hölderlin. Mais une telle interprétation risque bien de se normativiser, et, par là, d'abolir son objet. En effet, elle conduit à vouloir penser «à la place» du poète une capacité d'intégration du réel objectif qui aurait été possible; au fond, si on la schématise à l'extrême, elle revient à «reprocher» à Hölderlin de n'avoir pas été ... Hegel! Or, précisément, tout l'effort du poète opère *contre* le destin intellectuel du philosophe (et ceci peut-être dès leur compagnonnage scolaire). Juger de cet effort dans l'esprit hégélien (celui d'un certain marxisme aussi), c'est courir le danger de passer à côté de sa *spécificité formelle* et de sa *revendication significative*. Certes, Hölderlin, pas plus que Pascal, n'accepte le monde. Certes il ne voit pas d'issue et il n'y a plus de chemin. Diderot pouvait encore à la fois adopter le monde *et* le refuser. Mais, pour Hölderlin, l'histoire s'est écroulée en révélant cette vérité: qu'effectivement elle ne fut jamais heureuse, sans doute, sauf dans le mythe de son origine, c'est-à-dire quand elle n'existait pas. Cependant, cette vérité est *aussi* «véritablement» inacceptable: elle condamne tout avenir pour le sens. Elle dit ce qui est: *que ce qui est, n'est pas*. Pour ne pas s'idéologiser à son tour, elle doit maintenir une exigence de refus qui ne se fonde (apparemment) plus sur rien. Ce refus est *actif*, même s'il ne trouve pas toujours les moyens de son efficace. Et cette activité est aussi critique à l'égard de tous les discours qui théorisent la réconciliation en vue (Hegel), parce que ceux-ci sont *mensongers*. Aucune réconciliation n'est en vue (n'a *jamais* été en vue); et pourtant, il faut vouloir celle-ci pour que sa possibilité impossible demeure, et pour qu'avec cette pérennité qui s'obscurcit d'autant plus qu'elle est complètement problématisée, il y ait, à l'horizon de l'indémontrable, encore du sens. La folie, d'ailleurs, participe de cet «activisme» intellectuel, même si, comme nous le verrons, elle constitue une régression par rapport à la tragédie et au fragment: c'est bien d'une «réponse» active qu'il s'agit, mais elle déplace l'utopie dans le seul lieu encore accessible (et, en même temps, hors d'atteinte) — le phantasme psychotique. La question n'est évidemment pas, aujourd'hui, de savoir s'il s'agit là d'une «bonne» solution. Ce serait faire injure *à la fois* à la rigueur *et* à la souffrance de celui qui a préféré l'irréalité de la folie à la folie du réel. Nous n'avons aucune raison d'espérer qu'il avait tort. Le réalisme «adaptatif» nous protège; mais il nous permet seulement de vivre — mentalement — pas trop mal, sans trop d'inconfort, l'inanité que le poète ne pouvait admettre. Nous sommes entrés dans le *système de la désillusion*: celui-là même que le travail du négatif (de Pascal à Diderot et à Hölderlin, entre autres ...) tente de briser, dont il s'efforce non de trouver une «issue providentielle» (qui, en fait, ne pourrait être qu'une idéologie du progrès, du salut, de la rédemption *ou* de l'accommodement définitif avec l'insoutenable, l'inadmissible — indifférence, cynisme, esthétisme ... —, c'est-à-dire en fait une fausse voie, une conduite de fuite contribuant au renforcement du système de plus en plus *prétendument* dénoncé ...), mais de proposer un mode d'usage qui en dévoile l'*a-priorisme* abstrait. Dès lors le fameux «refus de l'action» chez Hölderlin est précisément un acte: celui qui dénie à la désillusion de fait le droit de s'auto-affirmer comme principe d'identité; celui qui dénie à l'optimisme ou au réalisme historiques le droit de s'auto-proclamer comme raison. Position difficile, «impure», éminemment paradoxale, lucidement et «lumineusement» obscure à l'égard d'elle-même. Mais:

« Ne sont vraies que les pensées qui ne se comprennent pas elles-mêmes »[31].

Cette *non-compréhension immanente* ne se confond nullement avec l'opacité métaphysique de l'évidence qui caractérise les systèmes monodiques et/ou unilatéraux. C'est, au contraire, parce que la discontinuité est anatreptique qu'elle découvre cette résistance intérieure à son propre questionnement : elle formalise cette découverte. Cela signifie que son accomplissement même suppose la brisure, la faille, l'éclatement, la division : l'inaccomplissement. Son enjeu, en effet, réside en cela : d'être l'effort de résoudre impossiblement l'impossible. Par exemple, pour Hölderlin, le sort du monde est à ce point déjà joué (dans le malheur, l'injustice, l'abandon, l'isolement ...) que celui-ci, devenu absence, inconsistance (malheureuse, abandonnée, injuste ...) nie jusqu'à ce « déjà » là : dire cette négation est la seule alternative. Mais une telle parole ne peut qu'être énigmatique : la vérité qui l'instaure est sans fondement ; et c'est bien ce statut, cependant, qui la fonde comme vérité inaccessible. A cet égard on peut formuler une remarque quant à la réception psychanalytique de cette attitude (on songe au beau livre de J. Laplanche), du même ordre que celle qui vient d'être avancée à l'encontre d'un certain socio-historicisme. En effet, elle *paraît* justifier, d'une part, le finalisme interprétatif qui verra la folie naître bien avant son avènement explicite sous forme de crise ; et, d'autre part, la « violence » interprétative (ou le prétendu refus d'interpréter — qui est une espèce de violence sournoise — ce que nous avons nommé « obscurité lucide et lumineuse »). Mais, effectivement, il ne s'agit là que d'une apparence trompeuse projetée par une lecture qui veut, à tout prix, positiver l'indésignable et qui totalise bien trop vite la distorsion, la dispersion et la contradiction (l'hétérogénéité interne). Car lorsque certains sèmes de ce qui *sera* la folie se font jour avant son irruption, ou lorsque la psychose est évoquée sous les noms de la mélancolie noire, de l'inassurance profonde, du *déficit* narcissique intense, de la névrose d'abandon, etc., ce qui compte significativement est bien plus le *pas encore d'un déjà-là* que le *déjà-là d'un pas encore*. Ce *pas encore d'un déjà-là*, trivialement perçu comme la folie «qui pointe», *proclame la vérité du contraire de ce qui apparaît*. Et, par exemple, telle expression d'Hölderlin («insensée» selon Laplanche) sur le *défaut de Dieu qui est notre secours* est, dans son «pas encore» (par rapport à la folie) une «découverte» philosophique de la modernité, et dans son «déjà-là» le signe d'une régression psychotique — effondrement dans ce «défaut» qui sera, effectivement (on y revient): un secours — contre laquelle le poète lutte avec un acharnement précisément tragique. Adorno, à juste titre, condamne cette herméneutique positive qui, à défaut de voir le sens — parce que la formalisation discontinue s'oppose à cette «ingénuosité» totalitaire en le rendant invisible — dit «ce qu'il aurait été si» (par exemple si Pascal, ou Diderot ou Hölderlin avait été marxiste, ... ou heideggerien, ... ou analysé à temps!). Mais sa démarche n'est pas toujours exempte d'un certain fétichisme de la forme qui en désubstantifie la signification, et, de ce fait, elle comprend parfois une part de positivité elle-même idéologique (celle d'une exégèse qui ne se reconnaît pas pour telle, ne serait-ce que dans la mesure où elle est trop immédiatement «participative»).

Hölderlin a vécu dramatiquement la perte du sens — le *vide* en lui, la *ruine* du monde. Dieu est mort. La liberté est un leurre: il n'y a plus *rien* à en faire et «je est un autre» (Rimbaud). La *praxis* ne conduit qu'au recommencement du même (c'est la «tentative» d'Hyperion pour régénérer l'histoire ...). La communauté et l'univers ont disparu. La révolution a sombré dans la Terreur. L'homme a rejoint *phantasmatiquement* le sort de Jésus — *il est seul, et dans l'ennui* —; mais il ne sait plus quel message prononcer, quelle parole apporter, quel exemple donner, ... et il n'y a plus de Père. Cependant, malgré tout, chaque jour il faut «rappeler la Divinité perdue»: *ranimer la flamme du sens inconnu, disparu.*

Insistons simultanément sur l'aspect traumatique de la perte du sens et sur le volontarisme éthique qui en procède. En effet, de ce point de vue, Hölderlin fonde certes la modernité; mais il en condamne «par avance» le devenir assuré de son bon droit. Car il ne s'agit nullement de s'accommoder — que ce soit sur le mode «néo-quiétiste» d'une acceptation tranquille, sereine, enfin perlaborée, ou sur celui du *pathos* bovaryste (complaisance masochiste du *rien ne va plus*) — d'une situation existentielle et historique dont le seul sens encore possiblement «en vue» dans et par la négativité résulte du non-sens. Rappelons, à ce propos, que les grandes catégories du quiétisme étaient le silence, la «mort intérieure», l'absence au monde, le refus de la représentation, le rejet de l'action, le parti-pris du pire, le «plaisir» de l'inquiétude ...: éléments constitutifs de la modernité qui les positive idéologiquement. D'autre part, Hölderlin en appelle toujours et malgré tout à la communauté et à l'univers pourtant effacés du champ de la conscience[32]: cet effacement doit être *réparé* (c'est une fonction rêvée de la poésie ...). Cet appel n'est pas le cri subjectif d'une souffrance contingente, car il s'origine dans le constat du caractère illusoire de l'individualité: il n'y a plus, depuis longtemps, de «moi-même» et l'individu n'a jamais existé que mensongèrement, *précisément* parce qu'il n'y a pas de communauté transparente. La néantisation de l'idée même de celle-ci convoque la plus extrême «douleur» — celle du non-sens:

a) «Le pauvre être voulait maintenant se réfugier en lui-même, mais il avait depuis longtemps perdu son lui-même. *Je m'étais habitué à attendre le repos et la joie d'une main étrangère, et j'étais maintenant devenu plus indigent qu'auparavant. J'étais comme un mendiant auquel le riche a fermé sa porte, qui retourne maintenant dans sa chaumière pour s'y consoler et sent d'autant plus amèrement sa pauvreté entre ses murs misérables. Plus je ruminais sur moi dans ma solitude, plus le désert se faisait en moi.* On éprouve véritablement une douleur sans pareille, un sentiment persistant d'anéantissement, lorsque l'existence a si totalement perdu sa signification».

b) « Quand pourrons-nous entendre une autre fois chanter notre cœur comme aux jours radieux de l'enfance?
Hélas! ce chant, je l'ai cherché jadis dans la FRATERNITE DES HOMMES. J'imaginais que la pauvreté de notre nature se changerait en richesse pour peu que deux de ces miséreux ne fissent plus qu'un seul cœur, qu'une seule et indissoluble vie, comme si tout le mal de l'existence provenait de la seule rupture d'une unité primitive »[33].

c) « Chaque jour il me faut rappeler la Divinité disparue. Quand je songe aux grands hommes dans les grandes époques, qui, comme une flamme sacrée, s'emparaient de ce qui les entourait et transformaient tout ce qui est mort, le bois sec et la paille du monde, en flammes qui s'élançaient avec eux vers le ciel, lorsque ensuite je pense à moi qui, comme une lampe vacillante, erre et mendie souvent une goutte d'huile afin de briller encore un moment dans la nuit — vois-tu! je suis alors parcouru d'un frisson prodigieux et j'évoque à voix basse la terreur de ces mots: mort vivant!
Sais-tu d'où cela vient? Les hommes ont peur les uns des autres, peur que le génie de l'un ne dévore l'autre, et voilà pourquoi ils accordent volontiers à chacun la nourriture et la boisson, mais non ce qui assouvit l'âme; ils ne peuvent souffrir qu'une chose qu'ils disent ou font soit reprise et transformée en flamme par l'esprit d'un autre. Les insensés! Comme si, né du feu de la vie, tout ce que les hommes disent était rien d'autre que du fagot qui ne s'enflamme que lorsque le feu de l'esprit s'en empare. Qu'ils s'accordent mutuellement cet aliment, alors tous deux vivront et brilleront sans qu'aucun ne consume l'autre ».

Le *système de la désillusion* est récusé. Mais sa victoire ne fait plus aucun doute. De Flaubert à Joyce, à Musil, à Kafka, à Beckett ..., la littérature va prononcer de ce triomphe le lancinant réquisitoire:

« D'ailleurs peu importe que je sois né ou non, que j'aie vécu ou non, que je sois mort ou seulement mourant, je ferai comme j'ai toujours fait, dans l'ignorance de ce que je fais, de qui je suis, d'où je suis, de si je suis » (Malone meurt).

« Et ce fut tout »: on connaît la fin de *L'éducation sentimentale*. Il ne se sera, définitivement, jamais rien passé, parce que l'échec est *a priori* inscrit dans la trajectoire destinale. Le roman de Flaubert ne peut arracher la conscience héroïque à la médiocrité des contingences perdues. Ce ne sont pas même les « illusions de jeunesse » qui sont épuisées : il n'y a plus d'acte dramatique, le dénouement fut antérieur à toute histoire potentielle. Et ce dénouement est le constat d'une solitude impuissante : le roman, où vient se ruiner la passion occidentale, en son ultime parade parodique, nous dit l'errance « sur place », stagnante, d'une *contemplation* négative. L'ironie de l'écrivain ne rencontre même plus la résistance, la tension d'un héroïsme de principe : elle ouvre sur l'infinie dérision. Car l'échec n'est même pas pathétique ; ou plutôt : le *pathos* est devenu complètement, irrémédiablement ridicule. Et là où la passion vient se défaire de ses derniers sursaut, alibis, jeux d'ombre et de clarté, le roman aussi se désigne comme signifiant son inanité, comme s'écrivant dans le projet signifiant (la forme, le roman « sur rien » espéré par Flaubert) de son échec pré-fixé, « déjà-toujours-attendu ». Quant à l'amour, il n'est plus, depuis longtemps, même idéalement, ce que nous évoquions (dans la *Première partie* de cet ouvrage) comme nostalgie du désir épique, comme (recon)quête d'un sens caché ou perdu par la gloire chevaleresque. Il n'est plus le rêve protégé d'un « avant » de l'enfance mythiquement merveilleuse et préservée d'une actualisation du désir qui la rendrait problématique (l'idylle médiévale, *L'Astrée*). Il n'est plus le vertige fascinant d'une déperdition tragiquement aventureuse — celle d'un « après » absolu, où tous les risques ont été, une fois pour toutes, traversés au plus grand prix *(Les lettres de la religieuse portugaise)*. Il n'est plus que l'ombre de lui-même, dans l'écart radical du phantasme et de la réalité. Rien dans cet amour ruiné ne contre-effectue plus la prose du monde. Et, insurmontablement efficace, effroyable, la banalité du « on » efface jusqu'au souvenir d'une singularité problématique mais tendue vers l'aspiration à « autre chose ». Frédéric « qui pense tout ce qu'on pense, rêve tout ce qu'on rêve », apprend sans y croire musique, peinture, vie mondaine, s'occupe à « aimer », ... tourne en rond dans la cage infernale d'un désir mort (comme le feront Bouvard et Pécuchet, les deux « comiques » de l'absolue insignifiance, les deux fantômes de l'inconsistance « moderne »), et ne réussit même plus à mourir. Le *système de la désillusion* met en place les conditions qui rendent incontournable le parti-pris d'un possible exclu. Il ne reste alors plus à la maturité résignée qu'à transformer en « vestige d'action épique » la passivité d'un *pathos* déçu. Cette systématisation suppose — si on veut la schématiser — que l'impossibilité comme conséquence d'un amour possiblement envisageable en tant que « recherche » d'un sens (l'impossibilité fatidique du désir « aristocratique » — dans l'acception de R. Girard) soit transformée en impossibilité abstraite *a priori* de tout amour comme ayant possiblement un sens. Or le sens, *pour exister à l'état même de question*, devient, chez Hölderlin, *un pur choix par mission* : rien, à présent, ne le garantit plus, et c'est le « défaut de Dieu (qui) est (notre) secours »[34]. La tâche la plus propre de l'homme est dès lors d'apprendre à *endurer ce défaut de Dieu* (du sens) qui est la figure la plus essentielle de son seul mode de présence.

« Sur le Cithéron.

J'en suis encore à pressentir, mais ne trouve point.

J'interroge les astres, ils se taisent, j'interroge le jour, la nuit, ils ne répondent pas. De moi-même, si je m'interroge, ne résonnent que sentences mystiques, songes sans interprétation.

Mon cœur se plaît souvent dans cette pénombre. Je ne sais ce qui m'arrive lorsque je regarde l'insondable Nature; mais les larmes que je verse aux pieds de la Bien-Aimée voilée sont de saintes et bienheureuses larmes...

Mon cœur se plaît dans cette pénombre. Serait-ce notre Elément, cette pénombre ? pourquoi n'y puis-je pas dormir ?

Il y a peu de temps, je vis un enfant couché au bord du chemin. La mère qui le veillait avait soigneusement étendu une toile au-dessus de sa tête, pour qu'il pût sommeiller doucement dans l'ombre et que le

soleil ne l'aveuglât point. Mais l'enfant, qui n'en voulait rien savoir, arracha la toile et je le vis qui essayait de fixer l'amicale lumière, jusqu'à en avoir mal aux yeux; alors, en pleurant, il tourna son visage contre terre.
Le pauvre enfant! pensai-je, il n'est pas le premier. Et j'étais prêt à renoncer à cette curiosité téméraire. Mais comment le pourrais-je? Je n'en ai pas le droit.
Il doit éclater le grand mystère dont j'attends la vie, ou la mort ».

On pourrait assurément croire, à première vue du moins, que la vision d'une telle solitude désolée de la condition humaine ait conduit le poète à la folie. Ce serait cependant marquer toute son existence et toute son œuvre du sceau d'une détermination *a priori* l'enfermant dans une «logique de l'exclusion» qui ne pouvait mener qu'au «délire» final. Ce serait surtout refuser de voir que Hölderlin, *loin de se soumettre à cette vision, a, au contraire, conçu son destin singulier et la destinée en général comme une lutte contre le désarroi.* Dès lors, ou bien la folie était déjà là; tout devait y mener. Ou bien la folie conclut pathétiquement une errance. Ou bien encore elle surgit subitement et vient briser toute clarté. Mais peut-être pouvons-nous l'envisager autrement, d'une façon qui ne soit pas à ce point finaliste et *tente d'accorder à une démarche poétique et à une vivance le droit de signifier jusque dans la «solution» qui vient, à un moment donné, y mettre un terme «symbolique».*

Il faut, tout d'abord, brièvement situer le moment d'irruption indiscutable d'une *crise radicale* dans la vie du poète et dans la chronologie de son œuvre, dont voici un résumé schématique:
- 1770-1784: enfance;
- 1784-1793: années d'études (poèmes, lettres);
- 1794-1798: période d'*Hypérion* (poèmes, *Hypérion*, essais, lettres);
- 1798-1800: période d'*Empédocle* (poèmes, *Empédocle*, nombreux essais, lettres);

- 1800-1806 : période des grands poèmes (Odes, Elégies, Hymnes, Hymnes en esquisse, essais, lettres) ;
- 1807-1843 : période « de la folie » (poèmes, lettres).

Cette première *crise radicale*, accompagnée d'une dépression profonde, se situe en 1801 : les grands poèmes sont donc écrits « sur le rebord » de la folie. Cependant, *les moments les plus féconds de cette période vont de 1800 à 1803*.

Schématiquement, deux grands types de modalité sont susceptibles d'être proposés pour établir la relation entre l'évolution littéraire et la psychose[35] :

1. On peut considérer qu'avec celle-ci, *l'œuvre s'arrête*. Les grands poèmes sont alors la production d'un génie qui va subitement devenir fou. C'est, par exemple, l'avis de M. Delorme :

« Négligeant délibérément le témoignage d'« Hyperion », la seule œuvre achevée et publiée du vivant de Hölderlin, sous-estimant les poèmes de la période lucide et délaissant l'apport de la correspondance, on ne s'enfonce que plus hardiment dans les plus sybillins des grands hymnes hölderliniens, voire des poèmes de la folie, pour n'y découvrir que clarté et profondeur, système cohérent et révélations incantatoires ; nous sommes tentés pour notre part de croire que le mysticisme final et l'obscurité des dernières œuvres de Hölderlin ne représentent pas l'aboutissement conséquent d'une pensée mûrie, achevée, en pleine possession d'elle-même, mais les premiers signes émouvants et tragiques de la désagrégation d'un grand esprit, l'enlisement progressif dans la rumination et la vaticination solitaires, fruits de l'impuissance à vivre (ou de l'impossibilité de vivre) dans un réel inacceptable et formes de l'écrasement d'un poète sous des contradictions historiques et sociales qui étaient objectivement insurmontables ».

Remarquons combien cette perspective « rationaliste » — allant jusqu'à mettre en cause la valeur des grands hymnes ! — s'accompagne d'un jugement esthétique disqualifiant *à la fois* le caractère énigmatique de l'art, qui doit *se livrer* à un sens déjà là (« les plus sybillins des grands hymnes ») *et* la discontinuité (« désagrégation d'un grand esprit»). Cette condamnation est d'autant plus fermée, bloquée, dogmatique qu'elle empêche complètement de voir combien *pour une part* la folie de Hölderlin réalise, actualise sa pensée la plus lucide. Nous disons bien «pour une part», puisque nous considérons la psychose comme une construction de compromis, donc comme un recul par rapport à la tragédie et au fragment. Il s'agit d'une espèce de concrétisation existentielle d'un «comme si» qui, immanquablement, écarte de la communication, du dialogisme (donc de toute référence «extérieure» à la communauté et à l'univers). Lorsqu'on relit dans cette perspective l'essai de Waiblinger, on est frappé par cette convergence entre ce qui a été l'exigence lucide de Hölderlin (son obscurité lumineuse) et son comportement vers 1830. La discontinuité est devenue son mode d'être :

> *«Hölderlin est devenu incapable de fixer une pensée, de l'élucider, de la poursuivre, de la relier à une autre du même ordre et de former au moyen de chaînons intermédiaires, une suite ordonnée. Il ne parvient pas à combler la distance qui sépare les idées».*

Comment ne pas voir dans cette évocation inquiète, désorientée, étonnée, non seulement l'enregistrement d'un état de fait, mais aussi l'aveuglement béotien (pour parler comme Adorno ...) de celui qui ne devine même pas dans ce qu'il rapporte la figuration vécue de l'esthétique «paratactique» de Hölderlin[36]. Révélateur aussi est l'un des exemples donnés par Waiblinger pour «démontrer» l'absurdité du raisonnement du poète, dans la mesure où il porte à la fois sur une forme discursive (le paradoxe, l'avancée ruinée de la pensée placée sous la régulation d'un «conflit fatal») et sur un signifié essentiel de la discontinuité (le rapport au bonheur) :

> *«Il dira par exemple, se parlant à lui-même : 'Les hommes sont heureux', mais il lui manque la concentration et la lucidité nécessaires pour se demander pourquoi et en quoi ils le sont. Il éprouve une sourde aversion, il s'inflige un démenti et dit : 'Les hommes sont malheureux', sans se soucier de dire pourquoi et en quoi ils le sont. Maintes fois j'ai*

pu observer le conflit fatal qui détruit ses pensées dès qu'elles se forment, car d'habitude il pense tout haut».

Ainsi Hölderlin manquerait de «concentration» et de «lucidité» pour savoir pourquoi «les hommes sont heureux». Or nous aurons l'occasion de revenir sur la problématique hölderlinienne du bonheur: celle-ci, précisément, repose sur le caractère infondable de ce qui *doit* rendre l'homme heureux. Bien plus, cette indétermination du bonheur détermine le malheur humain de celui qui la connaît: «les hommes sont (donc) malheureux». Le blanc entre les deux assertions, où s'éprouve le «démenti», représente le lieu inexistant d'une totalité vraie où le bonheur serait qu'il y ait du sens. Que le poète soit dès lors séparé radicalement du monde ne devrait pas à ce *point* surprendre Waiblinger:

«(...) Il y a un abîme immense entre lui et toute l'humanité».

Certes, il y a un abîme. Justement: Hölderlin n'a pas trouvé de pseudo-solution miraculeuse pour faire l'économie de cette séparation, de cette coupure. Parce qu'il entendait, paradoxalement, sauver l'idée de communauté...

2. On peut, antithétiquement, *survaloriser la folie*, dont les grands poèmes prophétisent dès lors la venue comme la dernière manifestation d'un développement spirituel, l'aboutissement à la fois logique et mystérieux d'un destin, et fétichiser les textes écrits après 1807. M. Blanchot s'avance dans cette direction avec une relative prudence:

«Hölderlin le sait: il doit lui-même devenir un signe muet, le silence que la vérité de la parole exige pour attester que ce qui parle cependant ne parle pas, demeure la vérité du silence»[37].

Mais d'autres vont beaucoup plus loin, vers une espèce de mysticisme de la folie, tel l'éditeur des *Sämtliche Werke* (1re édition, 1913-1923, en 6 volumes), Hellingrath. Selon celui-ci, la psychose a fait du poète «entièrement et uniquement l'annonciateur et le réceptacle des dieux (qui doit) se mouvoir muet parmi les hommes leur rappelant cette révélation (...)» et «il faut que la voix vivante s'éteigne dans un léger murmure »[38]. *Cette seconde attitude nous semble, symétriquement, aussi unilatérale que la première.*

Il y a, effectivement, une *convergence* entre la rédaction des grands poèmes et l'émergence de la folie. Bien plus, l'un des plus beaux poèmes d'Hölderlin, «Si de très loin (...)», qui date de 1807 et qui est inachevé, est difficilement classable : il s'agit soit de l'un des derniers témoignages de la lucidité «non folle», soit du premier signe «délirant». Or, si délire il y a, *c'est dans une maîtrise rigoureuse*[39]. Et la signification du texte s'implicite formellement jusque dans son inachèvement avec cette dernière strophe :

> *« Du seiest so allein in der schönen Welt*
> *Behauptest du mir immer, Geliebter das*
> *Weisst du aber nicht ».*

«Pourtant tu ne sais pas», «Mais ce que tu ingores» ... : *le blanc final, le signe vide ne peut mieux dire cette énigme du négatif que nous avons nommé la «non-réponse» de Hölderlin.* La convergence désignée entre *acmè* poétique et début de la psychose est dès lors peut-être la véritable «solution» au «problème» de la folie :

1. Cette *acmè* advient au *moment agonistique où le poète lutte contre l'ombre et le désespoir.*

2. Celui-ci est devenu, à un moment donné, trop *visiblement, lucidement* insoutenable ; et la folie s'est alors présentée comme «solution». Elle représenterait dès lors un *recul* par rapport à la radicalité négative, *celle-ci n'étant définitivement plus supportable à partir du moment où **personne** n'en voulait ou pouvait entendre la voix.* Déjà dans Hypérion peut se lire ce contre quoi la folie va s'édifier :

> *« Les jeunes élèves des Muses, au sein du peuple allemand, grandissent pleins d'amour et d'espérances, habités par l'esprit ; on les revoit sept ans plus tard errer silencieux et glacés comme les ombres. Ils sont comme un sol qu'un ennemi ensemence de sel pour qu'il n'y pousse plus un épi ; et quand ils parlent, malheur à celui qui les comprend et*

qui, dans le déchaînement de leur puissance titanesque ou dans leurs ruses de Protée, ne voit que le combat désespéré mené par leur noble esprit détruit contre les barbares avec qui il est aux prises».

3. C'est pourquoi les poèmes «de la folie» ne sont ni le sommet ni le déchet de l'œuvre, *mais le résultat d'une «solution de compromis»* dont certains aspects sont perceptibles dans des textes bien antérieurs à 1807, par exemple le *prix du silence*:

> «*Crois-moi, je te le dis du fond de l'âme:* le langage est chose superflue. Le meilleur reste toujours pour soi *et repose dans sa profondeur comme la perle au fond de la mer*»[40].

4. Ce compromis psychotique est celui-ci du *comme si*, qui permet de surmonter la tension de la négativité et de la non-réponse : il «suffit» de faire *comme si le sens était (re)trouvé par-delà le pari sur rien.* Les brefs poèmes de la folie, consacrés aux saisons, à l'enfance, etc., répètent inlassablement cela, dans leur naïveté «folle» : il y a du sens; *mais, bien entendu, ils ne peuvent nous le donner à penser*[41]. Chacune de leur finale prononce que la sérénité est acquise. Et celle-ci était précisément, *dans les mêmes termes*, ce que la prose du monde empêchait de voir, à nouveau *dès Hypérion*:

> «*Ou bien ce que vous méprisez, ce que vous jugez sans âme, n'est-il pas divin? L'air que vous respirez ne vaut-il pas mieux que vos bavardages? Les rayons du soleil ne sont-ils pas plus nobles que toutes vos intelligences? Les sources de la terre et la rosée du matin rafraîchissent vos forêts: le pourriez-vous? Ah! vous ne pouvez que détruire, non faire vivre, à moins que l'amour ne le fasse, qui ne vient pas de vous, que vous n'avez pas inventé. Vous vous préoccupez d'échapper au Destin, sans comprendre que votre art puéril ne vous sert de rien; l'astre là-haut, cependant, tourne insoucieux. Vous avilissez, vous lacérez la patiente Nature partout où elle souffre votre action, mais elle continue à vivre dans sa jeunesse infinie: vous ne pouvez exiler son automne ni son printemps, vous ne pouvez corrompre l'Ether*».

Il y a du sens; mais — ultime «tourniquet» du négatif — définitivement rien ne le prouve, puisque c'est du fond de la folie que le poète parle, à moins de se contenter de ce signe — celui de ce Scardanelli qui appose son nom au bas de certains textes — et de faire à son tour ... *comme si*:

> «'*Et la perfection règne sans une plainte*'.
> '*Tout se joint au passé en escorte superbe*'.
> '*Mais au temps printanier, toute plainte est bannie*'.
> '*(...) la douceur
> De la vie se prolonge et la grandeur des villes
> Ressort très nettement sur l'immense étendue*'.
> '*Et la vie déployée s'imprégnant de l'Esprit*'».

La folie actualise dès lors l'un des «deux états idéaux» sur l'évocation desquels s'ouvre le *Fragment d'Hypérion*: précisément *celui de l'extrême simplicité*, qui est à la fois le plus élémentaire et le plus interdit, une fois le voyage destinal commencé, puisque, normalement, on n'a plus jamais la capacité d'y *revenir*:

> «*Il est pour l'homme deux états idéaux: l'extrême simplicité où*, par le seul fait de l'organisation naturelle, *sans que nous y soyons pour rien, nos besoins se trouvent en accord avec eux-mêmes, avec nos forces et l'ensemble de nos relations; et l'extrême culture, où le même résultat est atteint, les besoins et les forces étant infiniment plus grands et plus complexes*, grâce à l'organisation que nous sommes en mesure de nous donner (...)».

Il y a donc eu «régression» (mais très particulière, et «active»: celle qui consiste à *inventer* la présence du sens dans et par la folie): par rapport à la *tragédie*, au *bonheur*, et au *fragment*. Entre 1798 et 1800, donc avant la crise qui va déclencher le processus psychotique, Hölderlin écrit trois versions successives d'une tragédie qu'il n'achèvera pas, *Empédocle*[42]. Le héros — qui n'est ni entièrement dieu, ni restrictivement homme[43] — s'y suicide à cause de sa chute dans le temps et de sa confrontation avec la limite, mais aussi parce qu'aucune *communauté* envisageable n'est en vue. Il est seul; personne ne peut comprendre ce qu'il vit. Mais Empédocle, alors que pour autrui il représente la souveraineté[44], sait que *la sérénité lui est interdite*[45]; et il se tue. Car lui aussi connaît l'insignifiance, *mais du point de vue du sens*: situation littéralement intenable. *C'est pourtant lui qui sait que le bonheur existe* — tel que nous l'imagine, par exemple, *Le pain et le vin* (1800) —, et non celui qui fait *comme si* dans la folie «acquise» — il s'agit évidemment d'une image — ou dans le divertissement commun[46]:

> «Etre heureux, cela signifie dans la bouche des valets faire la sieste. Etre heureux! Mais quand vous me parlez d'être heureux, il me semble avoir de l'eau tiède et de la bouillie sur la langue».

Trois «possibilités» s'offraient, au fond, en principe, à Hölderlin, quant au bonheur:

1. En vivre l'intenable frustration *de celui qui sait que la joie existe* et que pourtant «elle n'aura plus jamais lieu» (mais Empédocle s'est suicidé ...).

2. En pragmatiser *la capacité relative*, comme il a, semble-t-il, parfois rêvé obscurément de le faire[47] (mais cela suppose, par exemple chez Diderot, l'ironie d'une liberté comme utopie dont nous avons vu *qu'elle est impossible une fois que le négatif est la seule «vérité» qui signifie encore* ...).

3. En mimer la réalité empirique dans la régression psychotique.

Cette dernière possibilité est celle que fixent les quelque 50 poèmes «de la folie» (1807-1843), presque tous consacrés aux saisons et à la vue que le poète a de sa fenêtre, depuis la tour du menuisier Zimmer... Poèmes d'une forme sûre, aux rimes tout à fait correctes, qui, sur le ton de l'évidence racontent l'histoire d'une sagesse redondante et répétitive:

> «Mais c'est un enfant qui se souvient; un enfant se rappelle qu'il a été l'un de ces adultes qui maintenant viennent le soir et le regardent avec curiosité. Il leur parle des années qui s'écoulent, des saisons qui reviennent, de l'heure matinale au printemps, des jours de moisson, de la clarté du soir, des dimanches où l'on se délasse, du cimetière où dorment homme et femme. Car il connaît tout cela, et bien d'autres choses

encore. Mais il le sait autrement que ceux qui le questionnent; plus simplement, dirait-on, et avec moins de mots. Les autres le savent par phrases bien enchaînées, et ils en sont très satisfaits, car c'est pour eux une manière de situer les choses et de composer des ensembles. Lui parfois s'arrête tout court et fait silence. C'est ce que les autres ne peuvent comprendre. Car ils veulent que tout s'achève dans une suite bien ordonnée. Mais lui, après un long silence reprend sa pensée. Il sait que tout n'est pas à dire ni à expliquer, et que d'ailleurs il n'est pas nécessaire de parler.
Il ne faut pas essayer de les mettre d'accord. A quoi bon? Pourtant tous ils ont été enfants. Mais il n'est guère donné à chacun de savoir ce que nous savions étant enfants, et d'avoir en même temps la profonde sagesse de ceux qui ont fini de vivre». (B. Groethuysen, réf. cit.)

Poèmes qui contrastent avec la tension d'*Empédocle* et des hymnes de 1800-1806, *mais aussi avec tous les textes fragmentaires qui précèdent le moment où Hölderlin «devient fou»* (ils datent, pour la plupart, de 1802-1806). C'est que le refoulement de la tragédie et du bonheur comme «idée» s'accompagne d'un *renoncement au fragment*. Celui-ci, en effet, est intimement lié à *«la signification des tragédies»*:

« [La signification des tragédies.]
La signification des tragédies s'explique le plus facilement par le paradoxe. Car toute chose originelle, du fait que tout bien est équitablement et également réparti, apparaît non pas dans sa force originelle, mais plutôt dans sa faiblesse, de sorte qu'au vrai, c'est bien à la faiblesse de chaque ensemble qu'appartient la lumière de la vie et l'apparition (...)».

On ne peut donc réduire l'écriture fragmentaire de Hölderlin au rôle d'activité préalable — sorte de création virtuelle ou expression potentielle d'une «vérité» à venir en sa forme définitive. Car c'est bien là, précisément, une conception abstraitement rationalisante, telle celle que Valéry met à l'œuvre pour rendre compte de «l'instabilité, l'incohérence, l'inconséquence», dans sa *Première leçon du cours de poétique*:

« (celles-ci) qui (...) sont des gênes et des limites (pour l'esprit) dans son entreprise de construction ou de composition bien suivie, lui sont

tout aussi bien des trésors de possibilités dont il ressent la richesse au voisinage du moment même où il se consulte. Ce lui sont des réserves desquelles il peut tout attendre, des raisons d'espérer que la solution, le signal, l'image, le mot qui manque sont plus proches de lui qu'il ne le voit. Il peut toujours pressentir dans sa pénombre, la vérité ou la décision recherchée, qu'il sait être à la merci d'un rien, de ce même dérangement insignifiant qui paraissait l'en distraire et l'en éloigner indéfiniment»[48].

En effet, la fragmentation formelle (comme organicité ruinée et assumée en tant que telle) est, au contraire, d'une part, une espèce d'aboutissement limite d'un trajet intellectuel orienté par la quête du sens transformée en aporie; d'autre part, la réalisation même d'une cohérence significative impliquant la nécessité tragique de son impossibilité première en tant que «seul possible encore». Le fragment, ainsi considéré comme «moment» dans la pensée de Hölderlin, signifie «*dans sa faiblesse*» la «chose originelle» — l'essentiel hors d'atteinte. Mais voilà : il s'agit là d'une *faiblesse intenable* pour celui qui la prend au sérieux (non pour celui qui, engagé dans une modernité complètement modalisée, n'y voit plus que le jeu d'une évidence nécessairement vraisemblable : qui, aujourd'hui, a intellectuellement «*peur*» du fragment?...). La fragmentation d'une unité inexistante et d'une totalité vraie inconcevable est pour Hölderlin le dernier signe d'un espoir de cohérence et d'une exigence de sens qui (à l'encontre de ce qu'évoque Valéry) ne sont plus «en avant», mais à la fois *nulle part* et *partout*. Mais c'est un signe radicalement déceptif : il signale un bonheur indicible comme l'envers invisible d'une *logique du pire* (Clément Rosset). De celle-ci, Hölderlin a pensé et a vécu l'intolérable douleur : c'est à partir de la vérité incontournable de celle-ci que la folie peut appararaître comme une sagesse. Mais sans aucune complaisance moderniste avec le pathos de son excès : seulement en tant que «solution», régressive certes, mais toujours active, emportant en elle le vestige (la ruine) du sens, donc résistant encore, simultanément, aux raisons raisonnantes les plus platement, prosaïquement, atrocement «folles» (d'une folie bétonnée dans la barbarie de son bon droit ...) et aux figurations rhétoriques des décadentismes plus ou moins cyniques. C'est pourquoi la folie de Hölderlin «compense» la blessure du fragment qui est irradié par la lumière d'une vérité «totale» impossible et qui nous renvoie à l'obscurité de notre condition pour laquelle toute totalité vraie est cachée (et toute totalité visible mensongère):

> *« Aucune raison justificative ne pourrait se refléter dans la réalité, dont l'ordre et la forme répriment chaque prétexte de la raison (...). Ce n'est que par fragments et par simples traces qu'elle (= la réalité) a gardé l'espoir de devenir un jour une réalité vraie et juste »*[49].

Le tout est perdu et n'est plus visible que dans ses éléments fragmentaires et limités par leur éclatement, «par-dessus l'espace d'un silence blanc»[50]:

> *« (...)*
> *Je voudrais te chanter*
>   *Mais seulement des larmes*
> *Et dans la nuit, où je me promène, s'éteint pour moi ton*
>   *Œil clair!*
>   *ô esprit du Ciel »*
>   (A Diotima)
>
> *« Suis pas loin de toi*
>   *Pourtant je suis calmé,*
> *Quand moi un enfant, elle était*
>   *la sœur*
> *Enfin pourtant,*
>   *Tu erres où es-tu*
> *Où es-tu? »*

L'homme tragique (Empédocle) «connaît» la totalité, mais uniquement dans le fragment. Par trois fois Hölderlin reprend son *Empédocle*; *jamais il ne termine son œuvre*: c'est comme si l'histoire du héros tragique avait envahi jusqu'à la forme de la tragédie. Les poèmes fragmentaires de 1802-1806 — fixations ruinées de l'*instantanéité*, notations «en vue» d'une totalité qui ne viendra pas — ne sont probablement lisibles que contextualisés dans leur relation avec la «régression» *enfantine* (Groethuysen) qui vient *et* avec les odes, les élégies et les hymnes (dont ils sont parfois des *projets déjà inaboutis*) : ils *formalisent ce qui est devenu insoutenable*, entre une «théorie» poétique de la négativité totale et un apaisement «positif» encore possible — celui de la psychose. Seuls le fou et l'idiot du village échapperaient-ils encore soit à la psycho-pathologie du divertissement, soit à cette «vérité de la souffrance» dont parle Adorno?...

Envisager ce problème serait entamer — et avec quels moyens? — une *critique problématique de la dérision moderne*[51]. On aura deviné qu'il s'agit d'une autre histoire ... voire même d'une *fable*. Entendons par là non le genre mais la fonction d'un énoncé comme blessé par cela même qu'il désigne sans pouvoir le dire, comme meurtri par l'attente qu'il instaure[52]. Un chevalier paraît figé dans un paysage tout de désolation et de froidure. Il est pâle et triste. Quelqu'un lui demande le motif de ce chagrin muet, figé dans le silence. Alors il raconte son aventure: il a rencontré une très belle dame qui l'a envoûté par son chant. Il s'est endormi; il a rêvé. Et il a découvert qu'il était lié *par un sort à son destin*[53]. Mais précisément il le raconte. Il y a-t-il une puissance significative et une efficace opératoire dans la narration de ce qui est et qui de ce fait en dévoile l'intenable *devoir être*? Peut-être, ultimement, celle qui procède du geste même d'en prendre distance dans le fait de narrer. Il nous reste à rêver (... et *il faut* rêver!) à notre tour dans le manque lancinant que fonde la fable, ou plutôt à rechercher activement les conditions intellectuelles, existentielles et historiques d'un tel rêve, pour que le message de son impossibilité demeure en tant qu'ultime possible, là, devant nous.

NOTES

[1] On a vu que l'«explication» de celle-ci par Diderot demeure insatisfaisante du point de vue même de la valeur (où il entend se situer ...).
[2] Cf. M. Heidegger, *Holzwege*. Voir R. Schürmann, *Le principe d'anarchie (Heidegger et la question de l'agir)*, st. pp. 302 sv. («La négation pratique de la finalité»).
[3] Formule de G. Lukàcs, *La théorie du roman*.
[4] Il y a des *conditions historiques* qui autorisent sans doute la revendication d'un tel espace.
[5] En témoignent les lectures de Nietzsche, Heidegger, Adorno, parmi d'autres.
[6] D'où le *refus de l'interprétation* par Adorno, qui préconise, en critiquant la lecture de Heidegger (*Approche de Hölderlin*, 1951, tr. fr. 1962), une *lecture «paratactique»* du signifiant des poèmes, *afin que leur ouverture au sens soit maintenue*. On propose ici, au contraire, d'interpréter cette «aperture» même, sans la figer et la clôturer dans la logique d'une herméneutique positive qui en fixerait le sens (comme c'est souvent le cas chez Heidegger). Lire: B. Allemann, *Hölderlin et Heidegger*, et comparer avec les beaux travaux de P. Szondi (*Poésie et poétique de l'idéalisme allemand*).
[7] Voir plus haut ce qui a été dit de la *poétique des ruines*.
[8] Cf. R. Heyndels, «Le concept de *vision du monde*», in M. Löwy, éd., *Inédits de Lukàcs et textes sur Lukàcs*.
[9] Trad. B. Allemann (Cf. *Hölderlin et Heidegger, op. cit.*, pp. 19-20).
[10] Sur *«la» vie*, voir la *Correspondance de jeunesse* de G. Lukàcs, éditée par Eva Fekete et Eva Karadi.
[11] *Le Rhin*. Trad. Ph. Jaccottet et al. Les «fils des dieux» sont les «rescapés» de la déperdition du sens ... Voir plus loin: *Empédocle*. Sauf indication contraire, c'est la traduction de la *Pléiade* qui est reprise. Les fragments de la période 1802-1806 sont livrés dans la traduction de P.J. Jouve.
[12] *Ménon pleurant Diotima*.
[13] La critique a répertorié les diverses *thématisations* à cet égard (la Grèce, l'origine, l'enfant...); et on pourrait rapprocher cette situation du sujet, chez Hölderlin, de l'homme sans Dieu chez Pascal, en montrant à la fois le «retour» d'une telle problématique et la *divergence* qui s'opère: le tragique du monde est devenu la *seule* dimension de l'existence (chez Pascal le *credo* lui répond encore); *c'est sur sa négativité même qu'il faut parier*. Sur la thématique hellénique (et sa contextualisation), lire Ph. Lacoue-Labarthe, «Hölderlin et les Grecs», in *Poétique*, 40, 1979.
[14] *Sphère*, pp. 111-112.
[15] Ceci est un «tracé» schématique de la biographie du poète qui ne retient que *certains éléments indispensables* pour la compréhension de l'exposé. Une biographie récente en français: P. Bertaux, *Hölderlin ou le temps d'un poète*. (Plusieurs aspects de cet ouvrage, très intéressants quant aux faits, sont discutables d'un point de vue méthodologique ou plus spécifiquement herméneutique).
[16] Cf. M. Delorme, *Hölderlin et la révolution française* (et déjà G. Bianquis, «Hölderlin et la révolution française», in *Etudes germaniques*, 3, 1952).
[17] Comparer avec Pascal.
[18] *A sa mère*, 1791.

[19] Dans une abondante bibliographie, retenons le livre de J. Droz, *L'Allemagne et la Révolution française*.
[20] Expliquer *pourquoi* et dans *quel contexte* nous mènerait très loin de notre propos.
[21] Voir J. Laplanche, *Hölderlin et la question du père*. Nous soulignons. En intertexte, lire le texte de J. Lacan sur «La signification du phallus» (*Ecrits II*).
[22] Que l'on distingue ici *de façon tout à fait abstraite* par souci de clarté, mais qui en fait, concrètement, *se confondent*. M. Blanchot («La folie par excellence», préface à K. Jaspers, *Strindberg et Van Gogh*), sans nier tout l'écho psychanalytique de l'œuvre de Hölderlin, *recentre* cependant le réseau thématique autour d'une sorte de relais où le «*destin poétique*» communique avec ce qu'on pourrait nommer le «destin schizophrénique»:
«*La schizophrénie semble n' (...) être que la projection à un certain moment et sur un certain plan [de l'opposition et de la tension poétique], le point de la trajectoire où la vérité de l'existence dans son ensemble, devenue la pure affirmation poétique, sacrifie les conditions normales de la possibilité, continue à retenir du fond de l'impossible, comme pure parole, la plus proche de l'indéterminé et cependant la plus haute, parole non fondée, fondée sur l'abîme — ce qui s'annonce aussi par ce fait: c'est que le monde est détruit*».
[23] Cf. M. Klein, *Le besoin de réparation*.
[24] Il quitte d'ailleurs son poste auprès de Charlotte von Kalb notamment parce qu'il ne se sent pas «à la hauteur» de la tâche qu'il s'était fixée *et* parce qu'il s'est complètement intriqué dans une relation *triadique* et *médiatique* inassumée. A son ami Neuffer, dont la fiancée venait de mourir, il avait écrit, en 1795: «Je suis un piètre consolateur. *Je tâtonne dans le monde comme un aveugle* et c'est moi qui devrais montrer à mon frère, qui souffre, la lumière (...)».
[25] On revient par la suite sur la question de la folie en son rapport avec les textes poétiques.
[26] On récuse ici, d'un seul tenant, à la fois toute complaisance «romantique» avec la folie et tout rationalisme abstrait qui en ontologise la pathologie : il y a un «appel», une «tentation» de la psychose très prématurément lisible chez Hölderlin (dans *Ménon pleurant Diotima*, par exemple, on en trouve déjà des symptômes très nets).
[27] *Dialectique Négative* (1966, tr. fr. 1978).
[28] Comparer avec Diderot, *Jacques le Fataliste*. Nous soulignons.
[29] *Dialectique Négative*.
[30] Voir plus haut.
[31] Adorno, *Minima Moralia*.
[32] Cf. L. Goldmann, *La communauté humaine et l'univers chez Kant*.
[33] (a) *Fragment d'Hypérion*; (b) *Jeunesse d'Hypérion*.
[34] *Vocation du poète*, 2. Cette formule qui paraît à Laplanche «inouïe, à proprement parler insensée», *fonde en fait la modernité*, en inversant complètement la perspective de Pascal (Dieu, même caché, est notre seul secours). Pour une interprétation, voir J. Beaufret, «Hölderlin et Sophocle» (préface à Hölderlin, *Remarques sur Œdipe / Remarques sur Antigone*).
[35] En dehors de la *négation* de la folie (Thèse de P. Bertaux, *op. cit.*).
[36] Cf. W. Benjamin, «Zwei Gedichte von Friedrich Hölderlin», in *Schriften*, II; et T.W. Adorno, «Parataxe», in *Notes sur la littérature*.

[37] M. Blanchot, Préface à K. Jaspers, *Strindberg et Van Gogh*, réf. cit. Du même auteur: «La parole *sacrée* de Hölderlin» (*Critique* I); «Le tournant» (*La Nouvelle NRF*, 3).
[38] N.V. Hellingrath, *Friedrich Hölderlin* (trad. fr. 1943).
[39] On a parfois, de même, qualifié les *Pensées* de Pascal d'œuvre délirante...
[40] *Hypérion*.
[41] On ne peut que les rapprocher de cette lettre, écrite à sa sœur, à Hombourg, durant l'été 1799:
«Chaque homme pourtant a sa joie, et qui peut la dédaigner tout à fait? La mienne est à présent le beau temps, le clair soleil et la terre verte, et je ne puis me reprocher cette joie, de quelque nom qu'il faille la nommer, je n'en ai décidément pas d'autre à portée et en eussé-je une autre, je n'en abandonnerais ni n'en oublierais jamais celle-là pour autant, car elle ne prend rien à personne, elle ne vieillit pas, et l'esprit trouve tant de signifiance en elle; et si je deviens un jour un enfant à cheveux gris, il faudra que le printemps et le matin et la lumière du soir me rajeunissent encore un peu chaque jour, jusqu'à ce que je sente la fin, que j'aille m'asseoir à l'air libre et de là m'en aille — à l'éternelle jeunesse!».
[42] Il faut considérer ces 3 versions comme un seul texte.
[43] Qui est donc à la fois coupé du sens et relié encore à celui-ci...
[44] *«On dit que les plantes se feraient à son*
Passage attentives, et que les eaux sous la terre
Aspireraient à surgir où son bâton touche le sol».
[45] Contrairement à ce que pense Panthéa:
«Il se peut que tout cela soit vrai!
Et que dans les orages quand il fixe le ciel
La nuée se sépare et laisse resplendir
Le jour serein. —»
[46] *Hypérion*.
[47] Comme en témoigne ce jugement très critique qui peut s'interpréter à la fois psychologiquement (le contrat *transactionnel* d'une psychanalyse adaptative), philosophiquement (le jugement paradoxal d'une éthique relative), politiquement (la nécessité *alternative* du réformisme) ...
«(...) Si je parviens un jour à moins ressentir et à moins voir, dans ce qui a du manque, la douleur indéterminée qu'il me cause souvent, que précisément son manque spécifique, momentané, particulier ... alors mon âme sera plus calme et mon activité progressera plus régulièrement. Car si nous ne ressentons un manque que de façon infinie, nous sommes tout naturellement portés à vouloir parer ce manque de façon infinie, de sorte qu'en pareil cas nos forces s'engagent souvent dans un combat indéterminé, stérile et épuisant, ne sachant pas où il y a du manque et comment corriger, compléter tel manque déterminé».
Comparer avec cette réflexion de B. Groethuysen (Avant-propos à l'édition P.J. Jouve des *Poèmes de la folie*):
«Il lui faut le Tout, il ne saurait vivre autre part. Rien qui ne l'y ramène; il ne peut lui être infidèle, car c'est la beauté du Tout qui rend belles toutes les choses, et nous fait concevoir que tout est divin. Partout où j'irai, il me faudra retrouver le beau, s'était-il dit. Le monde a absorbé Dieu: comment toutes les choses ne seraient-elles pas belles? C'est là ce qu'il avait cru avant de connaître le monde, et il continua à le croire quand il eut pris connaissance des gens et des sites, recherchant partout et toujours la vision du Tout, qui est avant toutes choses. Il faut que l'on sache voir le Tout avant ses parties, et que rien ne soit mis à part et ne soit vu isolément. Ainsi seulement toute chose pourra

être belle, quand tout dans le lointain se fond et ne fait qu'un: un monde. Car rien ne peut être beau séparément: en tout il faut retrouver le beau total, la beauté intégrale. Hölderlin se lamente dans une de ses lettres, parce qu'il ne sait voir les choses qu'en grand et comme baignées de lumière, et qu'il manque à sa poésie les nuances et les ombres. Dans chacun de ses poèmes, l'on dirait qu'il fait entrer un monde; son œuvre est l'univers dans lequel il vit».

[48] P. Valéry, *Première leçon du cours de poétique* (*Variété*), in *Œuvres*, t. I, pp. 1340 sv.

[49] Adorno, *Philosophische Frühschriften*.

[50] H. Juin, «Le mur et les paroles», in *N.R.F.*, 293, 1977.

[51] «*Que le monde aille à sa perte, c'est la seule solution...*» (M. Duras, *Le Camion*) et *Sauve qui peut la vie* (J.-L. Godard).

[52] Lire M. de Certeau, *La Fable mystique*.

[53] On songe ici à la ballade de Keats, *La belle dame sans merci*.

Table des matières

PREMIERE PARTIE: ESQUISSE D'UNE PROBLEMATIQUE GENERALE

Chapitre 1: Discontinuité et signification 9

Chapitre 2: Une «interprétation» de la discontinuité . . . 56

DEUXIEME PARTIE: PASCAL, DIDEROT, HÖLDERLIN

Chapitre 1: Le vide en soi et la vanité du monde 101

Chapitre 2: L'ironie de la liberté comme utopie 121

Chapitre 3: Tragédie, folie, fragment 169